中国历史上的人口增长与经济的长期演进研究

The Studies on the Population Growth and
the Long-term Economic Evolution in Chinese History

豆建春　著

人民出版社

国家社科基金后期资助项目
出版说明

后期资助项目是国家社科基金设立的一类重要项目，旨在鼓励广大社科研究者潜心治学，支持基础研究多出优秀成果。它是经过严格评审，从接近完成的科研成果中遴选立项的。为扩大后期资助项目的影响，更好地推动学术发展，促进成果转化，全国哲学社会科学工作办公室按照"统一设计、统一标识、统一版式、形成系列"的总体要求，组织出版国家社科基金后期资助项目成果。

全国哲学社会科学工作办公室

目　　录

导　论

一、研究背景

经济合作与发展组织秘书长安赫尔·古里亚（Angel Gurría）在为安格斯·麦迪森的著作——《中国经济的长期表现：公元 960—2030 年》所作的序言中这样写道："当历史学家回顾我们所处的时代时，可能会发现几乎没有任何国家的经济发展可以像中国发展那样引人注目。可是，当他们进一步放开历史视野时，他们将看到那不是一个崛起，而是一个复兴。如今，中国可能正在变成世界上最大的经济体。然而，昔日它曾经享此殊荣，那不过就是一百年以前的事情。"[①]

的确，仅从经济总量上看，中国离开世界舞台中心的时间也不过就是一百多年。毕竟在 19 世纪前半期，中国的经济总量很可能占世界的 1/3，这一点是被广泛认可的。但是，如果从人均水平上来看，中国在 18 世纪以前或许就已经落后于欧洲了[②]，最新的研究成果更是将中国全面落后欧洲主要经济体的时间提前到了 15 世纪（Broadberry、Guan 和 Li，2018）。如果从技术进步的角度比较东西方的发展，那么可能早在 14 世纪中国就已经失去了它在世界技术史上的领先地位。[③]

历史学家疑惑于中国的发展历程。尤其是当宋代经济发展和技术进步方面的成就被展现在眼前时，他们对中国后来的表现感到诧异。伊懋可（Mark Elvin）这位杰出的历史学家在他有关中国历史长期变迁的著作中感叹道："浸淫在关于中国现代化之前的两到三个世纪的文献之中时，总是很

---

①　［英］安格斯·麦迪森：《中国经济的长期表现：公元 960—2030 年》，伍晓鹰、马德斌译，上海人民出版社 2011 年版，序言第 1 页。

②　［英］安格斯·麦迪森：《中国经济的长期表现：公元 960—2030 年》，伍晓鹰、马德斌译，上海人民出版社 2011 年版，第 39 页。

③　李约瑟在《东西方的科学与社会》一文中将中国技术领先世界的时期界定在公元前 1 世纪到公元 15 世纪之间。［英］李约瑟：《东西方的科学与社会》，见潘吉星主编：《李约瑟集》，天津人民出版社 1998 年版，第 74 页。另外，文贯中提出了一个更为全面的关于"李约瑟之谜"的表述，其将中国在技术史上的领先地位界定在 14 世纪之前。见文贯中：《中国的疆域变化与走出农本社会的冲动——李约瑟之谜的经济地理学解析》，《经济学（季刊）》2005 年第 2 期。

难相信一场工业革命竟然未能在中国发生。"①那些对中国历史抱有极大兴趣的研究者，或者对解释中国经济长期发展负有使命感的历史学家和经济学家，为了解开这一谜题几乎将人们视野所及之处的各种因素发掘了个遍。以至于围绕着"李约瑟之谜"和"大分流"而形成的文献浩如烟海，任何试图对此进行全面梳理的研究者都会感到有些力不从心。②

已有的研究专注于回答"中国为什么不是那样"。即便是以反"西方中心论"为标榜的作者及其著作，如彭慕兰（2003a），也是在"西方路径"或明或暗的指引下去寻找中国社会和经济的内在缺失，而对于中国历史本身是缺乏阐释和分析的。事实上，"中国为什么是这样"是一个首先应该被弄清楚的问题，而后才能确切地回答"中国为什么不是那样"。关于这一点，席文（Sivin，1982）早在 1982 年就强调过了。

我们无法对中国的过去做一个全面的又能被所有人认可的概括，但勾勒出它的一些特征却是可能的。其中，有一点应是确定无疑的，而且它构成了中国过去两千年经济史的基本特征。那就是，中国过往的辉煌实际上是一种规模上的表现，中国古代经济史上的繁荣是一种总量繁荣。一个很明显的例子就是，中国古代的史学家或学者描述盛世都是对经济总量进行铺陈，府库和户口是经常用来勾画经济繁荣的最主要的两个指标。例如，描绘西汉盛世的情景为"都鄙廪庾尽满，而府库余财。京师之钱累百巨万，贯朽而不可校。太仓之粟陈陈相因，充溢露积于外，腐败不可食"（《史记·平准书》）。《魏书·食货》对太和年间的介绍则是"时承平日久，府藏盈积"。唐人记述隋盛之时"户口滋盛，中外仓库，无不盈积"（《隋书·食货》）。五代时追忆隋王朝的繁华，则有"议者以比汉代文、景，有粟陈贯朽之积"（《旧唐书·食货上》）。

历代的这种总量繁荣代表了同时期中国对西方世界的领先，然而如果以人均收入来衡量，东西方之间实际上相差无几。麦迪森提供的数据表明，

---

① Elvin, M., *The Pattern of the Chinese Past*, Stanford: Stanford University Press, 1973, p.289.

② 尽管相关的学术性论著都会有一个文献综述，但基本上都是不全面的。赵红军提供了一个比较丰富的有关"李约瑟之谜"和"大分流"的文献综述，包括了从科技史、文明史、思想史、地理学、心理学、经济学以及哲学等学科展开的讨论。即便如此，其所涉及的文献仍然只是其中很小的一个部分。此外，范岱年从学术史的角度提供了一个有关"李约瑟之谜"的文献综述。总的来看，相关文献横跨自然科学和社会科学的多个学科，综述者事实上很难把握这些文献。见赵红军：《李约瑟之谜：经济学家应接受旧解还是新解?》，《经济学（季刊）》2009 年第 4 期；范岱年：《关于中国近代科学落后原因的讨论》，见刘纯、王扬宗主编：《中国科学与科学革命：李约瑟难题及其相关问题研究论著选》，辽宁教育出版社 2002 年版。

在人均收入领先欧洲的时间里,双方差距最大的时候,中国也只比欧洲高出6.6%;而在西方领先中国的年代里,1700 年欧洲的人均 GDP 即高出中国54%,双方差距最大的 1978 年,欧洲则是中国的 10 倍。[①]

很明显,中国古代的成就得益于其庞大的人口,同时人口增长也是其经济发展的一个最为重要的表现。人口规模的意义不仅在于从数据上支撑起了一个非常可观的经济总量,而且在于其对商业、交通和城市以及技术进步的促进(Brandt、Ma 和 Rawski,2014;Lin,1995)。但是,这种"斯密式增长"并不是可持续的。[②] 更为遗憾的是,中国传统经济并未经过长期的发展获得从量变到质变的飞跃。用罗斯托的话来讲就是,古代中国在规模上的扩张只是促成了资本的扩大,而未引起资本的深化。[③] 就经济增长和福利水平的提高来看,中国的人均收入长期停留在一个较低的水平上(珀金斯,1984),而且在后期还有所下降。[④] 中国农业经济的这一特征即使到了 20世纪 80 年代初仍然存在。以至于黄宗智认为,虽然在技术改进和资本投入方面,新中国付出了极大的努力并取得了相当大的成果,但是 20 世纪 80 年代之前的中国农业依然是传统农业。[⑤]

有几种代表性理论对传统中国后期的经济停滞现象给出了解释。其中,伊懋可(1973)和赵冈(Chao,1986)的分析便是建立在对中国人口规模庞大这一事实进行强调的基础之上。在《中国过去的模式》一书中,伊懋可提出了"高水平均衡陷阱"假说,用以阐释传统中国的经济发展。伊懋可不仅提出了这样一个描述中国农业经济的概念,而且探讨了传统中国为何未能跳出这一陷阱的原因。在他看来,传统技术演进所能达到的水平有一个上限,而中国在 14 世纪时就已经非常接近这一最高水平,唯一的仅仅依靠传统技术的发展是不可能带领中国走出这一"陷阱"的,因此出路在于寻求现代生产技术的帮助。然而在面对新的经济机会和技术可能性时,中国却没有准备好。主要的原因是庞大的人口极大地挤压了资本品生产所需要的

---

① 　[英]安格斯·麦迪森:《中国经济的长期表现:公元 960—2030 年》,伍晓鹰、马德斌译,上海人民出版社 2011 年版,第 21、39 页。

② 　[美]莫基尔:《富裕的杠杆:技术革新与经济进步》,陈小白译,华夏出版社 2008 年版,第5—6 页。

③ 　[美]W.W.罗斯托:《这一切是怎么开始的:现代经济的起源》,黄其祥、纪坚博译,商务印书馆 1995 年版,第 16 页。

④ 　关于 18 世纪中国经济发展水平的评价存在很大的争议。加州学派坚信帝国晚期的人均收入水平并没有因为人口的急剧扩张而出现下降,但是从人均收入、真实工资率,以及身高变化等方面开展的研究并不支持加州学派的观点。第一章对此将会有更详细的介绍。

⑤ 　黄宗智:《中国的隐性农业革命》,法律出版社 2010 年版,第 5 页。

资源,在引进和使用现代技术时,中国人面临着非常严峻的资源约束。①

与伊懋可不同,赵冈(1986)更注重从技术的需求侧对中国传统经济中人口行为及其后果进行考察和阐释。他指出,过多的人口将资源导向了劳动密集型技术支配下的生产方式,因而在众多可选择的技术中,人们偏好于资源节约型或资本节约型的技术。很明显,这种偏向性的技术进步能够生产出更多的产品,养活更多的人口,但是不利于人均收入的提高,也不利于现代经济的成长。

当然,也有一些研究并不是特别关注人口的作用。例如,据利皮特(Lippit,1978、1987)估计,传统中国的农业中始终存在数量不菲的剩余,大概有30%的产品可以用于供养非农业人口和其他部门,所以问题的关键在于拥有这些剩余的"非生产性精英群体"缘何未能将这些剩余产品用于生产性投资。由此引发的对传统中国制度和文化的批评也构成了此类文献中的一个重要部分。但是,这类原本旨在澄清一些事实的文献可能引起了一些新的误解。因为对于任何一个有着较大政治实体、军事单位、城市经济和商业贸易的社会来说,存在相当数量的农业剩余是极为肯定的,中国也不例外。因此,伊懋可和赵冈并非罔顾事实。从一般意义上讲,他们的分析是对占中国人口绝大多数并与中国经济发展密切相关的劳动家庭的恰当描述。至于为什么剩余没有被用于生产性投资,伊懋可和赵冈的分析恰好给出了一个解释,即面对新的投资机会时,投资者根据自己面对的资源禀赋结构选择了一种更多地利用劳动的生产方式。当然,伊懋可和赵冈的视角有所不同,但都与人口有关。由此可见,要深刻理解和解释中国古代的经济增长,人口问题是无法回避的。

事实上,不同于现代经济,在传统农业经济中,技术进步不容易被观察到,资本积累率也很低,土地的开发又极大地依赖于技术进步和劳动,因此在所有增长因素中最不稳定的就是人口了。研究者不可能在回避掉这个最为活跃的因素的情况下对中国历史的动态演进作出合理的解释。黄宗智先

---

① 伊懋可的"高水平均衡陷阱"假说引起了人们对其理论的极大误解。许多文献在引用伊懋可的观点时将其归入"无剩余"一派,即人口增长吞噬了技术进步带来的所有成果,人均收入长期处于维持生存的水平。事实上,伊懋可在其著作的最后一章分析中国何以在明清时期出现长期停滞时首先反驳了"无剩余"学说,见Elvin,M.,*The Pattern of the Chinese Past*,Stanford:Stanford University Press,1973,pp.286-289。在考虑了财产在不同阶层的分布以后,伊懋可实际上是承认剩余的存在的。在伊懋可看来,中国最后面临的一个问题其实类似于这样一种困境:如果技术演进依赖于畜力的使用,那么中国规模庞大的人口侵占了可用以饲养或放牧牲畜的牧地,所以在面对养活人还是蓄养牲畜(积累资本)时,中国人陷入了两难。

生对此有极为清醒的认识。在其三卷本的《明清以来的乡村社会经济变迁：历史、理论与现实》第三卷中，他特别强调了一个基本观点，即人口是中国的基本国情，虽然人口不是历史演进的唯一决定因素，但是在理解古代中国的资本、技术、市场、社会结构和国家等因素时，必须看到它们与人口之间的互动。①

然而，现有的关于中国传统经济或者中国长期经济增长的文献对人口增长的研究非常少，许多理论都是将人口作为基本事实或前提假设来叙述或展开其分析的。例如，伊懋可的"高水平均衡陷阱"假说和黄宗智的"过密化"研究就依赖于人口增长符合马尔萨斯特征，并且人口存量水平足够高的假设（姚洋，2003）。林毅夫（Lin，1995）对"李约瑟之谜"的解说也依赖于"中国自古以来人口便为世界第一"这一前提（文贯中，2005）。换句话说，伊懋可和林毅夫都认识到了人口众多的坏处和好处，但是他们没有对中国人口行为本身给出合理的解释。而彭慕兰的《大分流》则在很大程度上依赖于李中清和王丰（2000）对中国人口史的重建②，所以当李中清和王丰的研究遭到质疑时，彭慕兰和黄宗智都不约而同地卷入其中（彭慕兰，2003b；黄宗智，2002、2004）。显然，这不是他们的研究所要做的工作。但这也说明就理解中国传统经济而言，解释中国历史上的人口行为意义重大。

事实上，对中国传统经济有着深刻理解的黄宗智已然认识到了该问题的重要性。在关于长江三角洲小农经济的研究中，他提出尽管对中国历史人口的增长作出合理解释难度较大，但是"哪怕只是纯推测性的，我们也必须试图对这一现象做若干合理的估计"。他猜想中国历史上形成的"多子继承"制度和中央集权的确立对人口增长有推动作用，但并没有给出令人信服的论证。③ 有一种猜想，即中国人对"多子多孙"的偏好是造成中国人口众多的一个重要原因，代表了大部分研究者对中国古代人口增长逻辑的基本看法，例如戴维·S.兰德斯即这样简单地解释中国过去的人口增长。④

① 黄宗智：《明清以来的乡村社会经济变迁：历史、理论与现实（第三卷·超越左右：从实践历史探寻中国农村发展出路）》，法律出版社2013年版（2017年重印），第4页。

② 李中清和王丰通过对中国部分历史人口资料的分析和解读，否认了马尔萨斯及其他学者关于传统中国人口行为的论断。他们认为，传统中国的人口行为尽管与西方有差异，但绝不是马尔萨斯所描述的那样是理性缺失下受现实性抑制主导的。相反，中国人的生育行为充满了集体理性的色彩，通过低结婚率、晚生、早停、间隔时间长以及溺婴等方式，中国人成功地降低了生育率。见［美］李中清、王丰：《人类的四分之一：马尔萨斯的神话与中国的现实》，陈卫、姚远译，生活·读书·新知三联书店2000年版。

③ 黄宗智：《长江三角洲小农家庭与乡村发展》，中华书局2000年版，第325—328页。

④ ［美］戴维·S.兰德斯：《国富国穷》，门洪华等译，新华出版社2010年版，第24页。

这种观点是非常直观的,容易被人们的经验观察所证实。然而,如果我们认可了观念决定长期生育行为的观点,并不再去探究更深层次的原因,那即意味着将社会发展的成败归结到了种族或民族特性上。这种暗含着种族歧视烙印的解释对于任何一个具有现代意识和思辨能力的人来说都是不可接受的。况且,一种特殊观念的形成,其本身也是需要解释的。

否认观念在生育决策中的作用显然是武断的。更为合理的看法是,人们短期的生育决策固然受到其观念的影响,但是长期形成并延续的社会传统必定有其经济上的合理性,否则在面对人们理性计算后的偏离行为时,社会传统是无法维持其稳定性的。这一点对研究社会制度演进的学者而言几乎是不言而喻的。① 所以,我们所要做的就是找出隐藏在社会传统背后的经济逻辑。事实上,这并不难做到。因为将一个人作出的"遵从"或是"偏离"传统的决策看作一个约束条件下的最优化问题,在方法论上是完全可行的。其中的难点在于找出影响人们决策的种种约束以及阐释其发生作用的机制。本书即是希望在这一方面做一些有益的尝试,为那些旨在解释中国传统经济发展的理论和模型补上极为重要的一环。

二、人口行为与中国传统经济的演进

以上从文献角度论述了研究中国历史上人口增长的意义。实际上,人口增长对于中国历史长期演进有着深远影响,而且这种影响远不仅限于经济层面。在中国历史的长期演进中,宏观人口行为在政治变迁中扮演了十分重要的角色。这从另外一个方面说明了研究中国历史上的人口增长所具有的理论和现实意义。

(一)人口行为与中国传统经济的演进趋势

传统中国的生产方式经历了一个由相对粗放到相对集约的演变过程,这一点无论是对种植业还是对畜牧业都是成立的。只不过,早在战国时期中国就已经逐渐开始形成了精耕细作的农业技术体系。② 此后,在古代中国的传统农耕文明区,土地的使用越来越节约,突出表现在种植业复种指数的不断提高以及畜牧业比重的下降和圈养化。同时,资本的使用,尤其是大型牲畜的使用在两宋以后有了明显减少,甚至在许多地方用人力(木牛)完全代替了耕牛。此外,农具的创新都向着小型化、低成本方向发展。技术上

---

① 有关这一点可参阅安德鲁·肖特有关社会制度分析的论著,尤其是作者对社会制度的定义。安德鲁·肖特:《社会制度的经济理论》,陆铭、陈钊译,上海财经大学出版社 2003 年版,第 17—18 页。

② 李根蟠:《中国古代农业》,中国国际广播出版社 2010 年版,第 93 页。

的这种变化很大一部分可归因于劳动力的富余。①

　　事实上,中国在东汉时期就已经普及了牛耕②,并发明了"二牛抬杠"的作业技术,但是宋元以后由于人口增长,小农家庭已经无力蓄养耕牛了。此后犁的发展也在向着利用人力以及精耕细作的方向发展,而在使用机械力和畜力方面就没有多少改进了。③ 与此相伴随的是,大型农具也变得比较罕见了,一些历史上出现过的先进农具最终未能得到普及。④ 相反,传统中国对畜力的使用在后期有被人力代替的趋势,农具和手工业机器的发展都向着更为轻巧和节约的木制品转变。一直被一些历史学家津津乐道的宋代铁产量掩盖了一个重要事实,那就是当时铁并没有大规模地流向农业和手工业等生产领域。⑤ 不过,在密集使用劳动力和节约土地方面,古代中国做得就相当成功,复种指数和亩产量很早就达到较高水平,并且在明清时期得到了进一步提高。农业劳动生产率也在很长时间内处于世界领先水平,即使到了 19 世纪,与西方国家相比也毫不逊色(Allen,2009a)。

　　这对历史的演进有什么影响呢? 首先,从技术供给的角度看,密集使用劳动力,对中国历史演进的影响是十分深远的。传统技术的进步是经验性的,与科学和现代实验方法的关系并不大,这一点在工业革命时期依然没有改变。⑥ 经验性技术进步一方面依赖于人口的数量,另一方面更依赖于人口对技术的使用(Lin,1995)。也就是说,新的发明或创新只有在频繁地使用中才最容易出现。这意味着,如果一个社会较多地使用资本,那么其在资本品创新方面就可能做得比其他经济体要好;相反,如果一个社会使用资本较少,就很难指望其在资本使用方面获得重大的改进。欧洲与中国在农业方面的发展历程就清楚地展示了这一事实。

　　罗马帝国时期,阿尔卑斯山以北的行省并没有得到像样的开发,当地的经济仍以山林为主要载体。⑦ 其中的一个重要原因是地中海沿岸发展出来

---

① 李根蟠:《中国古代农业》,中国国际广播出版社 2010 年版,第 242 页。
② 于琨奇:《战国秦汉小农经济研究》,商务印书馆 2012 年版,第 30 页。
③ 李根蟠:《中国古代农业》,中国国际广播出版社 2010 年版,第 253 页。
④ 李根蟠:《中国古代农业》,中国国际广播出版社 2010 年版,第 242 页。
⑤ 对于宋代铁的产量和消费结构的评论可见[英]安格斯·麦迪森:《中国经济的长期表现:公元 960—2030 年》,伍晓鹰、马德斌译,上海人民出版社 2011 年版,第 20 页、第 36 页注释 2。
⑥ [美]莫基尔:《富裕的杠杆:技术革新与经济进步》,陈小白译,华夏出版社 2008 年版,第 186 页;[美]詹姆斯·E.麦克莱伦、哈罗德·多恩:《世界科学技术通史》,王鸣阳译,上海科技教育出版社 2007 年版,第 394—400 页。
⑦ [英]波斯坦:《剑桥欧洲经济史(第一卷):中世纪的农业生活》,王春法等译,经济科学出版社 2002 年版,第 92 页。

的农耕技术并不适用于北方的土地。许多历史学家注意到了这一点。西北欧湿重的土壤对该地区的农业发展造成了极大的限制,以至于能够翻起欧洲平原上这种黏土的重型犁(重犁)的出现被莫基尔视为中世纪最为重要的一项发明。① 伴随重犁出现的是挽马,与重犁相配套的技术创新则有马套和牛轭的改进,以及马蹄铁的发明。前者由于避免了牲畜用力时出现窒息而极大地释放了畜力,后者则保护了潮湿的泥土对马蹄的腐蚀。对更大畜力和替代技术的需要对任何社会来说都存在,但这一需要只有在西欧后来的技术变革中得到了响应。虽然农业发展对工业革命的影响到底如何还不是完全清楚,但有一点则非常明确,那就是铁和机械力在当时的农业中就已得到了持续的革新和发展。

其次,从技术需求的角度来看,中国传统农业未能为节约劳动的资本化农业和技术提供足够的激励和市场。虽然莫基尔不认为技术的需求端对技术发明有决定性作用,但不可否认,在存在一个技术集时,哪项技术会被使用却是由需求来决定的。安杰利斯(Angeles,2017)对活字印刷术在东西方世界的应用所进行的研究有力地支持了这一观点。具体到农业的发展,有许多证据表明,正是因为东西方资源禀赋的差异及其动态变化造成了中国在革新和应用技术发明时向着不利于资本的方向发展。

根据侯建新(2006a)的研究,16 世纪英国的亩产量为每市亩 55 公斤,一般农户每年的实际耕种面积至少为 15 英亩(约合 90 市亩),因而每户年产谷物高达 5007 公斤。如此高的家庭产出,不但直接提高了农民的生活水平和消费能力,也为农业的进一步发展奠定了坚实的基础,并为社会提供了大量的农业剩余,而这些恰好是工商业持续发展的条件和原动力(侯建新,2013)。② 例如,重犁和马蹄铁的大量使用对铁产生了极大的需求。1760年,农业中仅用于打马掌的铁被估计就占到英国当年铁消费量的 15%;不计农民的家用消费,仅农业生产中使用的铁(主要用于制造犁和打马掌)就占到铁总需求量的 30%—50%。③ 更深层次的影响则是,富裕农民的出现引起了农业以及农业社会自身的分化和演变,为社会变革提供了必要的经济动因,成为西欧资本主义兴起的一个重要原因(侯建新,2006b)。

① [美]莫基尔:《富裕的杠杆:技术革新与经济进步》,陈小白译,华夏出版社 2008 年版,第 36 页。

② 关于欧洲农业革命的内容及意义还可见[意]卡洛·M.奇波拉:《欧洲经济史(第三卷):工业革命》,徐璇等译,商务印书馆 1989 年版,第 374—402 页。

③ [意]卡洛·M.奇波拉:《欧洲经济史(第三卷):工业革命》,徐璇等译,商务印书馆 1989 年版,第 394 页。

反观中国，从秦汉到明清，中国的粮食亩产量都是增长的，但是人均粮食拥有量却在明清时期出现了下降。① 这其中的主要原因是人口增长的速度超过了耕地和亩产量上升的速度。尽管明清时期粮食亩产高达 350 市斤左右，但是因为人均耕地面积狭小，劳动生产率较低，农民一直生存在贫困的边缘，既不能为工商业的发展提供充足的剩余，也未能成为市场的主动参与者，也就不可能成为经济和社会变革的推动者。相反，这种拮据、吃紧的生活反而进一步强化了传统的小农经济，（黄宗智，2000a、2000b）。19 世纪末，国人面对不同农业技术时的态度差异是对这一情形的最直接的反映。

虽然传统中国技术演进的方向实际上决定了中国不可能自发产生与现代机械动力和机械工具相关的技术。但是，当西方技术展示在中国人面前时，引进的机会总是存在的。晚清的一些驻外使馆人员、留学生和商人最早接触到了农业机械。尽管对这些"小技奇器"惊叹不已，然而考虑到国内人多地少的实际情况，关于是否应该引进却引发了激烈的争论（倪根金和魏露苓，2008）。最终除了一些农事试验场和农务学堂引进了少许机械外，农业生产中基本未有应用（魏露苓，2007a）。不过相对于农业机械所遭遇的尴尬，与种子相关的技术引进则更容易被人们所接受（魏露苓，2007b）。其中的原因实际上是比较明显的：收入较低的农民家庭既不愿意，也没有能力使用资本去替代劳动，但是对于劳动增进型的育种技术则有特别的偏好。

这种情况直到新中国成立以后才有了很大改观，其中的原因是合作化改变了人们的激励和约束。大型农具的使用通过国家力量得以引入，集体劳动的农民也没有理由去抵制机器对人的替代了。然而，令人费解的是，资本的大量引入并没有改变中国农业的密集化发展趋势。相反，由于拖拉机的使用加速了早稻收割后的犁地工作，从而使"早稻—晚稻—小麦"这种"一年三熟"种植模式在技术上变得可行了，并在南方农村得到了推广。这样一来，人力的投入不但没有减少反而更加密集了。②

"过密化"的发展趋势带来的经济后果是，在土地生产率和劳动投入不断提高的同时，中国的人均收入却出现了长期下降的趋势。图 0.1 清楚地展示了这一点。在图 0.1 中，人均 GDP 变化是以指数形式呈现的。其中，1840 年被设为基准年，该年的 GDP 被设定为 100，其他年份的 GDP 数据都

① 吴慧：《中国历代粮食亩产研究》，农业出版社 1985 年版，第 194—195 页。
② 黄宗智：《明清以来的乡村社会经济变迁：历史、理论与现实（第三卷·超越左右：从实践历史探寻中国农村发展出路）》，法律出版社 2013 年版（2017 年重印），第 35 页。

是当年人均 GDP 与 1840 年的百分比。所以,图 0.1 实际上呈现的是一个长时间段的人均 GDP 衰减指数。从中可以发现两个有趣的现象。首先,明、清两代的人均 GDP 峰值均较前代有所增长。宋代人均 GDP 的高峰出现在 1020 年,此时的人均 GDP 约是 1840 年的 166%。明朝则在其发展 70 多年后达到了新的高峰,此时的人均 GDP 指数为 171。清代的峰值出现在 1700 年,此时的人均 GDP 相当于 1840 年的 181%。从 1020 年到 1700 年共 680 年的时间里,人均 GDP 上升了约 15%,年均增长约 0.02%,与盖勒 (Galor,2005)定义的马尔萨斯经济的增长速度基本一致。其次,宋、明、清三代的人均 GDP 都在达到高峰后出现了急剧下降,但是宋、明两代在低谷时期的人均 GDP 仍然维持在相当于 1840 年 140% 左右的水平上,而清代的人均收入水平却出现了长期下降的趋势。而且,清代的下降是在肥料和劳动投入不断增加的情况下出现的(Allen,2009a)。这正是经济"过密化"的一个重要特征。

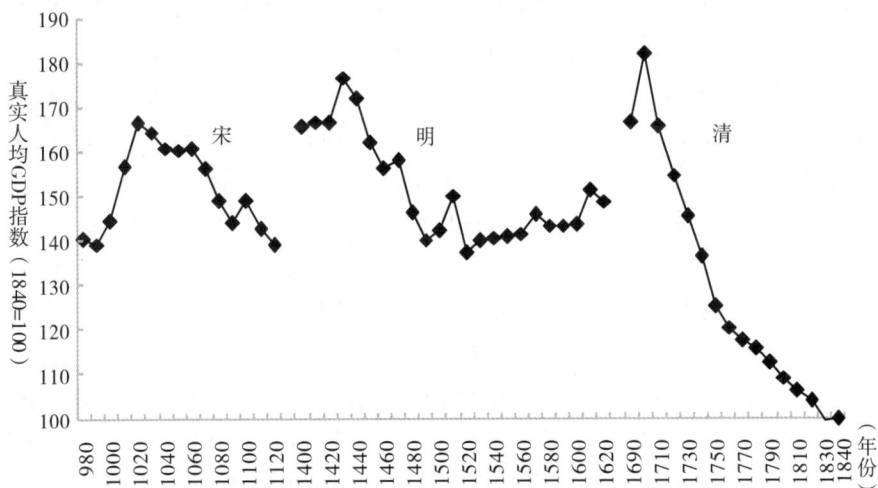

图 0.1　980—1840 年中国人均 GDP 的长期演进

资料来源:Broadberry,S.,Guan,H,and Li,D.,"China,Europe and the Great Divergence:A Study in Historical National Accounting,980-1850", *Journal of Economic History* ,Vol.78,No.4,2018, pp.955-1000.

　　综上所述,如果说工业革命的确是一场动力革命,是机械力对人力的胜出,那么中国在技术上不具备发生一场工业革命也就不足为奇了。这种发展路径的形成既有技术供给层面的原因,也有技术需求层面的原因,但无论是哪种原因,都与传统中国的人口行为有直接的关系。

（二）人口行为与中国传统经济的演进过程

古代中国的经济增长有明显的周期性（Skinner, 1985），并且与政治周期高度相关。历代开国伊始，经济跌入谷底，此后开始逐渐恢复；随着太平日久，便迎来经济上的繁荣时期；紧接繁荣而来的便是衰退，直至前朝倾亡、新朝初建，经济又一次跌入谷底。这种对总量经济波动的刻画也与历史学家所描绘的"治乱兴衰"相一致（朱国宏，1998）。但是，就人均收入的周期而言，可能就不是这样了。因为微观层面的家庭经济经历乱世后是容易恢复的，再加上其时耕地宽裕，相对王朝后期而言，生产较为粗放，人均产出是比较高的。随着人口增长，人均耕地面积下降，劳动密集化程度提高，人均产出也会下降。因此，相对于总量经济，人均收入的高峰应该更早到来。

由于古代史料没有留下可靠的可以反映人均收入水平变化的时间序列数据，我们无法确切地说明这一点。但是从史书记载来看，微观层面的发展更易获得，而总量上的繁荣则需要多年积累，并且总量繁荣的时候，人均收入可能已经下降了。以总量来看，西汉全盛当在哀帝时，其时"宫室、苑囿、府库之臧已侈"，"天下户口最盛矣"，但是百姓的富裕"不及文景"（《汉书·食货志》）。事实上，人均收入的这种动态变化在图 0.1 的长时段历史数据中也已经有所体现。当然，更直接的证据来自断代研究。管汉晖和李稻葵（2010）有关明代 GDP 估算的数据显示，明代最为繁荣的时期为 16 世纪后半期。此一时期以小麦衡量的人均 GDP 为 5.2—5.4 石，低于明初（14世纪末）的 6—6.3 石，更低于经济恢复和发展时期（15 世纪）的 6.5—6.9石。刘逖（2010）对 1600—1840 年中国 GDP 的详细测算也表明，有清一代，人均收入也在其经济恢复后即开始下降，并在"乾隆盛世"时一度跌至最低点，详情如图 0.2 所示。刘逖的测算结果反映的清代经济演进趋势与"麦迪森项目"（Maddison Project）发布的最新研究结果高度一致。该项目测算的中国历史人均 GDP 数据显示，以 2011 年为基准，以当年美元计价，清初1661 年中国的真实人均 GDP 为 1083 美元；经过康雍乾一百多年的发展，到了乾隆盛世时的 1766 年，中国真实人均 GDP 反而下降为 791 美元；此后在嘉庆朝略有恢复，到嘉庆末的 1820 年上升到了 854 美元；然而这种情况并未持续，此后中国的人均 GDP 迅速下降，到了 1850 年，更是降到了 684 美元（Bolt 等，2018）。这种总量和人均增长上的差异与标准增长理论有很大出入，因为无论是索罗模型还是拉姆齐模型都无法预测到总量增长时人均收入下降的结果。

经济周期以及政治周期都在随着时间演进而变长。两汉时期一个周期

（单位：1990年美元）

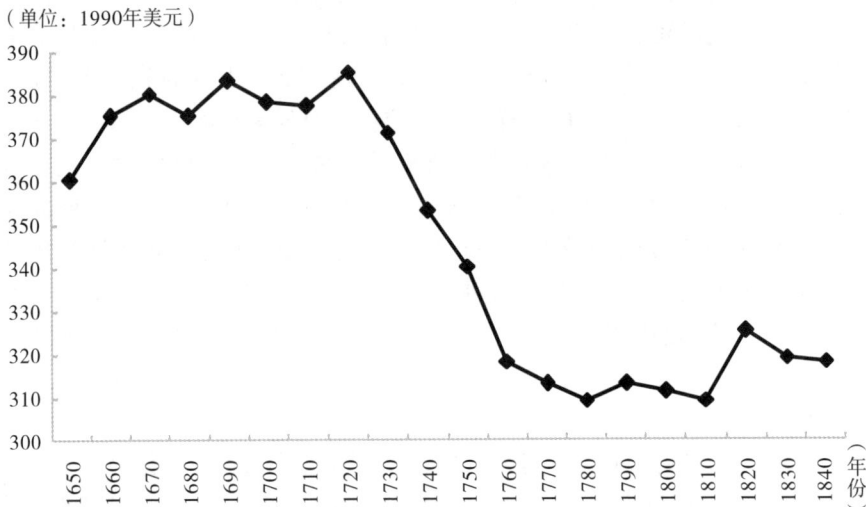

图 0.2　1650—1840 年清代的人均 GDP

资料来源：刘逖：《前近代中国总量经济研究：1600—1840：兼论安格斯·麦迪森对明清 GDP 的估算》，上海人民出版社 2010 年版，第 179—180 页。

一般不会超过 200 年，到了明清则增加到了 250 年以上。[①] 粗略观察，这种变化以唐宋为界，此后的周期明显加长了。周期时间的这种变化是由于政治上的发展，还是有其经济原因，是一个值得探讨的问题。

很明显，经济周期，尤其是总量上的周期与政治周期的发生密切相关。在帝国时期，任何一个强大的统一王朝如果不是遭受到毁灭性的外来打击，必定覆亡于农民战争的汪洋之中。这是中国古代历史的一个基本事实。从经济视角来看，周期性发生的农民战争以及其后的秩序重建过程中的军阀混战对人口、耕地、资本、城市和商业的破坏十分巨大，往往使数百年的积累毁于一旦。仅就人口而言，两汉之际的战乱和东汉末的农民战争以及此后的割据势力之间的争战都造成 3000 多万人的人口损失[②]；隋末农民战争后，中国的人口由此前的将近 5000 万人下降到 1500 多万人[③]；明代仅崇祯年间的战乱就造成 4000 万人的人口损失[④]。因此，政治周期决定了经济周

---

① 其间，唐代遭受了"安史之乱"的严重打击，两宋之际经济也受到战乱的严重破坏，因此周期一度加长。

② 葛剑雄：《中国人口史（第一卷）·导论、先秦至南北朝时期》，复旦大学出版社 2002 年版，第 411、448 页。

③ 路遇、滕泽之：《中国人口通史》，山东人民出版社 1999 年版，第 371 页。

④ 曹树基：《中国人口史（第四卷）·明时期》，复旦大学出版社 2000 年版，第 452 页。

期,这似乎是显而易见的。但是有一些根本性的问题需要得到阐释,那就是什么引起了周期性的农民战争?

关于大规模农民战争周期性发生的原因,传统的认识中最具代表性的观点有三种。第一种观点是"政治周期论"。"政治周期论"的核心思想是,统治阶级对农民的压迫和剥削随着王朝的延续愈演愈烈,当这种压迫或者剥削超出了农民的承受范围之后就引起了农民的大规模暴力反抗。关于政治周期的形成又有两种主要的观点。一种观点与人口结构的变化相关,核心思想是剥削阶级的人口增长往往超过被剥削阶级的人口增长,最终导致后者不堪重负,铤而走险(孟祥才,1994)。另一种观点与帝国政府的精神演变有关。[①] 该观点的基本逻辑是,王朝初期,前朝倾亡的教训犹在眼前,帝王和政府官员往往节俭谨慎,政治因而清明;王朝后期,帝王长于深宫之中,官僚生于太平之世,执政者不知民间疾苦,往往穷奢极欲,横征暴敛,最终引起农民的激烈反抗(孙洪涛,1993)。

"政治周期论"对中国历代王朝政治表现的描述是客观的,将其与农民战争联系起来也是对基本历史事实的确认。不过,"政治周期论"忽略了微观经济自身的演进过程,可能夸大了政治行为在古代历史形成中的作用。由于传统农业社会在经济上具有区域自给,在治理上具有基层自治的特征,帝国时期的政府并不能,也不需要将政府的权力完全渗透到社会基层,因此政府的行为对社会经济的影响并不如想象的那样重要。[②] 将帝国政府与乡野联系起来的政策工具主要是赋税和徭役。因此,如果要论证政治周期的确是农民战争周期性发生的原因,那么赋税和徭役的周期性变化就是最直接的证据了。实际上,已有的论证的确是这样做的,只是其中的证据颇为单薄无力。比如,明末经过三次加派以后,"辽饷"被增加到了每亩九厘白银,这被作为赋税加重引发农民起义的一个证据(左云鹏,1983)。但是仔细分析就会发现,这九厘白银的作用被过分夸大了。天启、崇祯年间,农民军频繁活动的北方地区的粮食亩产量至少在小麦 1 石以上(郭松义,2001),万历后期到天启年间的粮价经估算为小麦每石值白银 0.742 两。[③] 九厘白银

---

①　这一点在钱穆先生所著的《中国历代政治得失》中有突出的体现,见钱穆:《中国历代政治得失》,九州出版社 2012 年版。

②　王家范:《中国历史通论(增订本)》,生活・读书・新知三联书店 2012 年版,第 11 页。

③　彭信威在《中国货币史》中提供了明代连续的粮食价格。其中,天启年间,米每石的价格为白银 0.927 两,崇祯年间为 1.159 两(第 518 页)。作者没有提供小麦的价格,但是指出小麦的价格约为米价的八成(第 515 页)。见彭信威:《中国货币史》,上海人民出版社 2007 年版。

约占亩产值的 1.2%。若是不考虑农民的收入变化,只将这九厘白银的"辽饷"加派作为农民揭竿而起的原因,是很难令人信服的。① 再者,从宏观数据来看,崇祯朝征收"三饷"以后,政府收入占整个经济总量的比重只有9%,略高于明朝前期"永乐盛世"时的 8%(管汉晖和李稻葵,2010)。因此,很难说朱明王朝的横征暴敛是造成烽烟四起、战火连天的根本原因。所以,政府的税赋和徭役往往成为农民战争爆发的导火索,但是农民战争的周期性发生还有其更深层次的原因。

第二种观点是"灾害论"。灾害被用来解释农民战争的发生已经广为人知了。需要特别提到的是,近年有一些研究使用历史气候数据实证分析灾害与王朝更替之间的关系,明确指出气候变化对王朝更替有决定性影响,如扬切娃等(Yancheva 等,2007)、张平中等(Zhang 等,2008)开展的研究。由于这些论著中涉及的朝代更替都与农民战争相关,因此这些研究也能被用来说明灾害和农民战争之间的关系。但是,气候学家张德二等对这些研究提出了质疑,认为上述研究者提供的气候数据并不可靠,而且对于历史事实的陈述也存在诸多问题(张德二等,2010)。傅筑夫先生曾在一篇文章中提到,他根据历代正史中的《本纪》《五行志》《通志》和《续通志》的《灾祥略》等书统计了自汉高帝元年(前 206 年)到明崇祯 17 年(1644 年)前后一千八百五十年间的灾害,重灾(面积广、灾情重)年份为一千二百四十二年,几乎年年有灾,因此说灾害是农民战争周期性发生的原因是不能成立的(傅筑夫,1982)。

此外,从统计学的角度审视灾害论还会发现,使用灾害数据论证或实证分析农民战争的周期性发生存在内生性问题。古代记载灾害多使用文学性的语言定性描述灾害的大小,比如"人相食""流民百万""白骨千里"等。但是这与整个社会的经济状况有关。当供给充足时,家庭和社会应对灾害冲击的能力较强,较大的灾害也可能不会造成严重的后果;但当人们普遍贫困时,较小的灾害也可能造成较大的后果。因此历史上记载的灾害的大小往往是由社会内生决定的。如果在做分析时没有考虑到这一点,就有可能出现较大的统计性偏误。

第三种观点用来解释农民战争周期性发生的观点是"人口论"。清代的洪亮吉在《治平篇》中提出的"承平之忧"实际上暗含了对农民战争周期

---

① 当然,由于市场的原因,贫苦农民可能不易获得白银,因此九厘白银带给农民的负担可能要比数量本身大。不过,即使这样,脱离对农民自身经济演变的讨论,仅从九厘白银出发是很难得到令人信服的结论的。

性发生的一种解释。当代也有许多学者将农民战争与人口增长联系了起来,并认为人口增长是农民战争周期性发生的根本原因,如陈旭麓(1979)、汪润元和勾利军(1985)、徐平华(1996)、林璧属(1995)、周祝伟(1997)、周鲲鹏(1998)、朱国宏(1998)、盛邦和(2010)等。而且,如果追根溯源就会发现,引发中国农民战争研究的苏联学者坎托罗维亚实际上也将中国历史上的周期性农民战争归结于人口问题(坎托罗维亚,1981)。"人口论"的问题在于没有对人口增长,尤其是人口的过度增长提供一个可信的解释,往往将人口过剩归因于文化方面的因素,缺乏经济意义上的说明。

实际上,农民战争周期性发生的原因更应该从农民家庭的微观视角去考察。与灾害相同,赋税的轻重也与农民的经济状况相关。当农民较为富裕时,负担税赋的能力较强。当农民日益贫困时,对税赋的承受能力就比较弱。此时,且不要说加派税赋,即便是正常的税赋也会成为压死骆驼的"最后一根稻草"。灾害和赋税都会引发农民的暴力反抗或者掠夺,但是只有在农民的收入普遍下降到某个水平的时候才会引起大规模的农民战争。因此,农民经济的周期性变化才是农民战争周期性发生的根本原因。理解农民战争的周期性发生,就是要解释农民家庭收入的长期变化。因此,从人口增长出发探寻农民战争周期性发生的经济原因就是一个可行的路径。

如果引起帝国时期王朝更替的农民战争可以用人口的增长来解释,那么王朝寿命及其变化也就能得到更好的理解。为什么两汉是200年左右?"圣王之治"能否将其延长到300年?考虑到当时技术水平下的人口峰值可能只有6000万人左右,因此当历史行进到公元元年前后时,政治上、经济上东挪西凑的空间实际上非常小。一般来说,人口从王朝初创时增长到其峰值所需要的时间决定了其鼎盛时期到来的时机,自此之后,王朝便开始走下坡路了。历史上,除非中间人口有较大幅度的减少,是不会出现真正意义上的"中兴"的。西汉的"昭宣"、东汉的"光武"乃至晚清所谓的"同光"无不如此。中兴局面的创造并不需要伟大的政治家和剧烈的政治变革,清静抚民的治国策略即能收到良好的效果。像王莽、王安石和张居正这样的改革者实际上没有可供其实现抱负所需要的经济资源,他们的失败是不可避免的。明清的国祚能够延续250年以上,实在是当时的技术水平决定的人口峰值有了很大提高,帝国的资源能够供养更多的人口了(朱国宏,1998)。

三、中国历史人口增长的影响因素

能够影响人口增长的因素可能有很多,许多或许还是我们未及探明的。本书不打算去全面探究这些因素,而只是选择性地对若干我们认为重要的因素进行分析。很容易理解,宏观人口行为受到一个社会的地理环境、制度环境和技术体系的制约。就生育决策而言,人们的生育行为——无论是体现个人偏好的个体决策还是以因循传统为特征的集体决策——都是在资源、制度和技术约束下作出的选择。因此,历史上的自然地理环境、制度和技术等因素理应成为考察传统中国人口行为的重要变量。这一点也得到了人口史学家的确认。吴松弟教授曾这样写道:"在传统社会,任一地区人口的发展,几乎都受到资源、环境和生产力发展水平的制约。"显然,一个地区的自然资源,尤其是用于发展农业生产的土地资源很大程度上取决于当地的自然地理环境,而技术水平无疑是决定生产力水平的主要因素。至于"环境",其含义不仅包括生态环境,更包括社会环境,主要是指"王朝政治经济政策的变化"。① 这些政策变化往往引起历史上的制度变革。

　　自然地理环境、制度和技术等因素在中国历史上是非常容易被观察到的,它们的重要性也是毋庸置疑的,但是这些因素与人口增长之间的联系还没有被仔细地考察过,至少从经济学的角度来看是这样的。当然,我们这样讲,并非要否认人口史学家对这些因素的关注。事实上,人口史学家特别强调自然地理环境、制度变迁和技术进步对人口增长的影响,如前文吴松弟教授对人口决定因素的总结就是其中一例。然而,从经济学的视角去观察,往往会得到一些不同于人口史学家的发现或解释。例如,葛剑雄教授注意到宋以后的税制变革对人口增长有促进作用,但他主要是从赋役制度扰乱人们正常的生产、生活行为的角度展开的。② 事实上,"两税法"前后的赋役制度的演进有一个重要转折,即从依据"人丁"征税转向了依据"田亩"征税。税制上的这种变革对人们的生育决策有直接的影响。经济学分析会从收入(预算约束)和生育偏好两个角度展开,清晰展示税制变化影响人口增长的微观机制及其宏观后果。不过,也必须指出,本书所采用的经济学分析是预测性的,因此依据假设和理论推演的结果是不是与现实一致,则需要用人口史学家的研究结果去检验。

　　自然地理环境。自然地理环境在经济史上的重要性被怎么强调也不为过。虽然工业文明以来的经济增长受到的自然地理因素的限制已经越来越少,但是对于此前的人类历史而言,地理的重要性可能是无法忽视的,尤其是在进行跨地区的比较研究时。贾雷德·戴蒙德(2000)关于人类文明起

① 吴松弟:《中国人口史(第三卷)·辽宋金元时期》,复旦大学出版社 2000 年版,第 655 页。
② 葛剑雄:《中国人口史(第一卷)·导论、先秦至南北朝时期》,复旦大学出版社 2002 年版,第 92 页。

源和演化差异的地理学解释就是一个鲜明的例子。文贯中（2005）对"李约瑟之谜"的解释有很强的地理决定论的色彩，因为在他的论述中读者能深切地感受到地理对技术、制度的决定性作用。

农业文明受制于地理环境是无法否认的事实。最为直接的当然是土壤和气候对农业分布、结构和产出的影响。这种影响直到今天仍然是极为重要的。在当前世界和中国的许多地方，面对贫瘠的土地和阴晴不定的天气，人类的力量依然像他们数千年前的先辈一样渺小。此外，土地的平坦性、水陆交通便捷与否，以及周围农耕条件的好坏，直接决定着 17 世纪以前城市的分布和发展（Bosker 和 Buring，2017）。更为重要的是，自然地理环境可能通过一些中间变量对人类历史的长期发展起着更为基础性的作用。已有的研究已经向我们展示了几种机制。这些机制揭示出自然地理环境可能通过制度演进（Sokoloff 和 Engerman，2000；Acemoglu、Johnson 和 Robinson，2001）、时间偏好差异（Galor 和 Özak，2016）、社会资本积累（Litina，2016）以及人力资本积累（Baten 和 Hippe，2018）对经济的长期发展产生深远的影响。

当然，在许多历史研究中，地理环境并没有被当作一个特别重要的因素来对待。研究者作出这样的选择并非是因为地理因素不重要，更多的是因为它的相对稳定性。对人类历史来说，亘古不变的自然地理环境似乎无法解释变量的动态过程，因此当研究者面对历史演进的过程时选择忽略地理环境在许多时候是明智的。然而，如果我们要解释类似"中国的人口为什么比欧洲多"这样的问题时，将地理环境的差异引入分析将是非常有必要的。更有意义的是，在许多时候，地理不但决定了初始条件，也可能对后来的发展路径有深远影响。如果真是这样，那么地理环境不但会影响某些变量的初始或潜在存量水平，也可能会影响其后续的演进过程。

地理环境包含的因素有很多。本书讲到地理因素，主要是围绕着气候和土壤这两个因素展开的。上文中提到，罗马帝国崩溃以后，欧洲历史的舞台由地中海移到了阿尔卑斯山以北的大平原。在这个过程中，原来地中海沿岸使用的木制或铁制轻型犁并不适用于北方的土地，开垦北部平原潮湿的黏质土壤需要中世纪才出现的重犁。① 重犁的使用要求人们不得不留有大量的非耕地来蓄养足够多的大型牲畜。中国的情形与此有很大不同，尤其是在中国的北方。在那里，开垦和翻动松散的黄土并不需要特别大的动

---

① ［美］莫基尔：《富裕的杠杆：技术革新与经济进步》，陈小白译，华夏出版社 2008 年版，第 35 页。

力,因此对铁制农具和大型牲畜的要求也就不如西欧高,可耕地中留作畜牧用途的比例就很小,圈养牲畜的比例则相对要高一些。由此造成的一个直接后果就是,在同等可耕地面积上,欧洲用于种植粮食作物的土地比例就比中国要低很多,所能供养的人口相对也就比较少。这种生产方式对土地的使用是相当粗放的,一些研究也证实了这一点(谢丰斋,2001)。因此,欧洲人口密度相较于中国农耕区就小得多。再考虑到气候因素,特别是积温和光照的差异,与中国传统农耕区相比,欧洲发展粮食种植业的优势就要小得多。因此在很长一段时期内,整个欧洲所能供养的人口总量只有中国的1/2。[1]

　　地理上的差异不仅体现在中国和欧洲之间,也存在于中国内部。中国南方和北方的气候与土壤也存在一些差异,这些差异通过生产技术和生产方式影响了两地的长期人口增长。本书分析地理环境差异对人口行为的影响,不仅是想强调初始条件差异的重要性,而是想在一个动态系统中展示由这一差异造成的发展路径上的差异。这种差异是人口和技术相互作用的结果。本书的研究试图表明,地理上的初始差异对后来的发展路径演进具有不可忽略的作用。

　　制度。宏观人口行为不过是微观生育行为结果的反映。家庭所面临的制度约束可能是多种多样的,其中有一些对人口的生产有直接或间接的作用。有些制度或政策是直接针对人口增殖的。例如,春秋时越王勾践采取过严厉的促进人口增长的奖惩政策,汉代对适龄未婚女子的重赋也含有刺激人口增长的目的。[2] 这些政策的目标是很清楚的。但是有一些制度并不与人口直接相关,却与人口生产的成本和收益相联系,因而对家庭的生育决策有十分重要的影响。例如,古代中国的赋役相对于人们的收入是比较重的,因而税收对人口增长有重要作用。[3] 例如,汉武帝时,"重赋于民",将口赋增加了3钱,并将起征年龄由7岁降低到3岁,便引起贫民"生子辄杀"。[4] 历史记述可能有些夸张,但从中也能窥见赋役对于微观人口行为的

---

① ［英］科林·麦克伊韦迪、理查德·琼斯:《世界人口历史图集》,陈海宏、刘文涛译,东方出版社1992年版,第8、192页。
② 汉代规定,女子年十五不嫁,五算(五倍的算赋,一算为120钱)。有关历史上人口政策的内容,见葛剑雄:《中国人口史(第一卷)·导论、先秦至南北朝时期》,复旦大学出版社2002年版,第88—89页。
③ 葛剑雄:《中国人口史(第一卷)·导论、先秦至南北朝时期》,复旦大学出版社2002年版,第92页。
④ 葛剑雄:《中国人口史(第一卷)·导论、先秦至南北朝时期》,复旦大学出版社2002年版,第92页。

影响。

　　本书特别关注中国历史上的田制和税制对人口增长产生的作用。秦汉以来,中国社会的基本治理框架已经形成,但土地制度和赋役制度的变化却是始终存在的。关于中国历史上秦汉以来土地制度的属性,学术界争论不已,莫衷一是。① 所幸的是,本书所进行的研究并不依赖于对土地所有制的界定。也就是说,王权(或政府)和农民家庭的土地产权的关系到底是属于什么性质的,对基于现代产权理论所开展的研究并不是特别重要。对农民家庭而言,重要的是其赖以生存的土地是如何得到的。如果耕地源于继承,那么人口增加不会为家庭带来任何新增的土地(使用权),家庭人均耕地和人均产出却会因为新增人口的到来而出现下降。对这一后果,农民是完全可以预期到的。但是,如果耕地源于政府授田或者租佃,那么人口增加或将为家庭带来一些新增的耕地(使用权),因此家庭的耕地数量将是其人口的增函数,其对人口增长产生的激励作用就可能要强于继承制。有一些朝代,例如西汉和西晋,政府对民田的干预相对是比较大的。这些王朝主动承担了为新增人口配置耕地的责任。主要的措施有授田,开放苑囿、山川、湖泽,"假民公田",乃至重新分配私人土地等。有一些王朝则在土地分配上鲜有作为,例如东汉②,赵宋王朝立国以后更是"不立田制""不抑兼并"。身处不同时代的家庭面临不同的田制③,其人口生产的激励也是有很大区别的。这些差异必将在人口行为上有所反映。只不过限于统计分析上的困难,我们无法通过经验研究从人口增长中分解出相关的效应,但理论上的分析却是完全可能的。

　　与田制相关的就是税制。许多时候,税制是不可能脱离田制而单独存在的。这一点在唐代的"租庸调制"和"均田制"上体现得最为明显。所谓"有田则有租,有家则有调,有身则有庸",都是以均田制的存在为基础的。后来均田制崩坏,租庸调制也成了无源之水,最终被"两税法"代替了。对人口生产而言,影响最为明显的是赋役征收的数量和依据。税赋过重,家庭所得就少,可供养的人口就十分有限。税赋是依据土地、人口征收,还是依

① 与此相关的一个文献见李根蟠:《官田民田并立,公权私权叠压——简论秦汉以后封建土地制度的形成及特点》,《中国经济史研究》2014年第2期。

② 见[美]许倬云:《汉代农业:中国农业经济的起源及特性》,王勇译,广西师范大学出版社2005年版,第52页。

③ "田制"这个词在历代官史中有很重要的地位。它既避免了使用"土地制度"一词时所必须面对的一些争议,也容易从历史文献中获得相关的信息。更为重要的是,无论是在历史上还是在分析中,田制可能比土地制度更有意义。这在第五章中表现得最为明显。

据产量征收,直接关系到各种投入要素的相对成本和收益,对于家庭的生育行为产生的激励也就有明显不同。从秦汉到明清,相对于田制,税制的变革非常频繁,赋役的内容、数量以及征收依据经历了非常大的变化。这些变化不仅有财政上的意义,其对人口增长的影响也应该得到研究者的重视。

有关田制和税制与人口增长的关系我们也可以作一些推广。政府与私人家庭的经济关系有时候非常类似于私人之间的关系。政府“假民官田”在实质上与私人租佃并无二致,尤其是对承租者而言。赋役与私人租佃中产生的地租和劳役在分析上也是完全一致的,尤其是当我们不必考虑身份自由等经济以外的含义时更是如此。因此,我们对田制和税制的分析也包含了对自耕农制度和租佃制度的讨论。

技术。有时候,经济学家总是想找到一种单向的因果关系来解释一些现象。就人口增长和技术进步而言,这种单向的关系可能是不存在的。人口与技术相互影响应该是一个基本事实,克雷默(Kremer,1993)对人类一百万年增长史的分析就是对这种真知灼见的反映。有关人口数量与技术进步速度之间的关系,经济学家关注得已经足够多了,但是对于人口数量与技术演进方向之间的关系,经济学家并没有给予应有的重视。事实上,传统中国的增长史要得到较好的解释,人口数量与技术演进方向的关系是不可或缺的。人口(劳动)和资本相对数量上的较大差异或许在一定程度上解释了中国和欧洲发展路径上的差异。即便我们对过程所知甚少,结果却雄辩地表明,到了18世纪的时候,中国人更善于使用劳动,而欧洲人在资本应用上要比中国人娴熟得多。

此外,技术进步与人口增长之间的关系也不是单调的。在19世纪中叶之前,发生在欧洲的技术进步带来产出扩张的同时也引起了人口的快速增长,但是在此之后,技术进步和人口增长之间的这种正相关关系发生了逆转,人口增长率开始出现了稳定的下降,并且这种下降是不可逆的(Galor,2005)。就中国而言,秦汉以来的两千多年里,相对于人口的巨大增长,人均收入几无变化,技术进步的成果几乎被人口增长完全吞噬掉。这种现象一直持续到了改革开放之初。不过从20世纪70年代开始,中国的人口增长率迅速下降,总和生育率已经降到了1.8,甚至更低的水平。[1] 生育政策并不能完全解释这一现象。中国发生的人口转变应该与西欧19世纪末20

---

[1]　郭志刚:《中国的低生育水平及其影响因素》,见顾宝昌、李建新主编:《21世纪中国生育政策论争》,社会科学文献出版社2011年版;郭志刚:《中国人口生育水平低在何处——基于六普数据的分析》,《中国人口科学》2013年第2期。

世纪初发生的转变有一些共同的原因。有许多理论试图对这一现象作出解释，在第四章中会较为详细地评述相关的文献。

当然，不可否认，除了地理、制度和技术因素对人口增长或者个体的生育行为有影响外，一个社会的文化传统、社会规范和个体偏好也会对人口生产有一些或强或弱的作用（Gonzales-Bailon 和 Murphy，2013；de Silve 和 Tenreyro，2020）。但是长期来看，无论是民族或社会的文化传统还是个体偏好都是对历史过程中经验教训的总结或反映。文化传统和偏好具有稳定性，但是当面对约束和机会的急剧变化时，它们可能要让步于人的理性计算。正如约翰·希克斯在论述欧洲发展过程中观念与个体行为的关系时所指出的那样："总之，是实践创造了道德，而不是相反。"[①]这在中国最近几十年的发展中最容易被证实。所以，与其认为是文化传统或个体偏好决定了生几个孩子，不如说是生几个孩子显示了一个社会的传统和偏好。

四、方法论和研究方法

（一）理性分析框架的适用性

在经济学的分析框架中，"孩子"往往被看作一种"正常商品"，拥有孩子本身就能给父母带来正的效用（Galor 和 Weil，2000；Jones，2001；Shi 和 Zhang，2009）；或者将孩子看作一种"资本品"，父母生育孩子是为了在晚年获得经济上的回报，这在发展中国家或传统经济中尤为重要（Caldwell，1976；Eswaran，1998；Blackburn 和 Cipriani，2005）。然而，经济学理性选择方法论的适用性总是受到质疑。[②] 理性选择框架是否能够用来分析现代社会的生育率问题，这在经济学家中的争议应该不是很大，最多只是对适用程度和相关假设有不同的看法而已。但是一旦涉及传统社会，恐怕连经济学者也变得不那么肯定了。传统社会所具有的一些特征削弱了人们对理性框架适用于生育行为研究的信心。

第一个特征是传统社会的人们在生育决策上并不如现代人那样理性。这种观点并非无的放矢，而是有相当多的依据的。由于技术进步和经济增长极为缓慢，不同代际的人们所面对的环境和不确定性几乎没有什么变化，因此传统社会总体上可以被看作一个静止的社会，这就为经验的适用性提供了用武之地。当经验以传统的形式出现时，它就有可能替代个体的决策。人们很可能并不十分明了孩子数量的利弊，但是经验似乎提醒中国人只要

---

① ［英］约翰·希克斯：《经济史理论》，厉以平译，商务印书馆 1987 年版，第 72 页。
② 李银河：《生育与村落文化》，内蒙古大学出版社 2009 年版，第 46—56 页。

负担得起,孩子是越多越好。当然,人口增长过多的教训在中国历史上一再上演,但是人们未必能够认识到这是个体行为造成的,他们很有可能认为这是一种群体性的灾难。不过据此就说古代人们的生育行为完全不理性也是不可取的,毕竟历史上存在节育、避孕、堕胎,甚至溺婴等行为。这说明人们有意识地在控制家庭的生育行为。李中清和王丰(2000)试图证明传统中国并不是一个马尔萨斯式的社会,而是在生育决策中展示出了足够的理性。这或许是从一个极端走向了另一个极端。事实上,假定传统中国的生育决策是完全理性的既不符合事实也无必要。因为即使是在传统社会,也存在一些激发人们考量的因素,只要这些因素的影响是重要并且可预期的。例如资源的可得性和人均收入的多少是关乎生计的事情,当它们与家庭人口密切相关时,人们不可能无视家庭人口数量的潜在影响而一味地盲从于传统或者迁就父辈的愿望,必定在生育行为上有所反映(侯杨方,1998)。尤希(Shiue,2017)利用桐城族谱数据检验了人口经济学中著名的"质量—数量"替代假说,发现前现代时期桐城地区的人们在孩子"质量"和"数量"之间存在权衡,并且人们的决策会随着人力资本投资报酬率的变化进行调整。这为传统中国的生育行为具有某种程度的理性选择特征提供了佐证。

第二个特征是传统社会可能缺乏有效的节育手段来控制人口。这意味着,即便人们的生育决策是理性的,他们也可能因为手段的匮乏而不能使结果与意愿相一致。所以使用经济学方法来分析传统中国的人口增长时可能会陷入一种"理性的误区"。然而,缺乏有效的节育手段并不意味着缺乏控制人口的手段。"溺婴"或者"杀婴"就是一种经常出现的控制人口的行为。尽管将"杀婴"处理为一种"产后流产"的做法遭到了许多批评,但是李中清和王丰关于普通人并不把"杀婴"看作一种罪恶的说法可能是接近事实的。[①] 曹树基和陈意新对"产后流产"概念的批评并不是要否认"杀婴"这个现象,而是不同意李中清和王丰对这一现象的解释(曹树基和陈意新,2002;陈意新和曹树基,2003)。在李中清和王丰的理论中,"杀婴"被解读为一种"流产"性质的预防性行为。如此一来,中国人的生育行为不但是理性的,而且传统中国也具备有效的节育手段。经过这样一个巧妙的转换,传统中国并不是一个马尔萨斯式社会的证据就得到了极大的加强。曹树基和陈意新则认为,"产后流产"只不过是李中清和王丰精心构造的话术,"杀婴"的出现就是节育失败的证明,而且"杀婴"现象的存在也表明人们处在

---

① 关于"产后流产",见[美]李中清、王丰:《人类的四分之一:马尔萨斯的神话与中国的现实》,陈卫、姚远译,生活·读书·新知三联书店2000年版,第85页。

生存压力之下,因此传统中国是一个马尔萨斯式的社会这一点是确定无疑的。与李中清和王丰处于同一"阵营"的李伯重在其有关江南经济史的研究中,明确提出江南的人口增长在明清时期是得到了有效控制的,而且人们控制人口的目的就是"以保富裕"。① 为了为其研究找到坚实的事实依据,他搜集了许多中国古代有关药物节育、非药物节育的方法和事实,并且对其传播途径也都进行了详尽的论述。② 不过,关于这些节育方法的有效性还没有得到确认。

虽然我们对中国传统社会控制生育的方法及其有效性所知不多,但是西欧各国的经历或许能为我们评价前现代社会的生育控制手段提供一些镜鉴。可以确定的是,真正有效且被广泛使用的避孕工具和药物出现在 19 世纪后半期,并且一开始遭到了各国政府的反对和禁止,因此在很长一段时期内销售和获取这些避孕药物都是极其困难的(Guinnane,2011)。但西欧许多国家生育率下降的时间要早于现代避孕工具和药物的普及时间。例如,英国的人口转变开始于 19 世纪 20 年代,而法国则更早,从 1740 年开始,其生育率便出现了持续下降。因此了解西欧各国,尤其是法国在 18 世纪是通过什么手段实现生育率下降的,对我们认识传统社会生育控制行为的有效性有很大的启示意义。里格利(Wrigley,1985)通过对法国 1740 年到 20 世纪早期婚内生育率、非婚生育率、死亡率、结婚率等变量的仔细分析,得出了法国 1870 年前的生育率下降是通过控制结婚率等传统手段实现的结论。但是,这一观点遭到了一些学者的反对。威尔(Weir,1994)使用"普林斯顿指数"(Princeton Indices)数据库搜集的欧洲各国早期的人口统计学数据,重新构建了法国的生育数据,经过细致的比较分析,发现法国生育率的下降自始至终都是通过扩大生育间隔等方法控制婚内生育率实现的。虽然对法国生育率下降的人口统计学机制有不同的看法,但是他们的研究都证实不依赖于现代避孕工具和药物,传统社会是可以实现有意识的生育率控制的。

当然,西欧各国早前的经验是否适用于传统中国,尚待仔细的研究和考察。但是这并不意味着只有在得到较为肯定的答案以后,理性框架用于传统社会的生育率分析才是恰当的。事实上,生育决策在任何社会都是复杂的,个体的理性计算始终存在,只是面对的社会规范和技术约束不同而已。

---

① 李伯重:《多视角看江南经济史(1250—1850)》,生活·读书·新知三联书店 2003 年版,第 137—176 页。

② 李伯重:《多视角看江南经济史(1250—1850)》,生活·读书·新知三联书店 2003 年版,第 177—212 页。

德席尔瓦和特内雷罗(de Silve 和 Tenreyro,2020)成功地将社会规范引入标准的理性生育决策模型,对 1960 年以来全球范围内的生育率下降进行了分析,验证了社会规范在当代社会生育决策体系中的重要作用。同样,墨菲(Murphy,2015)以及德拉克罗伊和佩林(de la Croix 和 Perrin,2018)对法国 17 世纪以来人口转变的量化分析也证明了个体理性在前现代社会的生育选择中的重要意义。

尽管将前现代社会个体生育的决策完全描述为一种理性选择行为是不够真实的,但是据此建立的模型预测的结果却可以与事实相一致。本书第四章分析了不同性质的技术创新对人口增长的影响。该章构建的内生生育模型表明,如果没有出现产品创新,模型预测的结果——人口增长率将随着技术进步而出现上升的趋势——与古代历史是一致的;如果出现了产品创新,模型预测到人口的增长率会下降,这与西欧以及其他地区人口转变的历史是相符的。相反,如果我们的模型不是建立在理性选择基础之上的,即便它成功刻画了前现代社会的人口动态,但是它无助于研究者去观察当出现较多的产品创新时会发生什么,因此也就无法回答为什么同样有技术上的进步,一个社会主要表现为人口的增长,而另一个社会则更多地表现为人均收入的增长。在一个类似于这样的模型中,为了解释后来发生的变化,我们不得不求助于对人的基本假设的重新设定,而这对理论的一致性是一个极大的损害。

事实上,现代经济学,尤其是主流经济学分析大都是以此方法论为基础的。研究长期经济增长的经典文献(Galor 和 Weil,2000;Jones,2001),以及研究近代以前生育率变化的最新研究(de la Croix 和 Perrin,2018;Brée 和 de la Croix,2019),都是在一个统一的理性框架下来构建含有生育决策的分析模型的。这类模型的好处是,它可以指导人们去观察,当出现新的变化时人们是如何反应的,以及这种决策是如何影响长期经济变迁的。当然,我们也可以在分析中使用更为简化的框架,其中看不到人的决策,也就无所谓理性问题了,就像本书第三章分析初始地理环境的长期影响时所做的那样。这倒是避免了采用理性分析框架所带来的纷扰,不过我们也要看到这样处理的代价。

所以,尽管不能就传统社会的生育行为作出肯定的判断,但是就分析方法的选择而言,理性框架虽然有其缺陷,但也是可以接受的。借助这一框架,我们能对影响古代人口增长的诸因素进行更为深刻的分析。当然,作为研究者而言,也应该注意到该方法论的适用范围以及缺陷。幸运的是,本书的目的不是要还原历史的真相,只是试图在历史学家揭示的图景中给出经济学的解读。从这个意义上讲,本书的主题看似宏大,实际上也只是一孔之见,看到的也只能是历史的一个方面。而且,这个"孔"还是经济学家精心打造的带有浓厚理性色彩的孔。

（二）建模中的朝代更替问题

建立一个动态模型来分析中国历史上的人口和经济增长,所遇到的一个问题就是上文提到的周期性问题。一个可行的方案就是选择忽略这些周期性的波动,直接对数千年的中国史进行建模。另一个替代性的方案就是把中国史看成是由一个个朝代组成的,然后对每个朝代建模,历史的演进主要通过观察参数值变化引起的均衡(如果存在的话)的变化来刻画。在后文的分析中,这两种处理方法都会被用到。如果涉及的变量需要借助朝代的概念更容易被阐释清楚,那么选择第二种建模方案就是较为理想的。比如第六章关于税制的分析就使用了这一框架。如果朝代的更替对变量和参数的影响可以忽略不计,那么选择第一种方法就是可行的。在第三章分析地理禀赋差异的人口效应和技术效应时,我们就使用了这一方案。

针对朝代建立的模型有一个明显的优势就是,它有助于我们观察一个朝代内的经济演变。这将是非常有意义的。借助于模型预测的结果,我们能够更为深刻地理解"治世""盛世""乱世"等历史现象,也有助于我们观察王朝更替中的经济原因以及王朝寿命的经济基础。这些观察对于理解中国历史的结构是非常有价值的。

（三）研究方法

本书采用现代经济学的分析方法对中国历史上的人口增长和经济演进进行了分析。对于经济学理论与分析方法在经济史研究方面的应用,吴承明先生是持肯定态度的。他指出,经济学理论在研究中国经济史的过程中有两方面的作用,一是提供了一种思考方法,二是提供了一些分析方法。[①]本书的研究正是在这一思想指导下进行的。具体地讲,主要会用到两个增长模型,即拉姆齐模型和戴蒙德模型。但是在建模分析之外,我们首先需要对中国历史上的人口增长以及其他一些相关的内容进行讨论,这就要用到比较分析方法。

对于中国历史上的人口增长,可以很容易地给出一个直观的描述。毕竟人口史学家已经做了大量的工作,对许多基本情况已经有了相当程度的了解。但是,如果要分析中国历史上人口增长的特征,尤其是有助于加深我们对经济史理解的特征,那就需要通过比较的方法来发现一些值得关注的

---

① 吴承明:《经济史理论与实证》,浙江大学出版社 2012 年版,第 318 页。

问题了。横向的比较主要是不同经济体或经济区之间的比较。其中包括中国内部的比较,主要是南方水稻产区和北方麦粟产区的比较。这些比较有助于我们发现一些问题,对这些问题的解释将增进我们对中国历史演进的理解。纵向的比较主要是基于对人口增长在时间上的观察。可以发现,"两税法"的实施是一个分水岭,此前和此后的人口增长存在很大的差异。这种差异不仅仅体现在人口增速和人口规模上,更重要的是表现在人口增长和人均粮食产出以及人均粮食拥有量的变化上。这些将构成第二章的主要内容。此外,比较分析也被应用于模型分析之中。例如,本书对不同制度的人口效应和经济效应进行了比较研究,这在第五章关于土地分配制度即"田制"的研究中有充分的体现。

实际上,比较分析的视角贯穿于本书的各个章节。从导论开始,我们即通过大量的比较分析来阐述研究主题及研究意义,直至最后的总结和启示部分,都是在比较研究的视角下完成的。正是通过比较分析,我们发现了地理环境、技术创新和制度变革的差异在解释人口行为和社会经济变迁中具有特殊意义。当然,这并不是说没有被涉及的因素就是不重要的。

五、主 要 内 容

除导论外,本书共有八章。第一章首先回顾了有关中国传统经济的研究成果,第二章是对中国历史人口行为的描述和分析,接下来的五章基于地理环境、技术进步和制度变革的人口效应对历史上的经济演进进行了分析和解释。第八章是对本书的一个总结性陈述,其中也探讨了历史研究可能给予我们的一些启示。

第一章回顾和评述了有关中国传统经济的早期文献及最新的研究成果。早期汉学家,如珀金斯(1984)、伊懋可(1973)等以及后来的历史学家赵冈(1986)、黄宗智(2000a、2000b)等对中国历史上的经济发展进行了系统性的研究,无论是在研究方法还是在理论创建方面都卓有成效。珀金斯关于过去600年来中国传统经济发展处于停滞状态的论断,伊懋可的"高水平均衡陷阱"假说,以及黄宗智的"过密化"理论虽然都遭到了后来者的颇多指摘。这其中也包括对他们的研究方法所提出的批评,但总的来说,他们对中国传统经济的认识和评价并未受到根本性的动摇。尽管"加州学派"以反"西方中心论"的姿态出现,试图推翻早期汉学家对中国经济史的勾画并重建18—19世纪中国的经济图景,但他们的工作所遭受到的批评更多。最近20年来兴起的有关中国历史量化分析的研究成果大多不支持"加州学派"的结论,反而为早期汉学家的主张和后来黄宗智的"过密化"理论提供了更多的证据。这些研究虽然都不能令各自的反对者信服,但是从各个视角和方面展开的研究为我们认识中国传统经济的多样性和复杂性提供了充分的材料。更重要的是,他们的研究无不指向了一个重要的话题,那就是中国历史上的人口行为是理解中国传统经济的一把至关重要的钥匙。

第二章主要对中国历史上的人口增长进行了描述和分析。首先,通过对中国历史人口数量、人口增长率及其波动,人口空间分布变化和人口密度的描述,对人口增长史给出了一个一般性的介绍。其次,通过人口史的空间比较,以及观察在不同历史时期人口增长的不同表现,揭示了中国人口史所具有的一些特征,并将这些特征与地理环境、技术进步与制度变革联系起来,试图去探寻这些因素与人口增长、经济演进之间的关系。第二章为下面四章的研究奠定了史实基础,特别是人口史的基础。但这并不是最重要的。本章的主要目的是希望通过人口史的比较分析去凸显一些未被广泛注意到的问题,而这些问题构成了本书研究的主要内容。

第三章考察地理环境的差异对人口规模和技术演进方向的影响。主要是围绕气候和土壤这两个"变量"来刻画初始地理环境的差异的。由于气候环境和土壤性质的不同,导致中国和西欧在农业生产中所使用的资本的最低水平出现了较大差异。这种差异一方面决定了两个社会的人口供养能力的大小,另一方面也影响到了各自生产方式的长期演进。当然,所谓的"高水平均衡陷阱"也是一个相对概念。从总量上看,中国的人口规模和经济规模达到了一个很高的水平,但是就人均收入而言,东西方之间的差异很小。之所以说这种发展是一种"陷阱",还在于它为后续发展提供的技术革新的空间和机会非常狭小。但这绝不是在18世纪或者19世纪才造成的,从长期演进的视角看,这种发展趋势在很早就开始形成了,而这与东西方的地理环境差异有很大的关系。

第四章探讨了中国历史上的技术进步与人口增长和经济增长的关系。中国自宋代以来出现过明显的技术进步,但是这种技术进步的成果主要体现为人口的大规模增长,以人均收入衡量的经济增长并没有出现。当然,这并不是古代中国特有的现象,欧洲在19世纪之前的发展也具有类似的特征。通过对西方世界科技史和社会史的梳理可以发现,技术进步具有异质性,但这种异质性只有在近代科学和技术充分结合起来的19世纪才开始凸显。根据这一发现,第四章将技术创新区分为效率型技术进步和产品创新两种,前者倾向于提高人口增长率而后者对生育行为产生抑制效应。通过分析,本章提出了一个解释中国古代技术进步和经济发展的假说,即中国自宋代以来的技术进步主要是效率型技术进步,缺乏有效的产品创新,这是古代中国有人口增长而无经济增长的一个重要原因。

接下来的三章主要集中于对制度或者制度变革人口效应及其经济效应的考察。中国历史上与人口相关的制度有许多,但是本书不太关注与人口直接相关的制度和政策。我们主要从土地制度(田制)与赋役制度(税制)入手来考察其对中国历史人口行为的影响。第五章分析了中国历史上的田制与人口增长的关系。首先对中国历史上的田制进行了简要介绍,然后根据家庭耕地数量与人口的关系定义了两种土地制度安排,即完全的自耕农制度和租佃制度,分析了两种制度的人口效应和经济效应。在此基础上,讨论了以"均田"和"薄赋"为代表的儒家治世思想的经济后果。第六章探讨了中国历史上的税制及其变革对中国人口增长的长期影响,以及其中所蕴含的经济意义和政治意义。简单来讲,以"两税法"为界,此前的赋役征发重人丁,此后的赋役征发重田亩。税制的这种变化对微观人口行为产生了重要的激励效应,由此而来的新增人口引起了人均产出和人均收入的长期下降,却在一定程度上为王朝寿命的延长奠定了经济基础。改革开放前30年的集体化历程为中国的人口生产提供了额外的激励。第七章以1953—1978年的农业合作化为背景,展示了这一时期的土地分配制度和粮食分配制度对人们生育行为所具有的影响。

第八章是对整个研究的一个总结。首先对前七章的内容进行了简要的概述,然后重点讨论了本书可能蕴含的启示意义。中国历史上的人口增长具有一些重要的特征和意义。但是只有将人口史放在经济增长史的背景下,以比较的视角去观察和分析,这些特征和意义才能被发现。新中国成立后,1953—1978年,中国的经济建设取得了巨大成就。然而,在这一时期,人口的大规模增长抵消掉了经济发展的大部分成果,使得新中国经济发展的轨迹仍然未能从根本上摆脱过去两千年的基本特征。改革开放逐渐消除了制度上对生育行为存在的激励效应,市场化带来的生育成本的上升和产品多样化从根本上抑制了人们的生育冲动。加上人口政策的作用,这一切使得中国在很短的时间内就完成了人口转变。

第一章　中国传统经济的发展：
已有研究及进展

第一节　从"高水平均衡陷阱"假说到"过密化"理论

在有关传统中国经济的研究中,珀金斯、伊懋可等早期汉学家,以及黄宗智、赵冈等历史学家所做的工作都是其中的代表(珀金斯,1984;Elvin,1973;黄宗智,2000a、2000b;Chao,1986)。尽管他们的研究在试图阐释的问题、研究的内容以及研究的方法和结论上存在很大的差异,但是不可否认,这些研究有一个共同的特征,那就是他们对中国传统经济的宏观描述与马尔萨斯模型是一致的[1],即人口增长与收入水平正相关,并且人口对资源的可获得性存在持久的压力,长期内人均收入在较低的水平上保持不变。基于这一点,我们将这些学者的研究归入马尔萨斯模型的主题下进行阐述。当然,这些研究都存在明显的差异,以至于有些学者可能不同意将他们的研究与马尔萨斯联系起来。不过,这并不妨碍在马尔萨斯模型的主题下对这些著作进行讨论,因为与后来的一些研究相比,早期汉学家和历史学家的研究要更接近马尔萨斯,所以这种分类也不失为一种可取的办法。[2]

一、"高水平均衡陷阱"假说

珀金斯(1984)在量化分析中国 1368—1968 年的农业增长时,对传统中国的经济演进和农业发展作出过一些重要的阐述。其中就包括有关明代以降 600 年来中国农业产出和人均消费水平长期演进的著名假设:尽管中国的农民在养活更多的人口方面付出了极大的努力并作出了足以令世人瞩

---

[1]　[美]王国斌:《转变的中国:历史变迁与欧洲经验的局限》,李伯重、连玲玲译,江苏人民出版社 2005 年版,第 19 页。

[2]　但是也应该注意到,这种分类仍然不是很严谨。因为后来的一些研究,主要是指加州学派的研究,也不是完全就将自己与马尔萨斯分隔开。至少王国斌就多次暗示 18 世纪前后的中国经济发展仍然未能脱离马尔萨斯经济的基本窠臼。然而,即便如此,加州学派对帝国晚期中国经济的评价要比早期汉学家和历史学家高得多,他们对当时中国人的生活水平和生育行为的表述都试图向人们展示一个完全不同于马尔萨斯模式的经济社会体系,具体见本章对彭慕兰以及李中清和王丰相关研究工作的介绍。

目的成绩,但是总的来看,中国人在过去的 6 个世纪里始终仅能达到维持或略高于维持生存的水平。造成这种结果的根源并不是因为中国农业在此期间处于停滞状态;相反,粮食总产量和亩产量都在不断上升,否则无法为新增的数亿人口提供足够的食物。然而,粮食总产量的增加主要来源于耕地面积的持续扩张和劳动力的大规模投入。经过珀金斯的测算,在新增的产量中,有 55%归功于耕地面积的增加,而其他 45%则是由单产的提高引起的。① 需要注意的是,珀金斯认为,无论是耕地面积的增加还是亩产量的提高,主要都是由人口增长推动的。而新增的产量勉强跟得上新增人口的需要,因此"每个人的粮食消费量,在长时期中,或者保持不变,或者只是略有增加"②。

此外,珀金斯还指出,在 20 世纪中叶以前的 600 年里,整个中国经济全都是农业或者与农业相关的经济部门,而数量有限的工业也主要是为了满足人们的衣、食等生存性需要而发展起来的。商业即便在局部地区达到了较高的水平,但从性质上讲,这些商业活动仍然局限于传统的互通有无以及满足日常消费的交易范围之内,对生产率的提高并没有太大的帮助。珀金斯特别提到,商业发展的滞后并非是政府压制的结果,更多的是由当时中国低下的经济发展水平所决定的。③

就农业技术的发展而言,珀金斯认为在这 600 年里并没有出现过明显的改进。尽管随着美洲作物品种的引进产生过一些新的栽培和种植技术,也建造了一些对农业生产发挥了巨大作用的水利工程,粪肥的使用也有所增加,但同时也要看到,这些技术或者此前就已经存在,或者其改进对传统中国农业生产的影响十分有限。所以,珀金斯将明清时期中国农业的发展概括为"技术停滞中的产量增长"④。

珀金斯的这一论断得到了伊懋可在更大范围内的回应。伊懋可(1973)的研究涉及的历史时期长达几千年,关注的对象也不止于农业。他对中国经济的历史演进做了全面的梳理,并提出了一个高度形式化的理论来阐释他的观点,即"高水平均衡陷阱"假说。伊懋可认为,在经过了上千

---

① [美]珀金斯:《中国农业的发展(1368—1968 年)》,宋海文等译,上海译文出版社 1984 年版,第 30 页。

② [美]珀金斯:《中国农业的发展(1368—1968 年)》,宋海文等译,上海译文出版社 1984 年版,第 240 页。

③ [美]珀金斯:《中国农业的发展(1368—1968 年)》,宋海文等译,上海译文出版社 1984 年版,第 239 页。

④ [美]珀金斯:《中国农业的发展(1368—1968 年)》,宋海文等译,上海译文出版社 1984 年版,第 242 页。

年的发展之后，中国在唐宋之际经历了一次"中古经济革命"（The Medieval Economic Revolution），农业、交通、商业、货币与信用体系以及技术水平都获得了巨大的提升，以至于公元 14 世纪的中国已经具备了发生一场类似于英国 17 世纪工业革命的主要条件，但是从 14 世纪开始，中国的经济发展开始进入了一种停滞状态，伊懋可称之为"没有技术变迁的经济发展"（Economic Development without Technological Change）。这种停滞状态并不排斥经济总量和人口规模上的继续扩张，但是从人均收入以及经济发展的潜力来看，中国传统经济已经达到其顶峰，很难再有实质性的增长了。为了概括和阐释中国传统经济发展的这一模式，伊懋可提出了"高水平均衡陷阱"的概念。

图 1.1 是伊懋可用来阐释"高水平均衡陷阱"的一个示意图。其中，纵轴表示总产出，横轴表示投入的劳动力数量；曲线 OT 表示前现代生产方式（pre-modern methods）下所能达到的最大潜在产出，但是任何一个前现代经济体不可能一开始就达到其最高的技术水平、生产组织以及商业形态，因此在给定的一个时期 i（$i = 1, 2, \cdots, T$）内，该经济体存在一个实际的产出曲线，即图中 P_i 所代表的曲线；直线 OS 表示维持劳动力生存需要的最低消费水平，因此 OT 与 OS 之间的距离就度量了一个经济体的潜在总剩余的大小，而 P_i 线与 OS 线之间的距离则表示该经济体在历史时期 i 的实际总剩余。

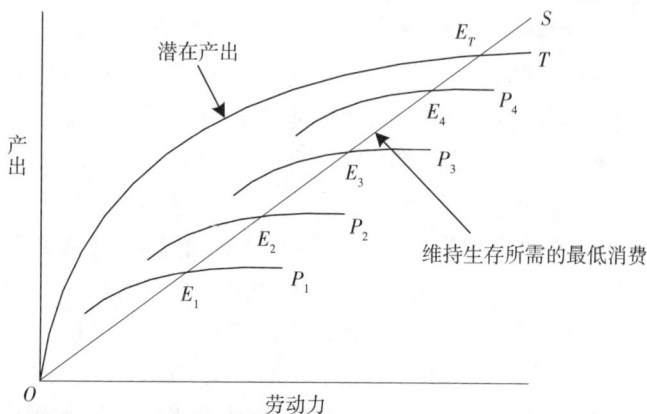

图 1.1　"高水平均衡陷阱"示意

由于前现代经济始终处于马尔萨斯模式主导之下，因此在给定的任意一个历史时期，总剩余的存在都会引起人口的持续增长，直到新增人口吞噬掉所有经济剩余为止。所以在任意一个给定的历史时期,经济发展总会趋向于其均衡状态,即图中 E_i ($i = 1, 2, \cdots, T$)表示的点。当经济中出现新的技术改进、制度变迁或资源开发机会时,实际产出曲线会向更高的水平跃进(表现为曲线 P_i 向上跃升),此时经济剩余增加,人口继续增长,直到经济再一次稳定在新的均衡点为止。

在伊懋可看来,传统中国的经济发展就是遵循了图 1.1 所描述的这样一个过程。在这个过程中,经济总量和人口规模不断扩大,但是人均消费在长期内始终处于维持生存的水平上,而经济剩余最终都会被新增的人口消耗掉。这是马尔萨斯经济的普遍特征。中国的特殊之处在于,由于在改进生产技术、革新经济组织、开发新的资源,从而不断扩大产出方面取得了巨大成就,到了明清时期,中国的实际产出曲线就已经接近了前现代社会所能达到的最大潜在水平(即曲线 P_i 无限接近曲线 OT),通过技术改进、制度变革和资源开发进一步扩张经济的空间已经非常有限了。这就是伊懋可所谓的"高水平"的含义。

这种"高水平"的经济发展状态又是如何成为经济演进的"陷阱"呢?伊懋可实际上提出了两种机制来阐述这种高水平发展状态对技术进步的深远影响。首先,从技术需求的视角来看,高水平发展状态下,劳动力的价格相对便宜,而资本的价格相对昂贵,这就使任何试图节省劳动的资本偏向型技术革新和应用都缺乏足够的激励;其次,从技术供给的角度来看,许多新技术的使用都是依托资本投入的,而高水平状态下的经济剩余接近于零,因此当中国面临这种技术改进的机会时,实际上缺少使用该技术的经济能力。正是这两种机制的共同作用,使帝国晚期的中国无法依赖自身的技术演进产生出类似于西方的技术革命,因而只能处于一种低收入水平的均衡状态之中,人口规模和经济总量也都失去了继续扩张的动力,最终陷入停滞的状态。

赵冈(1986)在很大程度上继承了伊懋可的观点,但是他更重视对人口增长的经济学分析。赵冈指出,中国传统社会的人口增长除了受文化因素的影响外,更多地可由经济因素来解释。传统中国是一个以小农家庭为基本单位的经济体,农业生产和手工业生产都是在家庭内部完成的,这与以市场交易为主的经营式经济有根本的差别。因为前者并不以利润最大化为导向,也无法像经营农业那样根据经济计算调整其劳动力供给,因此家庭生产所维持的人口数量就要比经营农业多,而经济剩余却要比经营农业少。在这种机制下,人地比例持续上升,人口压力增加,反过来又导致人们对土地的占有偏好超过了经营土地的利润偏好,进一步刺激和巩固了小农经济的发展。在赵冈看来，人地比例的持续上升对技术结构的变化有长远影响。其中的原因正如伊懋可所指出的那样，但是他更强调人口—资本比对技术需求的决定性意义。

珀金斯、伊懋可与赵冈的研究是一脉相承的。尽管研究内容和方法各有侧重，但是他们都承认，到了明清时期，原本呈现出蓬勃发展气象的中国传统经济已逐渐进入经济停滞和技术停滞的状态，而人口与经济增长、技术进步的互动则是理解这种停滞的关键。

二、黄宗智的"过密化"理论

不同于珀金斯、伊懋可与赵冈的宏观层面上的研究，黄宗智（2000a，2000b）更注重对微观家庭层面的考察。也正是因为对微观家庭的考察，黄宗智否定了珀金斯和伊懋可有关中国传统经济发展在后期处于停滞状态的观点。然而，这并不是说黄宗智认为中国传统经济在后期仍然存在着持续增长。恰恰相反，黄宗智指出中国传统经济正朝着一种"过密化"的方向演进，他称为"没有发展的增长"。[①]

"过密化"（involution）[②]是吉尔茨（Geertz，1963）提出的一个概念，用来概括东南亚地区水稻种植的基本经验。黄宗智在吉尔茨的基础上对这一概念进行了发扬，提出了"过密型增长"与"过密型商品化"两个概念，用来分析中国传统经济的演变。为了更清晰地阐释"过密型增长"的含义，黄宗智对"密集化""过密化""发展"三个概念都给出了各自的定义。首先，"密集化"是指产出与劳动投入以相同的速度增加；其次，"过密化"是指随着劳动投入的增加，产出在单位工作日边际报酬递减情形下的扩张；最后，"发展"是指单位工作日边际报酬增加情形下的产出扩张。[③] 给出了"过密化"的定

① 黄宗智：《长江三角洲小农家庭与乡村发展》，中华书局 2000 年版，第 11 页。珀金斯、伊懋可和黄宗智都使用了"增长"和"发展"这样的术语，但其含义似乎并不相同。经济学上的"增长"以人均收入的变化来衡量，而"发展"则包含总量的变化以及结构的改变。珀金斯将总产量的增加定义为"增长"，伊懋可却称为"发展"，而黄宗智的定义似乎更接近于珀金斯。黄宗智对这两个术语给出了他自己的定义，见下文。

② 在《华北的小农经济与社会变迁》一书中，黄宗智将 involution 译作"内卷化"，而在《长江三角洲的小农经济与乡村发展》中译本中，黄宗智认为"过密化"更能反映其所表达的含义，因此又译为"过密化"。但是也有其他学者更习惯使用"过密化"。在本章，由于涉及对黄宗智关于"过密化"定义的引用，此处更多地使用了"过密化"这一翻译。

③ 由于农业生产具有明显的季节性特征，如果以"年"或"月"作为劳动投入的计量单位，就会过高或过低估计劳动投入的数量，因此黄宗智主张以"工作日"作为考察农业生产劳动投入的基本单位。见黄宗智：《长江三角洲小农家庭与乡村发展》，中华书局 2000 年版，第 11 页。

义后,"过密型增长"的含义自然是不言而明了。在黄宗智看来,"发展"才是现代经济的基本特征,而传统中国的经济却是朝着"过密化"的方向在演进。

那么,中国传统经济是如何走向"过密化"的呢?黄宗智继承了博塞拉普(Boserup,1965)的观点,认为农业"密集化"是由人口增长推动的。人口的过度增长会加剧人口与可得资源的冲突,导致高度的生存压力,从而导致极端"过密化"的生产方式。与赵冈(1986)的思想相近,黄宗智也重视对农业生产组织模式的区分。他将中国传统农业的生产组织模式界定为家庭式农场与经营式农场,并仔细研究了不同性质农场的生产决策过程与面临的约束差异,认为家庭式农场不能像经营式农场那样根据利润最大化原则通过市场雇佣关系调整其劳动投入,只能在给定的劳动力约束下安排其生产。按照吉尔茨的观点,在生存压力之下,家庭会最大限度地使用其劳动力,目的是通过"过密化"的生产方式获得最大产出。这意味着,只要人口持续扩张,"过密型增长"就能保持单位耕地面积上总产量的持续上升。但是黄宗智发现,中国的水稻亩产量在宋代就达到了高峰,此后再无实质性的增长,因此他不认同吉尔茨的观点。黄宗智指出,农业"过密化"发展到一定程度,从农业生产中获得新增报酬已经无法满足家庭的生存需要,此时家庭就会开辟新的门路以赚取更多收入来维持家庭的消费需要,而这正是"过密型增长"中家庭手工业、传统雇佣市场和传统商业兴起的一个重要原因。通过对民国时期华北地区雇佣市场的研究,他发现,从家庭农场中短暂流出的劳动力将市场工资率压到了劳动总产值的1/3,这一水平正好足以支撑一个人的生计。[1]

据此,黄宗智提出了"过密型商品化"的概念。他指出,不能不加区分地将所有性质的商品化等同于向资本主义过渡。[2] 中国近代以来的商品化过程是伴随着农业"过密化"产生的,是一种谋生而非谋利的经济行为。他在《华北的小农经济与社会变迁》以及《长江三角洲的小农经济与乡村发展》两本著作中证明,无论是华北的棉纺织业还是江南的蚕丝工业,以及与此相关的商业都是"过密化"的,即以劳动的日工作报酬不断降低以至于远低于市场工资为基本特征的。这种性质下的农业、手工业和商业都不能为参与其中的低收入家庭带来可观的利润以提高其生活水平,更不要说实现资本积累了。

---

① 黄宗智:《华北的小农经济与社会变迁》,中华书局2000年版,第306页。
② 黄宗智:《华北的小农经济与社会变迁》,中华书局2000年版,第307页。

因此，黄宗智明确指出，"过密化"增长不会将中国传统经济引向结构性质变的道路。① 因为，"过密化"下的贫困使得整个经济，包括农业、手工业与商业的相互关系和演进变得极为复杂。家庭式的自我雇佣在密集化过程中阻碍了劳动雇佣市场的发展，大规模生产无法替代小农经济，节约劳动力的技术革新以及资本投入也无法实现，整个经济向着低成本劳动密集化的方向继续演进，从而阻碍了向现代经济的转变。

与赵冈不同，除了强调人口增长这一关键因素外，黄宗智还分析了阶级关系、国家行为在"过密化"经济形成中的作用。首先，多重剥削的存在是旧中国贫苦农民陷入"过密化"经济的一个重要原因；其次，由于地主阶级、城市商人与国家都要从无产者和半无产者那里拿走一部分产出，所以黄宗智并不认可伊懋可的"无剩余"假说。② 这就为中国传统经济转向现代经济提供了一种可能，但这需要结合政治革命和社会变革带来的政府行为、财产结构与资源配置机制的改变来分析。

第二节　对马尔萨斯模型的挑战

一、"非生产性精英群体"理论

黄宗智认为，珀金斯、伊懋可等研究者宣称由于人口的大量增长吞噬掉了所有的新增产出从而导致中国传统经济中缺乏足够的剩余用来投资新技术的观点是站不住脚的。因为根据利皮特的相关研究（Lippit，1978、1987），在中国传统经济中，大约有 30% 的农产品被地主、商人、官员等农村和城市精英阶层所攫取，而这一部分产出完全有可能转化为潜在投资。从这个意义上讲，"无剩余"假说是缺少事实依据的。所以，在利皮特看来，问题的关键不在于传统中国经济缺少投资所需的潜在剩余，而在于这些潜在剩余为何未能转化为旨在促进生产扩张和技术革新的投资。为了解答这一问题，利皮特提出了著名的"非生产性精英群体"理论。

"非生产性精英群体"理论建立在剩余提取模型基础之上。利用该模型，利皮特首先证明了在传统农业经济中存在着相当规模的剩余，以此反驳伊懋可等的"无剩余"论。利皮特指出，传统农业经济中，有 25%—

① 黄宗智：《长江三角洲小农家庭与乡村发展》，中华书局 2000 年版，第 12 页。
② 显然，黄宗智也将伊懋可的研究归入了"无剩余"理论一派。但诚如导论部分所述，伊懋可实际上也是"无剩余"理论的批评者。

30%的农产品以地租、利息、税收等形式有效地转移到了地主、商人和官员等一小部分精英群体手中。被转移的这一部分产出,远大于维持生产者基本生存所需要的支出,因此只要精英阶层有足够的意愿,这些剩余就存在被转变为资本积累的可能。在这样一个掌控社会经济剩余的非生产性群体的主导下,传统中国缺少那种导致经济持续发展和技术不断革新的要素。相反,在压制异端、维持稳定方面,这些精英阶层却有着共同的偏好。

利皮特的理论是对包括传统中国在内的许多欠发达经济体的一种分析和解释。该理论有层次分明的三个假设。第一,认为传统社会存在多个阶层,但是总体来讲,可以分为规模庞大的底层劳苦大众和人数较少的上层精英。第二,精英群体依靠占有的财产和权力获得了底层生产者总产出的一部分,并根据自己的意愿支配这些潜在剩余产品。第三,精英群体的价值观念和经济理念阻断了将这些剩余转变为投资的可能,造成生产者没有能力进行投资而精英阶层又缺乏激励进行投资的局面,传统经济因而陷入了一种不能自生发展的陷阱之中,新的经济机会和任何技术革新的可能都在无形之中被抑制了。

利皮特理论的政策含义是非常清晰的:改变传统的财产结构和权力体系是打破传统中国发展僵局的关键所在。这一点与黄宗智,以及勃兰特、马德斌和罗夫斯基(Brandt、Ma 和 Rawski,2014)的观点基本一致,他们都强调了中国传统经济演进中来自社会层面和政治层面的约束。当然,珀金斯、伊懋可和赵冈对此或多或少也有所涉及,但是他们的侧重点以及对中国传统经济失败的解释及其政策意义则与黄宗智、利皮特等有非常大的差异。

二、加州学派、"大分流"及其争论

珀金斯、伊懋可等早期汉学家和历史学家的研究在很长一段时期内主导着欧美学界对中国传统经济的认识和评价。虽然赵冈和黄宗智对这些研究进行了补充或批评,但是他们对前现代时期中国经济演进的评价与早期汉学家的认识并没有根本性的差异,至少在有关帝国晚期经济发展水平的估计上,他们的观点颇为接近,对中国传统经济的内生发展前景的预期也都不是很乐观。与此不同,出于对早期汉学家以及历史学家将中国社会经济史的研究置于所谓的"欧洲中心论"框架中的不满,从 20 世纪七八十年代开始,欧美汉学界和史学界,包括中国史学界掀起了一场对中国传统社会经济发展进行重新认识和评价的研究高潮,从研究范式和方法论上开启了一场新的革命。由于其主要代表人物大多聚集在美国加利福尼亚州,因此该学派被称为"加州学派"①。

被归入加州学派的成员尽管在研究旨趣、研究结论和观点上存在差异,但是他们的研究大多基于对"西方中心论"的批判。加州学派认为,此前有关世界各主要地区在近代走上不同发展道路的"大分流"研究大都是在"西方中心论"的框架指导下展开的。所谓"西方中心论",有两个最为重要的特征:一是将欧洲置于近代以来世界经济中心的地位,将世界其他区域看作附属于这一中心的经济地理单元,后者的发展是对前者所发展起来的资本主义冲击的反馈;二是将西方资本主义的兴起过程及路径作为圭臬,用来对比发现其他地区的内在缺失和不足,以此作为解释"大分流"产生的原因(王国斌,2005)。在批判西方中心论的基础上,加州学派提出了自己的研究范式。其要点包括:(1)认为在"大分流"出现以前,世界经济和科技的发展由中国和中东地区主导;(2)在西方世界兴起以前,欧亚各文明的发展水平相近,路径相同;(3)欧洲在近代的兴起并不具有必然性,是许多外部和偶然因素促成了西方世界的兴起。所以,在加州学派的理论框架内,西欧资本主义的出现只是一个偶发事件,因而也就不存在可以用来解释其他文明地区经济社会发展的一般规律。

具体地,就对中国传统经济的认识和评价而言,加州学派的主要观点包括以下几个方面:第一,直到19世纪以前,中国的发展动力与欧洲相同,都是由斯密型增长支撑的,主要表现为,丝、棉、茶、烟草等经济作物的广泛种植,区域市场的发展,手工业的繁荣和远距离贸易的兴起,市场规模的扩大。这些因素进一步刺激了分工和贸易,提高了经济效率,并带来了收入的提高

---

① 关于加州学派的一个非常精练的介绍和评价,见赵鼎新:《加州学派与工业资本主义的兴起》,《学术月刊》2014年第7期。有关该学派最新研究进展的介绍,见李伯重:《"大分流"之后:"加州学派"的二十年》,《读书》2018年第1期。不过,关于加州学派,这里有两点需要提醒读者注意。首先,在一些著作中,黄宗智也被认为是加州学派的一员,见龙登高:《中西经济史比较的新探索——兼谈加州学派在研究范式上的创新》,《江西师范大学学报(哲学社会科学版)》2004年第1期。从反对"西方中心论"这一点来说,黄宗智的确与加州学派处于同一阵营,但是就对中国传统经济的认识和评价来看,他几乎是作为加州学派的强烈反对者出现的。因此,说黄宗智属于加州学派的成员,可能无法得到他本人的认可。其次,中国是加州学派研究的一个重要议题,但加州学派的研究绝不限于中国。加州学派的另一个相当重要的工作是重新认识和评价工业革命前后西欧的经济社会发展状况,代表人物如克拉克,同样也在这个领域掀起了一场激烈的论争。克拉克的相关论著见Clark, G., *A Farewell to Alms: A Brief Economic History of the World*, Princeton: Princeton University Press, 2007; Clark, G., "The Macroeconomic Aggregates for England, 1209-1869", *Research in Economic History*, Vol.27, 2010, pp.51-140。

和人口的增长。① 同时,中国积极参与世界贸易,进一步扩大了斯密型增长的基础。② 第二,斯密型增长并不可持续,这一点在中国和欧洲都得到了证实。从人均收入水平和消费水平上看,18 世纪前后东西方非常接近(彭慕兰,2003);从发展模式上看,在 19 世纪之前都受到了马尔萨斯幽灵的诅咒③。第三,19 世纪(甚至更早之前)的中国人口行为与欧洲极为相似,都是由基于理性的、充满预见性的预防性机制主导的,只不过中国的人口决策体系更多地表现出了集体主义而非个人主义的特征(李中清和王丰,2000),因此,基于马尔萨斯模型想象的人口压力和经济发展陷阱都是对中国历史的歪曲。第四,欧洲之所以能率先突破长期停滞,走向现代经济增长之路,是由各种偶然因素促成的,这些因素包括中国的暂时性内乱导致的经济衰退和西方通过美洲金银的发现从亚洲等地集聚的财富(弗兰克,2008)、英格兰煤炭的地理优势和殖民地资源的利用(彭慕兰,2003)等。

李伯重对明清中国江南地区农业和早期工业的研究在很大程度上支持了加州学派的观点(李伯重,2003、2010),包括对斯密型增长动力的肯定,对近代以前江南地区生产率和消费水平的较高评价以及对马尔萨斯理论的批评,对李中清和王丰有关传统中国人口行为理论的呼应,对比较分析方法和"反西方中心论"研究范式的推崇等。但是,相较于王国斌、彭慕兰等的研究,李伯重的研究更为"本土化"。这一点不仅体现在对研究材料的使用和解读上,更多的是在对中国早期经济发展水平和结构的评价上,李伯重相对要更为谨慎一些。例如,在其《江南的早期工业化:1550—1850》一书中,李伯重对中国早期的工业发展分门别类地进行了仔细研究,既肯定了早期工业化所取得的成就,也指出了江南地区早期工业化相对于英格兰地区存在的结构性缺陷。他发现,与英格兰相同,江南早期的工业化发展也是斯密型增长的一种,但是工业结构上存在轻工业比重过大、重工业比重过小的畸形状态,企业组织规模也要较英格兰小得多。不过,他同时也指出,工业结构的畸形特征和企业规模过小是由江南地区的资源禀赋决定的。江南地区人力资源丰富,市场广阔,但是缺少能源与工业发展所需的原材料,因此就

---

① [美]王国斌:《转变的中国:历史变迁与欧洲经验的局限》,李伯重、连玲玲译,江苏人民出版社 2005 年版,第 11—14 页。

② [德]贡德·弗兰克:《白银资本:重视经济全球化中的东方》,刘北成译,中央编译出版社 2008 年版,第 101—110 页。

③ [美]王国斌:《转变的中国:历史变迁与欧洲经验的局限》,李伯重、连玲玲译,江苏人民出版社 2005 年版,第 20 页。

发展出了节能省材型的工业结构，以及与这一工业结构相适应的企业规模。那么，江南的早期工业会发展成为近代工业吗？李伯重认为，这种可能性是存在的，但必须建立在华北和东北的煤炭、铁矿大规模开发并以较低成本南运的基础之上。这样一来，中国江南地区的早期工业虽然未能发展为近代资本主义工业，但是李伯重对其所进行的解释却回归到了加州学派的基本框架之内，即对内生发展趋势的突破依赖于外部的偶然性因素，而非内在的自我演进。

第三节　量化史学的新回应

总的来讲，早期的研究者，如珀金斯、伊懋可等，包括后来的赵冈、黄宗智等对中国传统经济的认识与评价与加州学派存在根本性的差异。尽管后者在研究视角和方法上有很大创新，也使用了最新的研究成果作为支撑，但这并不足以让那些被加州学派猛烈批评的前辈学者所信服。虽然彭慕兰等在其著作中使用了一些数据和统计分析方法，但其研究还是以定性研究为主。这导致在双方的辩论中，往往缺少统一的概念和数据，而将辩论引向自我辩护的境地。[①] 量化史学试图从研究方法上对已有研究进行补充，从而为历史研究提供更清晰的"证据"或提出可检验的新"问题"（陈志武，2016）。其中有关中国历史 GDP 的测算，为认识和评价传统中国的经济演进提供了更为直接的数据材料。

张仲礼先生的《中国绅士的收入》被认为是第一部对中国历史 GDP 进行测算的著作（李伯重，2014），但就影响而言，麦迪森关于中国古代 GDP 的测算无疑是这一领域的开创者。在《中国经济的长期表现：公元 960—2030 年》一书中，麦迪森结合其此前的研究，给出了中国自公元元年以来的人均 GDP 变化，并与同时期的欧洲进行了比较（见表 1.1）。[②] 从中可以发现，大概在两汉—罗马时期，中国的人均 GDP 为 450 美元（1990 年美

---

① 其中一个典型的例子就是 2002 年在加利福尼亚大学洛杉矶分校举办的一场有关"大分流"的研讨会，与会者围绕彭慕兰的《大分流》展开了激烈的辩论，但是未能在相关问题上产生任何有意义的结论。龙登高在会议评述中认为辩论双方在概念、数据和方法上存在差异，致使辩论许多时候演变成了各说各话。见龙登高：《中西经济史比较的新探索——兼谈加州学派在研究范式上的创新》，《江西师范大学学报（哲学社会科学版）》2004 年第 1 期。

② 在麦迪森的研究中，欧洲不包括土耳其和俄罗斯等苏联国家，见［英］安格斯·麦迪森：《中国经济的长期表现：公元 960—2030 年》，伍晓鹰、马德斌译，上海人民出版社 2011 年版，第 21 页的表注。

元），要低于欧洲的 550 美元，在此后的差不多一千年的时间里，中国的人均 GDP 没有变化，但是进入中世纪的欧洲则下降为 422 美元。经过两宋时期的发展，中国的 GDP 上升到了 600 美元。此后便长期维持在这一水平上，而同一时期的欧洲则经历了较大幅度的增长。到了 18 世纪初，中国就已经落后于工业革命前的欧洲了，人均 GDP 不到后者的 2/3。

表 1.1　公元 1—1700 年中国与欧洲的人均 GDP

（单位：1990 年美元）

	1 年	960 年	1300 年	1700 年
中国	450	450	600	600
欧洲	550	422	576	924

资料来源：[英] 安格斯·麦迪森：《中国经济的长期表现：公元 960—2030 年》，伍晓鹰、马德斌译，
　　　　上海人民出版社 2011 年版，第 21 页。

可见，麦迪森的研究在两个方面与早期汉学家保持了一致。一个是中国古代的经济发展在宋代经历了一次大的跃进，突出表现在人均收入在经过长期停滞后有了一个较大的提升，这一点与伊懋可所描述的中古经济革命相呼应；另一个就是宋代以后中国的经济发展又一次陷入了长期停滞，并在 18 世纪开始落后于欧洲，这与早期汉学家和历史学家的看法相同，但是却与弗兰克和彭慕兰的研究有很大的差异。当然，麦迪森之所以有这样的估算结果也可能是因为其对中国古代经济发展的定性认识主要受早期汉学家的影响，而这又影响了其对中国历史 GDP 的估算。

当然，麦迪森的估算比较粗糙，这为他的研究带来了许多批评，但是麦迪森所开创的历史国民账户体系（The History System of National Accounts，HSNA）被后续的研究者所继承。利用这一体系，刘逖（2010）在检讨了麦迪森的具体估算过程后，采用现代宏观经济学中的国民收入统计方法对中国 1600—1840 年的 GDP 进行了详细的测算。与麦迪森的测算结果相比，刘逖得到的清代人均 GDP 水平要更低一些，只有 300 多美元（1990 年美元），而且随着人口的增加，在后期还表现出了下降的趋势。因此，刘逖的测算结果进一步支持了珀金斯和伊懋可等对中国传统经济的论述，清晰地展示出了一个马尔萨斯模式主导下的经济发展轨迹。在与欧美国家进行比较后，刘逖断言，至少从 17 世纪开始，中国的人均收入水平就要比当时的欧美国家低很多，而且这种差距在此后的几个世纪里不断扩大。显然，刘逖的工作并不支持彭慕兰等加州学派认为迟至 18 世纪，中国的经济发展仍然与欧洲基本处于同一水平的观点。表 1.2 是刘逖整理的有关中国和欧美国家人均

GDP 的比较数据。

表 1.2　1600—1840 年中国和欧美国家历史人均 GDP

（单位：1990 年美元）

国家	1600 年	1700 年	1800 年	1820 年		1840 年	
	A	A	B	A	B	A	B
英国	974	1250	1438	1706	1716	19990	1533
美国	400	527	967	1257	840	1588	1419
法国	841	910	—	1135	—	1428	—
意大利	1100	1100	—	1117	—	—	—
德国	791	910	—	1077	—	—	—
中国	388	378	311	325	325	318	325

资料来源：刘逖：《前近代中国总量经济研究：1600—1840：兼论安格斯·麦迪森对明清 GDP 的估算》，上海人民出版社 2010 年版，第 151 页。其中，"A"为麦迪森估算的数据（不含中国），"B"为"测量价值基金会"（Measuring Worth Foundation）提供的测算数据（不含中国），中国的数据为刘逖测算所得。

　　刘逖的研究不仅否定了加州学派关于"大分流"时间的判断，而且更为重要的是在某种程度上对加州学派的历史观也提出了挑战。表 1.2 显示，从人均 GDP 来看，中国可能早在 17 世纪之前就已经明显落后于欧洲主要经济体了。考虑到此前中国的发展水平要高于欧洲，这意味着欧洲在更早的时期就开始了增长。如果事实果真如刘逖的研究所揭示的那样，以彭慕兰为代表的加州学派认为是外部因素和偶然因素造就了 19 世纪以后的"大分流"的历史观就很值得怀疑了。因为在一个更长的时间段内来看中国和欧洲的发展，即便如彭慕兰所言，到了 18 世纪，欧洲与中国的经济发展处于大致相同的水平，也不能否认西方在此前已经经历了长期增长的事实。刘逖对中国 17 世纪以来历史 GDP 的测算及跨国比较研究使这一点得到了更为直观的展示。因此，这一研究的意义不仅是为理解中国经济史提供了一套可供批评的数据，更是为演化史观和内生增长理论提供了有力的量化证据。

　　事实上，在刘逖之前，管汉晖和李稻葵（2010）已经对明代 1402—1626 年的 GDP 及其结构进行了估算。结果表明，在明代这二百多年间，经济增长缓慢，GDP 年均增长率仅为 0.29%，且主要来源于人口和耕地规模的扩大；人均 GDP 在 223—239 美元（1990 年美元）波动，远低于麦迪森对同时期中国人均收入的估计，也低于英国工业革命前的发展水平。在与工业革命前(1700—1760年)的英国经济发展进行比较后,管汉晖和李稻葵指出,无论是经济发展水平还是经济结构,明代的中国与工业革命前的英国没有任何相似之处,仍然是典型的马尔萨斯经济,并不具备发生工业革命的经济基础,不但反驳了加州学派的基本观点,而且也否定了伊懋可关于14世纪的中国即已具备发生一场类似于英国工业革命的经济和技术条件的判断。

在明代GDP估算的基础上,管汉晖和李稻葵进一步与布劳德伯利(Broadberry)合作,利用历史国民账户体系中的生产法,系统估算了北宋、明、清三个朝代的GDP,并与世界主要经济区的历史GDP进行了比较(Broadberry、Guan和Li,2018;李稻葵、金星晔和管汉晖,2017)。他们的研究确认了早期汉学家对中国宋代经济发展的较高评价,也进一步支持了明清经济停滞论。具体表现为,宋代GDP的年均增长率达到了0.88%,人均GDP突破了1000元(1990年国际元),高于世界其他地区;明清两代的GDP增长率仅为0.25%和0.36%,与宋代相比,明代的人均GDP并没有明显增长,清代则出现了显著下降,在此期间,中国的人均GDP陆续被意大利、荷兰、英国等欧洲国家超越。

表1.3 980—1850年中国与欧洲主要经济体的历史GDP

(单位:1990年国际元)

年份	中国	英国	荷兰	意大利
980	853	—	—	—
1020	1006	—	—	—
1060	982	—	—	—
1090	878	754	—	—
1120	863	—	—	—
1150	—	—	—	—
1280	—	679	—	—
1300	—	755	—	1482
1400	1032	1090	1245	1601
1450	990	1055	1432	1668
1500	858	1114	1483	1403
1570	885	1143	1783	1337
1600	865	1123	2372	1244
1650	—	1110	2171	1271
1700	1103	1563	2403	1350

续表

年份	中国	英国	荷兰	意大利
1750	727	1710	2440	1403
1800	614	2080	1752	1244
1850	600	2997	2397	1350

资料来源:Broadberry,S.,Guan,H.,and Li,D.,"China,Europe and the Great Divergence:A Study in Historical National Accounting,980-1850",*Journal of Economic History*,Vol.78,No.4,2018, pp.955-1000.

　　表 1.3 是对布劳德伯利、管汉晖和李稻葵(2018)研究结果的一个集中展示。该研究的一个基本结论是,"大分流"早在 18 世纪之前就已经发生了,中国的落后和欧洲的兴起是经济长期发展的结果。为了更为清晰地展示"大分流"的历史轨迹,布劳德伯利等特别计算了不同历史时期中英两国的人均 GDP 之比(英国=100),结果如图 1.2 所示。

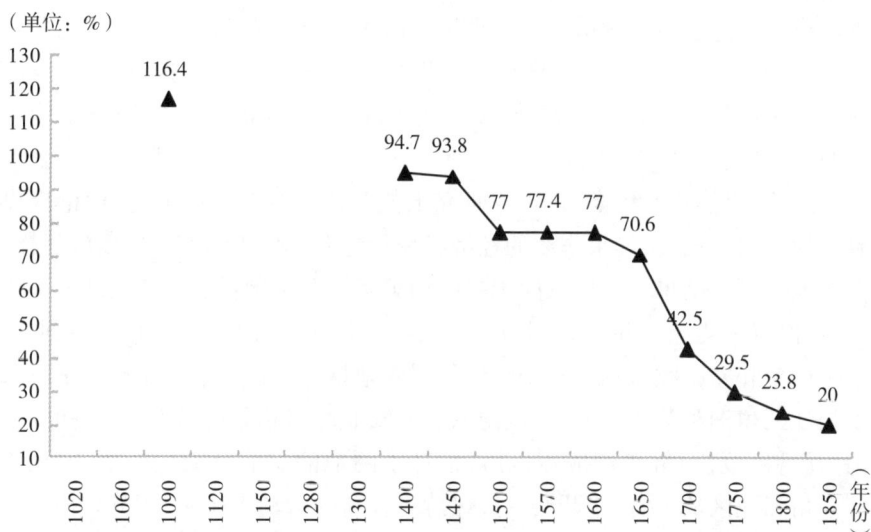

（单位：%）

图 1.2　1020—1850 年不同历史时期中国人均 GDP 占英国的百分比

资料来源:Broadberry,S.,Guan,H.,and Li,D.,"China,Europe and the Great Divergence:A Study in Historical National Accounting,980-1850",*Journal of Economic History*,Vol.78,No.4,2018, pp.955-1000.

　　图 1.2 表明,以人均 GDP 的比较而论,中国的经济发展可能在 15 世纪就已经落后于当时的英国了,到了 16 世纪,中国的人均 GDP 只有英国的 77%左右,差距已经很明显了。从人均 GDP 的增长速度来看,从 15 世纪开

始,中国的增速已经开始落后于英国,到了 17 世纪,这种趋势更为明显,突出表现为中国人均 GDP 占比的快速下降。因此,无论是从发展水平还是从发展路径上看,中国和英国的"大分流"都发生在 18 世纪之前。

然而,将中国这种内部发展差异极大的巨大经济体与欧洲的某个经济体,如英国,进行比较的方法遭到了彭慕兰的强烈批评(彭慕兰,2003)。他认为这种比较是将不相似、不对等的经济体混为一谈,因此强烈主张应该在中国内部找一个对等的经济单元与英格兰、荷兰或其他欧洲经济区进行比较。[①] 李伯重(2010)对中国江南地区华亭—娄县(以下简称"华娄")19 世纪 20 年代 GDP 的研究就是对这一主张的积极响应。根据李伯重的估算,19 世纪 20 年代,华娄的 GDP 为白银 1350 万两,人均 24 两。他推断,19 世纪 20 年代的华娄经济要比此前的经济表现差一些,但是要好于 20 世纪中期。由于缺少经过汇率折算后的以统一货币单位表示的 GDP 数据,李伯重对华娄与荷兰地区的比较只涉及经济结构的比较,他发现华娄 GDP 中工业增加值和工资占比要比当时的荷兰高,据此认为华娄的经济要比荷兰更健康。或许是为了弥补货币不统一带来的缺憾,李伯重与扬·卢滕·范赞登(Li 和 Van Zanden,2012)对华娄与荷兰的 GDP 做了统一的换算,结果表明荷兰的人均收入要比华娄高出 86%,他们认为这是由两地的经济结构决定的。

因此,李伯重对华娄 GDP 的研究未能为彭慕兰的"大分流"理论提供有力的证据。相反,如果华娄的经济演变趋势果真像李伯重所推断的那样,那么他的研究结果可能更倾向于赵冈和黄宗智对中国经济史的判断。事实上,罗伯特·艾伦(Allen,2009a)在对长江三角洲(江南)和英国中部农业劳动生产率和家庭收入的比较中已经很明确地指出了这一点。艾伦仔细考察了长江三角洲和英国中部 17 世纪以来的农业产出和劳动投入情况,扣除了诸如肥料(豆饼)等生产成本以后,估算了两地的农业劳动生产率,发现长江三角洲地区从 17 世纪开始一直保持着较高的劳动生产率,与英国相比不遑多让。因此,如果只从劳动生产率比较,中国这一地区的发展情况与彭慕兰的观点是比较一致的。然而,由于人口的大量增长引起了家庭耕地规模的持续减少和纺织品价格的不断下降,长江三角洲地区工资率和家庭收入从 18 世纪开始即呈现出非常明显的下降趋势,农民和普通劳动者不得不投入更多的劳动去赚取维持生计所需的收入。鉴于此,艾伦不得不承认中

---

① [美]万志英:《剑桥中国经济史:古代到 19 世纪》,崔传刚译,中国人民大学出版社 2018 年版,第 311 页。

国长江三角洲的经济发展更多地展现了"过密化"的特征。

　　除了上述研究外，从真实工资入手探讨中国历史国民收入的研究也取得了一些成果。刘光临（Liu，2005）从收集的宋代以来的工资样本数据出发进行的研究发现，宋代的人均收入水平最高，明代出现了下降，而清代又有所恢复，但是仍然不及宋代的水平。罗伯特·艾伦对中国、印度及欧洲地区历史工资水平的研究似乎为加州学派的"大分流"理论提供了一些佐证。[①]他的研究表明，到了18世纪，中国工人的工资水平虽然比英格兰等西北欧富裕地区的工资水平低很多，但是与佛罗伦萨和维也纳等城市的工资相差并不大。不过，在另一篇关于英国1760—1913年真实工资与人均产出变化的研究论文中，艾伦发现英国的工资水平在19世纪前半期并没有随着劳动生产率的增长而增长，只是到了后半期才与劳动生产率保持同步增长的关系，其中的原因在于技术进步具有要素偏向性，从而引起了劳动报酬率、资本报酬率和利润率的动态变化（Allen，2009b）。艾伦的这一研究表明，工资变化有可能偏离劳动生产率的变化，因此工资水平是否准确度量了经济发展水平就很值得怀疑了。

　　基于这一考虑，艾伦更多地使用其构造的"福利比"（Welfare ratio）指数来比较不同地区的经济发展（Allen，2001；Allen 和 Weisdorf，2011；Allen 等，2011）。"福利比"是用劳动者的年收入除以给定商品束（满足一个人基本生存需要的商品及其支出集合）的总成本来衡量的。在不同的研究中，商品束的成本界定有所差异。"福利比"指数规避了汇率换算中的误差对跨国比较分析的影响，直观反映了一个劳动者年收入的供养能力。在对中国最富裕的几个城市，如北京、苏州、上海、广州与世界其他主要城市手工业者和建筑工人的"福利比"进行详尽的考察后，艾伦等发现，以北京为代表的中国城市，其工人的"福利比"从18世纪开始下降，在太平天国爆发的前夕甚至降低到了1以下；从中国—欧洲的比较来看，至少从18世纪开始，中国发展程度最高的城市其工人的"福利比"只与欧洲人均收入最低的城市相近（Allen 等，2011）。

---

①　[英]罗伯特·艾伦：《近代英国工业革命揭秘：放眼全球的深度透视》，毛立坤译，浙江大学出版社2012年版，第50—63页。之所以说"似乎为加州学派的'大分流'理论提供了一些佐证"，而不是特别肯定，是因为艾伦使用了限定性很强的语句来阐述自己的这一观点，他写道："如果从这一角度来审视的话，……计算结果就为那些自称修正派的历史学家提供了论据，他们一直认为在前工业时代欧洲人和亚洲人的生活水平差别很小"。作者附注的引文表明，这里的修正派历史学家明显是指以彭慕兰为代表的加州学派。艾伦进一步强调，这种"差别很小"是指"亚洲人的实际收入水平同欧洲落后地区民众的收入水平基本持平"。

　　此外,徐毅、利乌文和范赞登(Xu,Leeuwen 和 Van Zanden,2018)对宋代到清末近 900 年间的城市化率进行了估计,其结果显示,宋代的城市化率最高,明代也保持了较高的城市化率水平,但是从清代开始,中国的城市化率出现了下降,从明末的 11%—12% 下降到了 18 世纪晚期的 7% 左右。这一结果展示的中国经济发展过程与布劳德伯利、管汉晖和李稻葵(2018)的历史 GDP 测算结果基本一致。

　　总的来看,量化史学的研究成果更支持早期汉学家与历史学家对中国传统经济发展的认识和评价,被称为(或自称为)历史修正者的加州学派从量化历史研究成果中得到的支持很少。不过,量化历史研究并未从根本上改变不同研究者对自己眼中的"中国传统经济"的勾描。因为这一研究本身,特别是有关历史 GDP 的测算被许多反对者所不信任(杜恂诚和李晋,2011)。因此,对前现代中国的 GDP 研究许多时候只被看作一种有趣的探索。①

第四节　重建还是续写:对已有研究的评述

　　早期汉学家和历史学家对经济史的研究尽管在具体问题上有不同的理解,但是他们对传统中国经济的认识和评价并未脱离马尔萨斯模式的基本框架。这些研究勾勒的中国图景符合马尔萨斯经济的基本特征:人口是经济系统中最为活跃的因素,既是推动经济规模扩张的主要动力,也是吞噬经济发展成果的主要力量。在这样的动态系统中,经济最终会走向一种均衡,或是"高水平均衡陷阱"。加州学派试图破除早期汉学家为中国传统经济描画的这种"呆板印象",他们以"反西方中心论"为武器,向他们的前辈发起了激烈的挑战。加州学派更多地采用跨国比较的研究方法,强烈反对将欧洲视为全球化以来世界经济中心的观点,认为前现代世界存在多个相对独立的经济中心。在加州学派构建的世界经济史中,这些经济中心长期保持自己的发展轨迹,直到 18 世纪,它们的经济发展绩效并不比欧洲差,尤其是位于亚洲东部的中国仍然是完全可以与欧洲比肩的经济巨人。这位巨人的成就不仅体现在庞大的经济规模上,而且其经济发展的水平、动力,以及市场的成熟程度与工业革命前的欧洲相比也毫不逊色。18 世纪开始的"大分流"完全是一些外部因素和偶然因素造成的,如果没有这些偶然因素的

---

① ［美］万志英:《剑桥中国经济史:古代到 19 世纪》,崔传刚译,中国人民大学出版社 2018 年版,第 311 页。

冲击,欧洲很可能会像当时的中国一样陷入马尔萨斯模式的泥沼之中。

正如批评者所指出的那样,加州学派的研究视野集中在 15—19 世纪,无法深入挖掘近代经济社会现象的历史根源和发展脉络(周琳,2009)。加州学派强调研究视野空间大小的重要意义,但对研究视野的历史纵深重视不够,其过于重视在同一个时间截面上对东西方发展水平或发展要素的比照或许将其引向了另一个歧途。如果能在更长历史视野中去看待东西方的发展轨迹,有关"大分流"的问题可能会变得远比加州学派想象的复杂。一个显而易见的问题是,虽然在有关 18 世纪前后中国与欧洲的发展水平的认识上,加州学派与早期汉学家以及赵冈、黄宗智等存在明显差异,但是他们并不否认中国在 14 世纪之前的领先地位。这意味着,西方早在 18 世纪之前就已经经历了长期的经济增长。为了消解这一事实带来的困扰,加州学派特别强调,欧洲此前的发展仍然是"斯密型增长",这种增长并不可持续,最终会将经济带入马尔萨斯陷阱之中。[①] 如果真是这样,那么欧洲 1750 年之前的经济增长不会带来后来广为人知的"大分流"现象就可以得到合理解释了。

然而,加州学派,也包括早期的汉学家,对"斯密型增长"这一概念可能存在一些误解。斯密型增长的核心是分工和专业化,而不是商业或者贸易。更严谨地讲,斯密型增长的表现是分工和专业化基础上的商业或贸易。加州学派以及早期的一些汉学家极为重视对明清时期商业和贸易规模的宏观铺陈,却往往忽视了对专业化的详细考察,因而看不到基于家庭手工业的市场交易与专业化基础上的市场贸易之间存在的根本差别。在他们看来,只要有足够规模的贸易,就能说明分工是"斯密"意义上的市场分工,而交易机制就是"斯密"意义上的市场机制,全然不考虑其他经济形态下也能支撑足够大的贸易规模的可能,因而也就观察不到东西方发展路径上的根本差异。所以,在他们看来,19 世纪以前的世界几乎是一个模子出来的。但事实上,家庭手工业的形态可能多种多样,顽强地依附于家庭经济的手工业发展恰恰不是分工的发展,而是对分工的背离。从这个意义上讲,彭慕兰等的研究缺少像黄宗智那样对微观家庭行为的仔细考察,因而其对中国市场和

---

① ［美］王国斌:《转变的中国:历史变迁与欧洲经验的局限》,李伯重、连玲玲译,江苏人民出版社 2005 年版,第 28—29 页。加州学派正确地指出了斯密型增长不能带来经济持续增长的事实,但是关于个中原因的阐释并不是很详细。事实上,如果没有充分的技术创新或新市场的开拓,基于分工和专业化的斯密型增长很快会面临边际报酬递减的局面。关于"斯密型增长"不可持续的分析,见希克斯关于市场、殖民地和工业革命的论述内容,见［英］约翰·希克斯:《经济史理论》,厉以平译,商务印书馆 1987 年版。

商业扩张的理解可能存在根本性的偏误。

由此出发,吴松弟教授的提醒就显得特别重要(吴松弟,2010)。他指出,宋代以来,包括明清时期江南地区商业发展的背后是人地比例持续上升,人口压力持续增加的基本事实。被许多研究者所津津乐道的"机户出资、机工出力"现象只是生存压力压低工资率后出现的结果。① 因此他认为,人口的大量繁殖是推动经济扩张和商业发展的主要动力,而不是相反。这与西方资本主义的兴起过程完全不同,那些忽视了这一增长动力差异的研究显然对古代中国后期的经济发展作出了不恰当的解读。吴松弟的研究指出了问题的复杂性,至少说明商业本身并不能直接作为斯密型增长的证据,在其背后,参与商业行为的家庭面临的约束和最终的经济后果需要更为仔细的考察。

黄宗智对华北和江南小农经济的研究无疑是这一尝试的典范。与吴松弟相同的是,黄宗智注意到了人口在构建中国传统经济史理论中的重要性。关于这一点,加州学派也高度认可,在他们对中国传统经济史的重建中,对中国人口史的修正就是一个不可或缺的内容。其中的原因再明显不过:人口行为是不是遵循马尔萨斯模式,直接决定了一个经济体的性质。所以,诚如我们在导论部分所述,传统中国人口行为就成为"大分流"理论的支持者和反对者争论的一个焦点。

但是,黄宗智显然对目前已有的有关中国人口行为的解释不太满意,所以他尝试去解释传统中国的人口行为。② 赵冈(1986)对中国人口行为的解释着力颇多,但是他的解释——小农家庭的决策不同于市场决策——几乎适用于所有的前现代社会,因此赵冈对传统中国宏观人口行为的解释并不成功。李中清和王丰(2000)对中国人口史的重建更多地在于批驳马尔萨斯模式,因而他将中国人口行为刻画为集体理性控制下的生育模式也不能为中国宏观历史人口的变迁过程提供多少借鉴。

事实上,我们对中国人口行为的了解可能并不足以支撑对中国经济史的研究,尤其是涉及"大分流"这样宏大的历史主题时更是如此。许多研究简单地将"人口众多"作为既定的条件来使用,但是很少去回答为什么说中

---

① 吴松弟对"机户出资、机工出力"现象的解释与艾伦和韦斯多夫对西欧早期出现的"勤勉革命"的解释如出一辙,后者也特别提醒相关研究者注意人口压力对家庭劳动分配决策的影响。见 Allen, R. C., and Weisdorf, J. E., "Was There an 'Industrious Revolution' Before the Industrial Revolution? An Empirical Exercise for England, c. 1300–1380", *Economic History Review*, Vol. 64, No. 3, 2011, pp. 715–719。

② 黄宗智:《长江三角洲小农家庭与乡村发展》,中华书局 2000 年版,第 325—328 页。

国人多,也很少深入去探究中国人为什么多。当我们结合经济史并使用比较分析方法来观察中国人口时,会发现许多有趣的问题,回答这些问题对探究中国传统经济的演进有很大的帮助。简单地讲,地理环境、制度变迁以及技术进步上的差异在决定中国人口行为方面具有非常重要的作用。正是这些差异,导致了中国宏观人口行为不同于西方世界的方面,进而对中国经济的长期演进产生了深远影响。在后续的章节中,我们会逐一展示这些差异及其重要意义。

第二章　中国历史上的人口增长与经济演进:事实、特征和问题

第一节　中国人口史的一般性描述

中国的人口普查开始于 20 世纪初。在此前的几千年里尽管留下了许多关于人口的记载和文献,但是并没有符合现代人口调查标准的数据和资料。[①] 然而,经过人口史学家的努力,中国人口史的一些基本特征和事实已经得到了确认和描述。总的来讲,由于受到传世文献和资料的限制,人们对先秦的人口史所知甚少,不过秦汉以后的情况就好多了。因为有了一些比较有价值的人口资料和文献,史学家对秦汉以后人口史的重建工作要容易得多,在研究中所取得的共识也要相对多一些,尤其是关于人口趋势的判断。

一、中国历史上的人口数量和波动

要复原夏、商、周三代的人口史是非常困难的,更不要说三代之前的了。目前,关于"先秦的人口峰值出现在战国时期"这一论断的争议是比较小的,但是不同著作对这一峰值的估计则有较大差异。比较低的估计为 2600 万人[②],张善余提供的数字为 3200 万人[③],而葛剑雄估算为 4000 万—4500 万人。[④]

两汉时期的人口峰值在 6000 万人以上,这一点是被普遍认可的。在三国、两晋、南北朝三百多年里,中国的人口峰值一直低于两汉的水平。[⑤] 隋代的人口可能也不会超过 6000 万人。但是关于唐代的人口峰值,有许多著

[①] 葛剑雄:《中国人口史(第一卷)·导论、先秦至南北朝时期》,复旦大学出版社 2002 年版,第 215 页。

[②] 路遇、滕泽之:《中国人口通史》,山东人民出版社 1999 年版,第 57 页。

[③] 张善余:《中国人口地理》,科学出版社 2003 年版,第 14 页。

[④] 葛剑雄:《中国人口史(第一卷)·导论、先秦至南北朝时期》,复旦大学出版社 2002 年版,第 300 页。

[⑤] 葛剑雄:《中国人口史(第一卷)·导论、先秦至南北朝时期》,复旦大学出版社 2002 年版,第 475 页。

作沿用 6000 万人的水平,不过冯国栋(2002)估计唐极盛之时(天宝十三年)的人口约为 7475 万—8050 万人[1],更高的估计显示唐代的人口峰值已经达到了 9000 万人。[2] 宋代是中国人口史上承前启后的一个重要朝代。其间,中国的人口首次突破了 1 亿人。此后直到明代中后期,这一高峰才被超越,其时的人口峰值可能为 1.5 亿人。有清一代,中国的人口则连续突破 2 亿人、3 亿人和 4 亿人大关,在太平天国运动前夕可能已经达到了 4.4 亿人。图 2.1 描述了中国的人口增长史。

(单位:万人)

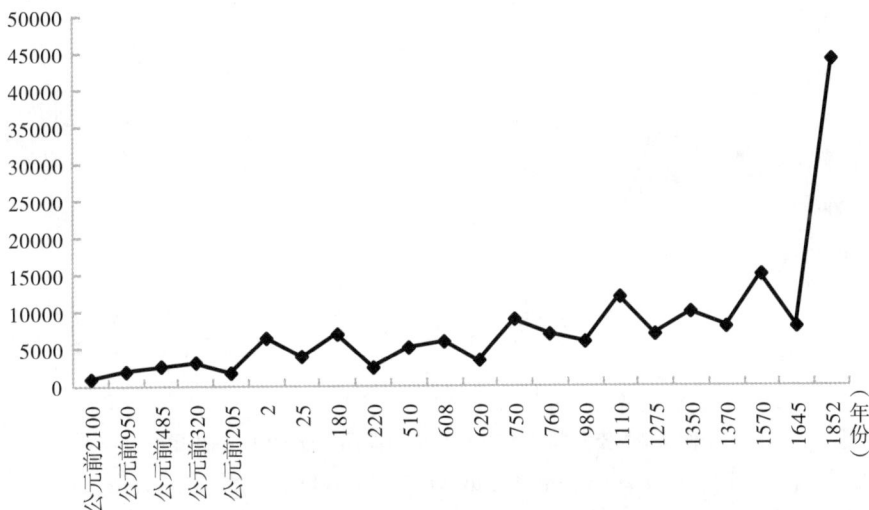

图 2.1　公元前 2100—1852 年中国历史上的人口增长

资料来源:张善余:《中国人口地理》,科学出版社 2003 年版,第 14 页。

　　中国历史上的人口增长过程并不是一帆风顺的,其间经历了许多起伏。这一特征在图 2.1 中可见一斑。不过,人口增长的波动在历史上并不鲜见,根据马尔萨斯理论,这是前现代社会所共有的基本特征,并非中国所独有。然而,中国的特殊之处在于历史上人口波动的频率较高,幅度较大,以至于一些人口史学家认为中国古代的人口增长存在明显的周期性。[3] 由于清代后期的人口规模比前代大得多,因此在图 2.1 中,人口波动的幅度并没有被直观地刻画出来。当然,在图 2.1 中,三代之时的人口数据本身是稳定的。这主

---

①　冯国栋:《中国人口史(第二卷)·隋唐五代时期》,复旦大学出版社 2002 年版,第 182 页。
②　张善余:《中国人口地理》,科学出版社 2003 年版,第 14 页。
③　葛剑雄对此有一个较为详尽的评述,见葛剑雄:《中国人口史(第一卷)·导论、先秦至南北朝时期》,复旦大学出版社 2002 年版,第 148—153 页。

要是由于人口史研究尚无法对这一千多年的人口过程作出更为细致的推断，而不是因为期间没有大的波动。但考虑到春秋以后的人口波动很大程度上与惨烈而持久的战争相联系，三代时的人口波动有可能确实不如此后那样明显。[①] 无论如何，只要剔除掉夏、商、周三代和清代后期的人口数据，就可以发现中国历史上的人口波动十分剧烈。这在图 2.2 中表现得非常明显。

（单位：万人）

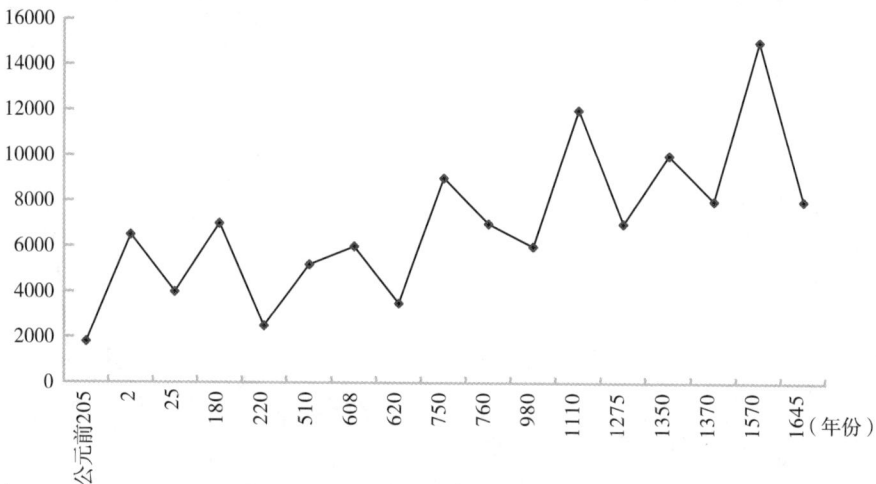

图 2.2　公元前 205—1645 年中国历史上的人口增长

资料来源：张善余：《中国人口地理》，科学出版社 2003 年版，第 14 页。

结合通史可以发现，如图 2.2 所示的人口波动有两个特征。一是人口波动与历史上政治、经济的波动密切相关。人口增长的时期都是政治秩序恢复和经济处于上升期的阶段；人口下降的时期都是长期战乱和经济遭到严重破坏的时候。自然灾害和短期的兵祸并不会对人口增长尤其是长期增长产生有意义的影响，这一点是十分明确的。[②] 二是人口波动幅度比较大。

---

① 这并不是说三代或之前的战争频率低，主要是考虑文明上升的同时，战争的规模和对人口的破坏力随之提高的基本事实。

② 当然，认识到这一点需要对中国历史上的自然灾害、人口和政治、经济现象在时间上的分布有一个详尽的了解。气候变迁可能被用来说明自然灾害的发生或许具有明显的时间特征，但是就中国历史上最为严重的灾害——水、旱、蝗——而言，气候变迁对灾害发生频率的影响并不明显，对于经济和政治的作用更是与历史事实不一致。关于这一点见傅筑夫：《人口因素对中国社会经济结构的形成和发展所产生的重大影响》，《中国社会经济史研究》1982 年第 3 期；张德二、李红春、顾德隆、陆龙骅：《从降水的时空特征检证季风与中国朝代更替之关联》，《科学通报》2010 年第 1 期。

在人口下行的几个历史时期，短短数十年内人口下降都在 50% 左右。例如，两汉之间短短十多年的时间，人口就减少了约 42%；从东汉末年的"黄巾之乱"到三国初年的混战也使人口在几十年里从 6000 多万人下降到了3000 万人左右；经过隋末的战乱之后，唐初的实际人口不足前朝的一半；元代统一中国的战争中人口损失了 5000 万人，其中，原金国和西夏境内在 26 年间就损失了 80% 以上的人口；明清之际的战乱实际减少的人口估计在40%，从崇祯元年（1628 年）开始后的 27 年，人口平均每年下降 19‰。[①]

二、中国历史上的人口增长率及其波动

就长期增长而言，中国历史上的人口增长速度总体来说是加快的。有两个数据可以用来说明这一点。第一个数据是人口翻一番所需要的时间。从公元 2 年的 6000 万人翻一番上升到 13 世纪初的 1.2 亿人，所需要的时间为 1200 年；从 1.2 亿人增长到 18 世纪 70 年代的 2.4 亿人经历了不到600 年的时间；到了 1851 年，总人口已经突破了 4.3 亿人，这意味着不到100 年的时间人口又翻了一番；新中国成立以后，中国的人口在 40 年里即从最初的 5 亿多人增长到 10 亿人以上。[②]

能够反映长期人口增长速度的另外一个数据是长期人口增长率。从夏初到春秋战国之交的 16 个世纪里，中国的年平均人口增长率只有 0.62‰；战国到明万历年间的人口增长率平均每年为 1.20‰；有清一代上升到了2.30‰。[③] 但是这样的论断不太可靠，因为不同的时期划分有可能得出完全相反的结论。例如，断代史研究显示，西汉两百余年间，人口年均增长率为 7‰，到了明、清两代则分别只有 4‰ 和 5‰。[④]

不过以上的叙述是对中国人口增长速度的长期趋势的刻画。就增长过程而言，中国历史上的人口增长率也是存在较大波动的。与数量上的波动相同，人口增长率的波动与政治和经济的波动有直接关系。历代开国以后的几十年，人口增长率普遍较高，可以达到 10‰ 左右，鼎盛时期则可能会有所回落，到了王朝后期人口增长基本处于停滞状态；整个过程中，人口增长

①　葛剑雄：《中国人口史（第一卷）·导论、先秦至南北朝时期》，复旦大学出版社 2002 年版，第 191—192 页。
②　葛剑雄：《中国人口史（第一卷）·导论、先秦至南北朝时期》，复旦大学出版社 2002 年版，第 192 页。
③　张善余：《中国人口地理》，科学出版社 2003 年版，第 14 页。
④　葛剑雄：《中国人口史（第一卷）·导论、先秦至南北朝时期》，复旦大学出版社 2002 年版，第 191 页。

率平均可能只有7‰,甚至更低①,更不要说此后的战乱带来人口急剧的负增长了。

三、中国历史上的人口空间分布及其变化

关于历史人口的分布空间,有一个基本的地理上的划分,即以秦岭—淮河一线为界,将中国分为北方和南方两个地理单元。当然,更详细的划分可以区分为四个,甚至更多的地理单元。表2.1就是将中国划分为四个区域来展示的。但就本书的研究而言,划分为两个地理单元,即北方和南方就足够了。一方面是因为属于南方的岭南地区和属于北方的东北地区的人口所占的比重在很长一段时期内都比较小,其对中国历史演进的影响也非常有限,单独区别出来进行分析的意义并不是很大;另一方面也是因为我们展示人口空间分布的变化主要是为了发现地理对人口增长以及历史演进的长期影响,将中国简单区分为南方水稻产区和北方麦粟产区的南北划分已经足以用来阐释这一问题了。

表 2.1　中国历史上四大地理区域的人口变化　　（单位:万人）

时期	人口			
	黄河流域	长江流域	岭南三省	东北三省
西汉元始二年	4117	1448	70	105
东汉永和五年	2789	1915	194	98
唐天宝十一年	3174	2398	248	100
北宋崇宁元年	2841	4257	830	177
明弘治四年	2432	5177	1072	435
清道光三十年	12338	25023	5592	341
民国二十五年	13433	23806	5190	3075

资料来源:张国雄:《长江人口发展史论》,湖北教育出版社2006年版,第278页。

需要指出的是,表2.1所列示的数据基本都是根据官方户籍所录人口计算的,不可能是对当时实际人口的准确反映。其中北方的人口自西汉末期以后长期下降,这固然与北方多战乱有关,但是在经过了长期发展以后,北方的人口始终无法恢复到西汉时4000多万人的水平则令人质疑。不过,

---

① 葛剑雄:《中国人口史(第一卷)·导论、先秦至南北朝时期》,复旦大学出版社2002年版,第191页。

就反映南北人口分布的长期变化而言，表 2.1 所显示的信息是有参考价值的。

虽然早期人类在中国的分布十分广泛，但是至少从文明开创开始，以黄河中下游为代表的北方地区长期是中国政治、经济、文化的中心。反映在人口上，至少在唐代中期以前，北方的人口始终占据优势。西汉元始二年（公元 2 年）的数据显示，北方的人口占比可能超过 71%。这一比例此后开始下降，但很长一段时间内一直高于 50%。到了唐宋之际出现了转折，南方的人口首次超过了北方。在公元 12 世纪初，南方（包括岭南三省）的人口占比达到了 63% 以上。清道光三十年（公元 1850 年），南方的人口已经占到了当时中国人口的 75%。图 2.3 反映了中国人口空间分布的长期变化。

（单位：%）

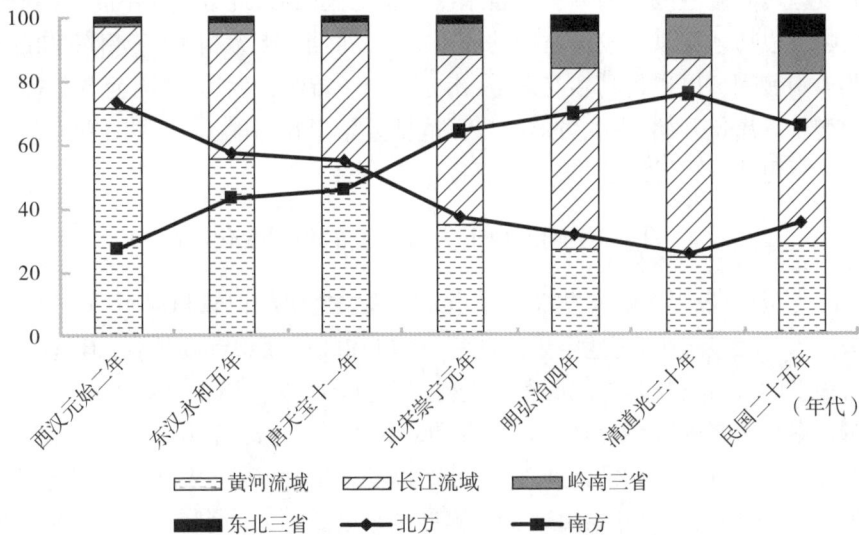

图2.3 中国历史上人口分布的长期变化

资料来源：张国雄：《长江人口发展史论》，湖北教育出版社 2006 年版，第 279 页。

中国历史人口空间分布的这种变化首先与南方人口的快速增长有关。西汉元始二年，南方的人口合计可能只有 1500 万人左右，此后经过两汉、三国、两晋、南北朝时期对南方地区的持续开发，其人口峰值估计也只有 2000 万人左右。[①] 但是到了北宋时期，南方的官方户籍人口至少就

①　葛剑雄：《中国人口史（第一卷）·导论、先秦至南北朝时期》，复旦大学出版社 2002 年版，第 465—469 页。

在 5000 万人以上(见表 2.1)。南方人口的增长很大程度上是南方经济社会发展的结果。但在这期间,北方移民也是南方人口增长的一个重要来源。中国历史上由北向南的人口大迁移自史前传说时期就已经开始了。秦汉以来,大的迁移有三次,分别是晋—南北朝时期、唐—五代时期以及两宋之际。永嘉之乱后,北方士人掀起了"衣冠南渡"的第一次高潮,到大明年间(457—464 年),北方移民及其后裔总数至少在 200 万人左右[①];唐末五代时期,为躲避北方战乱,南迁的移民估计在 400 万人[②];北宋"靖康之难"后第二次"衣冠南渡"迁到南方的人口将近 600 万人[③]。

其次,北方的人口增长赶不上南方也是一个重要原因。秦汉以后到唐代之前的几百年里,北方人口增长基本处于停滞状态。这其中的原因很大程度上可归结于战乱的频仍。自东汉黄巾之乱以后,北方战火不断,直到唐代建立以后才迎来了较长时期的和平。这一时期,南方相对比较平静,其间北人南渡荆扬以避战乱多有发生,南方得到了持续开发,人口因而有了很大的增长。唐代开始,南北方的人口可能都开始了新的增长,但是南方的人口增长得更快,这是被人口史学家所普遍认可的。

四、中国历史上人口密度的长期变化

先秦时期,尽管有一些关于某个地区人口密集的记载和描述,但是总的来说当时人口稀少,土地空旷。此后,人口和疆域面积都在扩张,但是中国历史上的人口增长与疆域面积的变化关系并不大。[④] 历史上的人口主要分布在秦代奠定的疆域之内。战国早期,中国的人口密度为 3.2 人/平方公里,此后一直增长,但是直到唐代,可能也没有超过 10 人/平方公里的水平。唐以后,中国的人口开始出现了大幅度的增长,人口密度随之提高,到了明代中晚期,达到了 15.6 人/平方公里,1820 年时可能已经超过了 42 人/平方公里。图 2.4 是对历史上人口密度长期变化的直观描述。需要注意的是,由于人口并没有均匀分布在国土上,而人口增长又主要发生在传统农耕区,因此传统农耕区的人口密度要比全国平均数值大得多。例如,明代万历

---

① 葛剑雄:《中国移民史》(第二卷),福建人民出版社 1997 年版,第 412 页。
② 张国雄:《长江人口发展史论》,湖北教育出版社 2006 年版,第 54 页。
③ 张国雄:《长江人口发展史论》,湖北教育出版社 2006 年版,第 68 页。
④ 葛剑雄:《中国人口史(第一卷)·导论、先秦至南北朝时期》,复旦大学出版社 2002 年版,第 209 页。

时期,南方农耕区的人口密度为 41 人/平方公里,北方则达到了 48 人/平方公里。[①] 这是一个特别值得注意的指标。考虑到南北方的人口空间分布变化过程,可以推断,唐代以后北方的人口增长主要是给定地理空间内的增长,而南方的人口增长则至少在明代晚期以前都伴随着领土扩增的过程。事实也确实如此。黄河流域许多地区在秦汉时期已经得到了充分开发,人口密度已经达到了很高的水平。例如,西汉元始二年,长安、茂陵、长陵三县的人口密度已高达 1000 人/平方公里。[②]

（单位：人/平方公里）

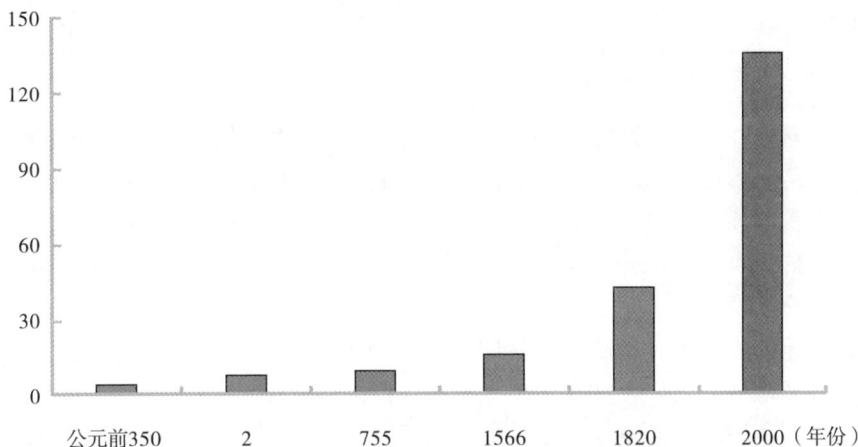

图 2.4　公元前 350—2000 年中国历史上人口密度的长期变化

资料来源:张善余:《中国人口地理》,科学出版社 2003 年版,第 22 页。

　　中国的人口增长和人口分布情况也可从人口密度的分布得到反映。表 2.2 展示了不同时期不同人口密度所占全部土地面积的比例。例如,公元前 4 世纪中叶,62.8% 的土地上的人口密度小于 1。到了西汉末年,这一比例下降到了 47.7%。此后,这一数值缓慢下降,直到明代中晚期,还高达 41% 以上。而且经过清代大规模的人口增长后,人口密度小于 1 的土地占比仍然高达 39%。在明代万历以前,人口密度大于 300 人/平方公里的区域只占总土地面积的 0.7%,而到了 1820 年,这一比例上升到了 5.8%。

----

① 路遇、滕泽之:《中国人口通史》,山东人民出版社 1999 年版,第 717 页。
② 葛剑雄:《中国人口史(第一卷)·导论、先秦至南北朝时期》,复旦大学出版社 2002 年版,第 491 页。

表2.2　中国历史上不同时期的人口密度分布　（单位：%）

人口密度 （人/平方公里）	前350年	2年	755年	1566年	1820年
大于300	—	—	—	0.7	5.8
(100,300]	—	2.1	1.6	5.8	12.1
(50,100]	1.7	2.2	4.2	7.5	10.2
(10,50]	5.6	9.8	13.0	17.8	8.6
(5,10]	1.3	4.4	14.4	6.1	5.5
[1,5]	28.6	33.8	24.5	20.6	18.8
小于1	62.8	47.7	42.3	41.5	39.0

资料来源：张善余：《中国人口地理》，科学出版社2003年版，第22页。

　　对表2.2反映的情况的一个合理解释是，古代中国的人口增长主要发生在传统农耕区，新开辟的疆域或土地对人口增长的贡献并不大。由于人口及其增长并不是均匀分布在土地上面的，而秦汉以后的开疆拓土主要发生在传统农耕区以外的偏远地区，不宜农耕，因此按土地平均以后，人口密度分布的变化就不是很明显。但是，就给定的某个地区而言，人口密度的变化可能更为显著。以唐宋之后中国发展最为突出的江浙地区为例，可以发现有些地区的人口密度在历史上发生了巨大的变化。

　　图2.5是对江浙沿海地区历史人口密度的描述。从中可以发现，唐代之前，江浙沿海地区的人口密度都不足20人/平方公里。从唐代开始，这一地区的人口有了显著增长。唐天宝年间，每平方公里人口数突破了50人，北宋末年超过了100人，元末时已经接近350人，明清两代都维持在500人以上。

　　从中国历史上人口密度的长期变化来看，唐宋时期是一个"分水岭"。此前，人口密度变化并不大，此后有了显著增长。此外，表2.2和图2.4、图2.5共同说明，全国范围内人口密度的增长主要得益于南方人口的增长。因为北方开发较早，且其传统农耕区在早期就得到了普遍开发，因而在两汉时期就达到了较高的人口水平，此后的人口增长速度就开始逐渐被南方超过。隋唐以后，南方开始超过北方，无论是在人口规模还是在人口增长上，其对整个中国的贡献都要大于北方。

第二节　中国历史上人口增长与经济演进的特征分析

　　中国历史上的人口增长留给人们的印象实际上是比较直观的。从数量

（单位：人/平方公里）

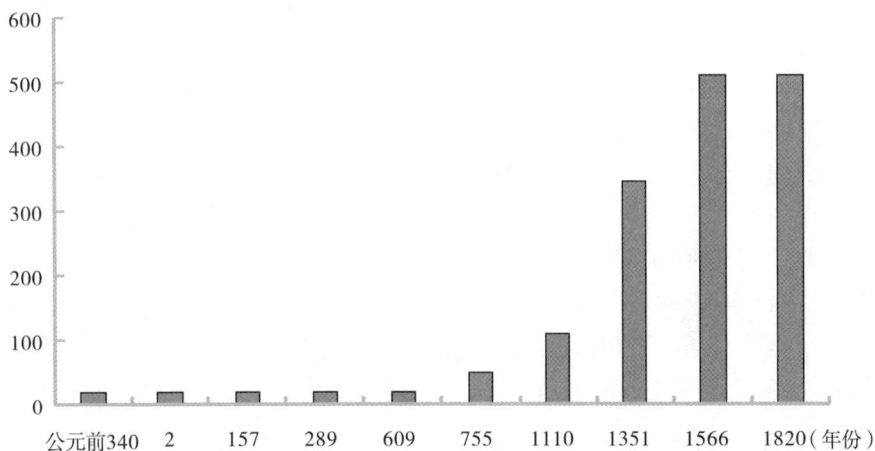

图 2.5　公元前 340—1820 年历史上江浙沿海地区人口密度的变化

资料来源:基础数据来源于路遇、滕泽之:《中国人口通史》,山东人民出版社 1999 年版,"中国历史人口分布图"一至十一。

上看,从西汉到唐代,人口增加得并不多;从宋代开始有了较大增长,在突破1 亿人口大关以后,明代高峰时期超过了 1.5 亿人,清一代则连续突破 2 亿人、3 亿人和 4 亿人。因此,中国 17 世纪以后的人口增长似乎特别引人注目。从人口地理分布来看,秦汉以降,南方的人口比重虽然持续上升,但北方长期是古代中国人口和经济的重心。唐宋之际是南方人口超过北方人口的关键时期。自此之后,北方似乎永远地失去了其在人口规模上相对于南方的优势。这些都是被人们所熟知的一些历史事实。下面将通过比较分析来发现一些隐藏在上述事实背后的值得探讨的问题。相关的比较将在经济增长的视角下展开,由此我们更容易发现人口增长差异的经济背景及其产生的经济影响。

一、历史人口增长的空间差异

　　罗马帝国横跨地中海,从地理学上讲,并非严格意义上的欧洲国家。但是古罗马文明是欧洲文明最为重要的部分之一,承载着古代欧洲的辉煌,是欧洲历史不可或缺的一部分。罗马帝国全盛时,面积约 350 万平方公里,人口约 7000 万人。[1] 同时期的汉帝国,人口主要分布在阴山—辽河以南,青

---

[1]　[法]德尼兹·加亚尔、贝尔纳代特·德尚、J.阿尔德伯特等:《欧洲史》,蔡鸿宾、桂裕芳等译,人民出版社 2010 年版,第 107 页。

藏高原和横断山脉以东约 300 多万平方公里的土地上①,数量也在 7000 万人左右。② 二者相差无几,中国并不比西方世界具有人口上的优势。不过罗马帝国横跨亚非拉,其欧洲部分的人口可能并没有那么多。当然,北欧和东欧的许多地方并不属于罗马帝国,其人口也不可能计算在内。

罗马帝国崩溃以后,欧洲的历史舞台由地中海开始转移到了西北欧,其人口长期小于中国。7 世纪初,欧洲的人口在 2600 万人左右,到 1000 年的时候增加到了 3600 万人。此后三个世纪,欧洲的人口有了较大增长。14 世纪初达到了 8000 万人。但是直到 17 世纪,欧洲的人口才突破 1 亿人。农业革命和工业革命相继开始后,欧洲的人口出现了迅猛增长,在一百多年的时间里从 18 世纪的 1.2 亿人增长到了 19 世纪中叶的 2.5 亿人。③ 即便如此,与各个时期中国的人口相比,欧洲都相差甚远。图 2.6 展示了中国和欧洲长期人口增长情况。

欧洲的面积与今日中国的面积几乎相等,而且其内部没有浩瀚无边的沙漠和荒原,适宜人居的土地要远比中国多。罗马帝国曾在其 350 万平方公里的领土上供养过 7000 多万人的庞大人口,但是在其崩溃以后,直到近代早期以前,欧洲历史的后继者再也没能创造过这样的辉煌。如果只看到数值上的大小,即中国人比欧洲人多,那么即使对此给出了满意的解释,其意义也不会太大。中国和欧洲人口增长的差异对后来各自发展路径的影响是非常大的,这一点我们已经在导论部分有所交代。一些试图解释中国近代未能走上资本主义道路的研究都将明清"江南地区"和英国的"英格兰—威尔士"地区相比较,以便发现一些有价值的线索。这里以中国江南地区和英国的英格兰—威尔士地区为例,来进一步说明人口增长的差异及其经济意义。

英格兰和威尔士加起来有 15 万平方公里。1500 年,该地区人口为 375 万人,1600 年为 425 万人,农业革命开始时的 18 世纪初有 575 万人,工业革命开始时的 1750 年大约有 600 万人。④ 据此计算,英格兰—威尔士地区 1600 年的人口密度为 28 人/平方公里,18 世纪初为 38 人/平方公里,1750

---

① 葛剑雄:《中国人口史(第一卷)·导论、先秦至南北朝时期》,复旦大学出版社 2002 年版,第 183 页。

② 此外,麦克伊韦迪和琼斯提供的数据显示,公元 200 年,罗马帝国的人口约 4600 万人,汉帝国的人口在 5000 万人,二者相差并不悬殊。见[英]科林·麦克伊韦迪、理查德·琼斯:《世界人口历史图集》,陈海宏、刘文涛译,东方出版社 1992 年版,第 10 页、第 198 页。

③ 这一段有关欧洲的人口数据来源于[英]科林·麦克伊韦迪、理查德·琼斯:《世界人口历史图集》,陈海宏、刘文涛译,东方出版社 1992 年版,第 10、12、15 和 19 页。

④ [英]科林·麦克伊韦迪、理查德·琼斯:《世界人口历史图集》,陈海宏、刘文涛译,东方出版社 1992 年版,第 36 页。

（单位：百万人）

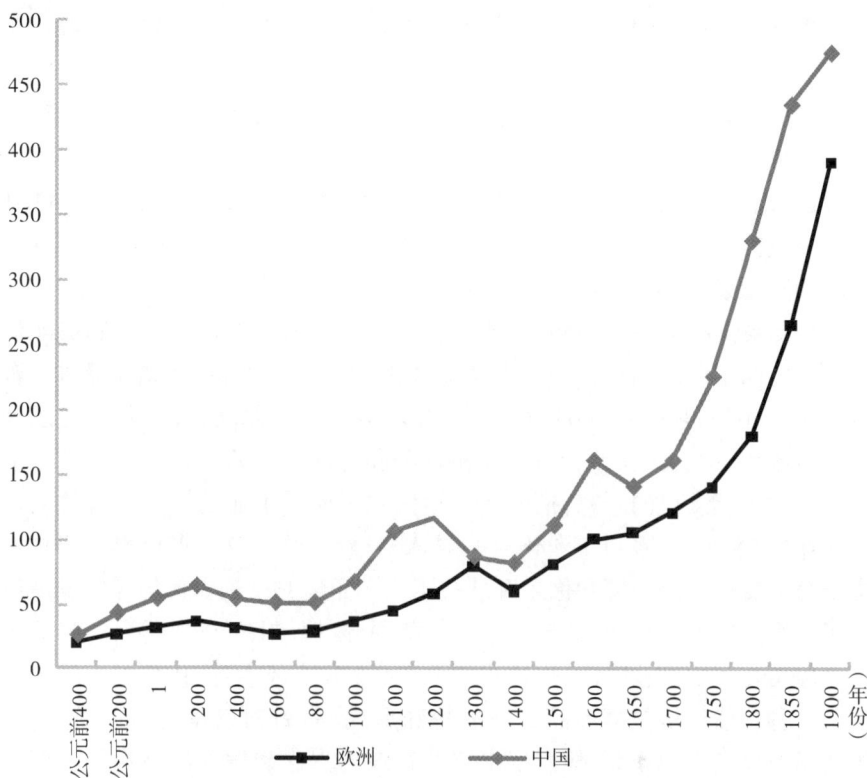

图 2.6 公元前 400—1900 年中国、欧洲的人口增长

资料来源:［英］科林·麦克伊韦迪、理查德·琼斯:《世界人口历史图集》,陈海宏、刘文涛译,东方
出版社 1992 年版,第 8 页、第 192 页。

年为 40 人/平方公里。

根据李伯重的定义,明清"江南地区"包括当时苏、松、常、镇、应天（江宁）、杭、嘉、湖八府及由苏州府划出的太仓州,即八府一州,面积约 4.3 万平方公里。① 1620 年,江南的人口据估算为 2000 万人左右,1850 年为 3600万人。② 由此计算,17 世纪初江南地区的人口密度为 465 人,是差不多同时期英格兰—威尔士地区的 16 倍多,是农业革命开始时后者的 12 倍、工业革命开始时的 11 倍。其中的含义是不言而喻的。明清江南的农业和早期工

---

① 李伯重:《多视角看江南经济史（1250—1850）》,生活·读书·新知三联书店 2003 年版,第 449 页。

② 李伯重:《多视角看江南经济史（1250—1850）》,生活·读书·新知三联书店 2003 年版,第 126—127 页。

业即便再发达,也不可能比英格兰—威尔士地区农业革命或工业革命开始时领先这么多,更何况明清江南是否确实领先 1700 年后的英格兰—威尔士还是值得怀疑的。

由此引发的经济后果在商业性质上有明显的表现。张卫良指出,1500—1750 年,英国仍是一个农业社会,但却是一个商业化了的农业社会,无视这一点就无法解释英国是如何从农业社会一步跨越到工业社会的。① 而这一点恰恰是被许多研究江南经济史的学者所忽视的。他们只看到江南商业的总量繁荣,却没有深究这种繁荣的性质及其背后的原因与其他社会,尤其是与英国有何根本不同(梁小民,2014)。吴松弟教授为此特别提醒研究者注意两宋以后的经济发展与人口增长之间的关系,指出许多看似"资本主义萌芽"的东西其实都是对人口过多增长的一种反映,与西欧的发展有着本质的区别(吴松弟,2010)。游欢孙和曹树基(2006)通过对吴江县清中叶以来市镇人口的研究,指出江南地区农民向手工业的转化具有暂时性或兼业性,实质是"乡村工业化"而非"人口城市化"。这一点也得到了技术史研究的支持。郑学檬和徐东升从技术史的角度对中国古代的经济发展给出了一个整体性的评价,即传统中国的酿酒、制糖、制酱、榨油等各行各业基本上停留在家庭副业阶段,作坊式的生产在民间并不普遍,中国的经济总体上是一种自然经济包裹商品经济的特殊形式。② 针对江南地区的纺织业、棉纺织业以及其他产业,他们指出这些行业的兴起和发展都是为了尽可能地使用劳动力,使"男女老少各尽所能",反映在生产技术上,就是在这些产业中,生产主要依靠个人的手工技艺而不是以机械为中心的技术。③

事实上,从后来的发展轨迹看,18 世纪前的江南与英格兰存在明显的差异。因为发生在英格兰的农业革命的核心就是畜力,尤其是马力的使用带来的劳动生产率的提高。在此基础上,英格兰出现了农业与工业、乡村与城市的分工与交换,进而走上了"斯密型增长"的路径。而这一时期的江南仍然沿着密集化的道路在继续发展,复种指数进一步提高,农业和手工业高

---

① 张卫良:《英国社会的商业化历史进程》,人民出版社 2004 年版,第 27 页。在该书中,张卫良对"商业化"给出了一个详细的说明。这种商业化是一种社会的商业化,是商业原则和商业行为方式在社会中的普及化,包括五个方面的内容,具体可见该书第 12 页的内容。其中有一点很重要,即人们参与市场交换的普遍目的是满足自己的需要还是获利,如果是前者,那么这个社会就不能满足商业化社会的条件。

② 郑学檬、徐东升:《唐宋科学技术与经济发展的关系研究》,厦门大学出版社 2013 年版,第 8—10 页。

③ 郑学檬、徐东升:《唐宋科学技术与经济发展的关系研究》,厦门大学出版社 2013 年版,第 228 页。

度家庭化,像英格兰那样的农业和手工业的分离、城乡分工、规模经济在江南地区并未出现。① 更为重要的是,即便我们不能就英格兰与江南地区的发展水平作出确切的评价,但有一点却是非常明确的,那就是江南在中国经济中扮演的角色完全不能与英格兰和尼德兰在欧洲所扮演的角色相比。因为江南地区即便比其他地区富裕,也未能带动整个中国的增长,无论是从实际工资还是从规模经济和产业聚集的角度来看,都是如此,"人均土地的可获取量似乎仍然对名义工资和实际工资影响很大"②。

所以到了 18 世纪,相对于欧洲,中国的问题是人口过多。这种"多"是从经济增长的角度来定义的,即面对新的技术机会和经济机会时,中国社会要么是没有足够的激励去尝试,要么就是没有足够的资源去应对。所以,伊懋可(1973)和赵冈(1986)对传统中国经济的刻画和解读即便不完美却也是真实的、重要的。

二、中国历史人口地理的"南北之争"

前文已经指出,在很长一段时间内,中国南方的人口要少于北方。而且,在秦汉时期,南北的人口数量差距还相当大。以西汉元始二年为例,其时北方人口约 4000 万人,而南方(包括岭南三省)的人口只有 1500 万人左右。这种差距的产生是因为初始人口分布和发展水平的差异引起的吗? 答案显然不是这样。

早期古人类在长江流域的分布很广泛,最早的已有 200 万年的历史。西到四川盆地,东到江南平原,北到汉水上、中游地区,南到云贵高原,都有人类的分布。先民在这一广袤区域创造的文明足可与同期的北方媲美,其物质文明也足以供养相当规模的人口,并支持其向四周扩张。③ 而且直到三代之时,也不能断定北方(华夏诸族的主要聚居地)在人口数量上就具有绝对优势。④ 因此,从人口初始分布的角度看,南方并不存在"先天性"的劣势。

公元前 9000—前 8000 年前后,长江流域和黄河流域的先民一道开始进入以磨制石器为代表的新石器时代。⑤ 长江流域发现的这一时期的遗址

① 黄宗智:《明清以来的乡村社会经济变迁:历史、理论与现实(第三卷·超越左右:从实践历史探寻中国农村发展出路)》,法律出版社 2013 年版(2017 年重印),第 2—3 页。

② [荷]扬·卢滕·范赞登:《通往工业革命的漫长道路:全球视野下的欧洲经济(1000—1800 年)》,隋福民译,浙江大学出版社 2016 年版,第 331 页。

③ 张国雄:《长江人口发展史论》,湖北教育出版社 2006 年版,第 12 页。

④ 葛剑雄:《中国人口史(第一卷)·导论、先秦至南北朝时期》,复旦大学出版社 2002 年版,第 181—182 页。

⑤ 张国雄:《长江人口发展史论》,湖北教育出版社 2006 年版,第 10 页。

有上千处。更为重要的是,远古先民在这一区域创造了诸如以"河姆渡—良渚文化"为代表的灿烂文明,说明至少在公元前 3000—前 2000 年前,南方在文明创造力上并不落后于北方(童恩正,1994)。

从农业的起源来看,中国是多源并起;就发展而言,在很长一段时间内南方和北方是并驾齐驱的。① 距今 9000 年的湖南澧县彭头山遗址是中国和世界上迄今为止发现的最早的栽培稻遗存,说明南方的稻作农业起源是非常早的。从分布上看,四川、湖北、湖南、江浙、两广、云贵、闽赣和台湾等地都发现了距今 4000 年以上的农业遗址。其中,距今将近 7000 年的河姆渡遗址第四文化层发现了几十厘米厚的大面积稻谷、稻草和稻壳的堆积物,估计原有稻谷 24 万斤。② 与中原仰韶文化晚期和龙山文化早期同时代的大溪文化和屈家岭文化显示,当地的远古居民使用石斧、石锄等石质工具从事稻作为主的农业生产。居民利用稻壳作为制陶羼入料和广泛利用稻草、稻壳掺和泥土建筑墙壁、地基的事实,表明当时的稻产已经十分丰饶。

总的来讲,无论是在人口生产还是在物质文明创造方面,南方在很长时间内与北方是相互辉映、等量齐观的。所以,南方稻作文化集团(苗蛮、淮夷、于越等)是北方草原骑兵集团兴起前唯一能与北方中原粟作文化集团(华夏诸族)相抗衡的重要力量。③ 然而,就是在这种情况下,当黄河流域快速前进时,以长江流域为代表的南方却很快"掉队"了。表现在人口上,就是经过一千多年的发展以后,南方的人口规模远远地落后于北方地区了。

在这一过程中,南方自身的发展可能遇到了技术上的"瓶颈",但这并不意味着在后来的发展中南方接触不到中原文化和北方较为先进的生产技术。相反,早在三代之时,南北的交流就已经十分频繁。中原青铜器制造中所使用的铜和锡有相当一部分就来自遥远的云南(童恩正、魏启鹏、范勇,1984)。因此,在漫长的发展过程中,南北之间完全存在技术交流和相互引进的机会,但事实却是南方依然"按照自己的节奏悠闲自然地发展"④。

很长一段时期,历史学家对人口迁移引起的技术扩散寄予厚望,往往认为南迁的中原人将北方先进的农业生产技术带到南方,促进了当地农业的发展。因此,北人南迁被认为是南方后来获得快速发展的一个重要动力。但是李伯重指出,真实的情况是北方来的客民并不熟悉南方的环境,其带来的技术也不适应南方的气候和土壤,是北方人从南方人那里学到了生产的技艺,

---

① 李根蟠:《农业科技史话》,社会科学文献出版社 2011 年版,第 23 页。
② 李根蟠:《农业科技史话》,社会科学文献出版社 2011 年版,第 9 页。
③ 李根蟠:《农业科技史话》,社会科学文献出版社 2011 年版,第 23 页。
④ 张国雄:《长江人口发展史论》,湖北教育出版社 2006 年版,第 13 页。

而不是相反。① 实际上，戴蒙德提出了一个非常有名的见解，即农业生产技术在东西方向上的传播要比南北方向上成功得多，背后的因素主要是指气候等地理环境对技术适用性的限制。② 这是对前工业时期人类发展的真知灼见。

事实上，传统农业的发展在很大程度上受到地理因素的限制。地理特征决定了南方很早就开始了水稻种植，在能找到较为优越的原始生产环境的条件下，南方可以创造出与北方"麦粟区"相比拟的文明和人口。但是，北方的土壤以黄土为主，土质均匀、细小、松散、易碎，又以温带季风气候为特征，降雨较少，一年生植物分布广泛，林木不易复生，开垦和耕种都较容易。③ 而南方水网密布，林木茂盛，在较为低下的技术水平下，开辟新的土地的难度相当大。因此，在文明开始后很长一段时期内，南方所受到的地理因素的限制要比北方大得多（童恩正，1989、1994）。只有当技术积累足以克服南方的不利条件之后，南方潜在的自然优势才得以显现。④ 以作物品种为载体、以复种指数提高为特征的技术进步带领南方在短短几百年内就超越了北方历经千年积累而奠定的经济和人口优势。

古人对土壤等级认识的变化，正是这一漫长发展过程的直接体现。在《禹贡》对全国土地等级的划分中，北方的雍、冀、兖、青、豫是"上上""上中"和"中上"，而南方开发较好的荆、扬二州却是"厥田下下"。岂料，两千年过后，到了两宋时期，便有了"湖光熟，天下足"的说法，彻底颠覆了早期先民的传统认知。南方和北方的发展，正是地理条件、人口增长和技术进步互动的一个鲜明例证。

三、"两税法"前后中国人口增长和经济增长的比较

唐德宗建中元年（780 年），宰相杨炎推行"两税法"（以下简称"两税"），开启了中国税制史上的一次重要变革，对中国历史的演进产生了深

---

① 李伯重：《唐代江南农业的发展》，北京大学出版社 2009 年版，第 46—47 页。

② ［美］贾雷德·戴蒙德：《枪炮、病菌与钢铁》，谢延光译，上海译文出版社 2000 年版，第 179 页。要全面理解这一点，需要完整阅读戴蒙德的这本著作，尤其是第十章的内容。韩茂莉对戴蒙德的观点做了一些补充。在她看来，农业文明在东西方向上的传播可能具有世界意义，但是就中国内部而言，南北之间的技术传播可能更为重要。这其中的原因在于，降水的影响要比气温更大。见韩茂莉：《中国历史农业地理》，北京大学出版社 2012 年版，第 22 页。不过这个观点并不与戴蒙德的观察相抵触。因为从农业起源及其后传播的过程来看，即使在中国内部，东西方向上（沿河、沿江）的传播肯定要比南北方向（跨河、跨江）更为容易。只不过东西方向上的传播很快就完成了，所以文明史上留下来的主要是南北之间技术传播的资料。然而，无论如何，二者都说明了地理环境对人类农业活动的限制性影响。

③ 王星光、张新斌：《黄河与科技文明》，黄河水利出版社 2000 年版，第 23 页。

④ 李根蟠：《农业科技史话》，社会科学文献出版社 2011 年版，第 24 页。

远影响。因此,许多历史学家将"两税法"的实施看作古代史分期的一个标志性事件。在"两税法"实施以前的一千年里,中国的人口高峰从西汉时的6000万人上升到了盛唐时的约7400万人①,增长了不到1/4。而在"两税法"实施以后的千年里,中国古代的人口由北宋的1亿多人上升到了晚清时的4亿多人,增长了3倍。此前,人们将宋代以来的人口增长归因于技术进步和经济发展。这当然是有道理的。但从经济增长史的视角来看,"两税"前后的人口增长存在根本性的差异,技术进步和经济发展并不能完全解释这一时期的宏观人口行为。

就粮食亩产量而言,汉代每市亩为264市斤,唐代增长为334市斤,清代则达到了367市斤。② 增速尽管有些缓慢,但增长却是肯定的。③ 然而,人均粮食占有量和每一劳动力粮食生产量的增长却表现出了不同的趋势。图2.7表明,从汉代到唐代,人均粮食占有量和劳动生产率都是上升的,但是从宋代开始出现了逆转,这两个数字都表现出了长期下降的趋势。④

人均粮食占有量和劳动生产率的下降不是由于耕地减少引起的。因为宋代以后经济发展的一个突出表现就是耕地面积的扩大(如图2.8所示),

---

① 路遇、滕泽之:《中国人口通史》,山东人民出版社1999年版,第404页。

② 吴慧:《中国历代粮食亩产研究》,农业出版社1985年版,第194页。

③ 蒙文通认为,唐宋的亩产量较两汉增长了1倍,明清又在唐宋的基础上增长了1倍。见蒙文通:《中国历代农产量的扩大和赋役制度及学术思想的演变》,《四川大学学报》1957年第2期。张仁杰指出,自秦汉以降,历代文献中的粮食亩产量多是1石,但由于古代的"石"一直在增大,因此可推知粮食亩产量一直是增长的。见张仁杰:《汉唐粮食亩产反映的度量衡问题》,《古今农业》2009年第2期。

④ 关于历代粮食劳动生产率和人均粮食占有量史学界并没有统一的认识,但是李维才认为,就长期比较而言,吴慧先生提供的数据是有参考价值的。此外,侯建新指出,唐代的人均粮食占有量和人均产出是历代最高的,要远高于明清。许济新和吴承明认为,从宋代到明代,劳动生产率的变化不大,但到了清代则是明显下降了。当然也存在不同的观点。例如,李伯重的研究表明,江南地区宋明时期的农业劳动生产率是提高了。孔庆峰认为中国古代农业生产率的高峰在明代,清代则下降到了比汉唐还低的水平。总的来说,史学界关于明清时期劳动生产率出现了下降这一点的共识度要高一些。这里的关键是如何评价宋代的人均产出和人均粮食占有量。吴松弟教授从人口史角度对宋代经济作出的评判有助于我们从另外一个角度认识宋代的粮食生产问题。作者发现,宋代商业和手工业发达的地区大多是人口众多、耕地短缺的地区,因此我们不能将宋代的繁华简单等同于农业劳动生产率的发展。见李维才:《唐代粮食问题研究》,山东大学2011年博士学位论文;侯建新:《新视角:资本主义起源再探讨》,《史学理论研究》2013年第3期;许济新、吴承明:《中国资本主义发展史(第一卷)·中国资本主义的萌芽》,社会科学文献出版社2007年版,第34—35页、第152—153页;李伯重:《多视角看江南经济史(1250—1850)》,生活·读书·新知三联书店2003年版,第21—96页;孔庆峰:《简论中唐以来传统农业的要素生产率》,《文史哲》2002年第6期;吴松弟:《从人口为主要动力看宋代经济发展的限度兼论中西生产力的主要差距》,《人文杂志》2010年第6期。

（单位：斤）

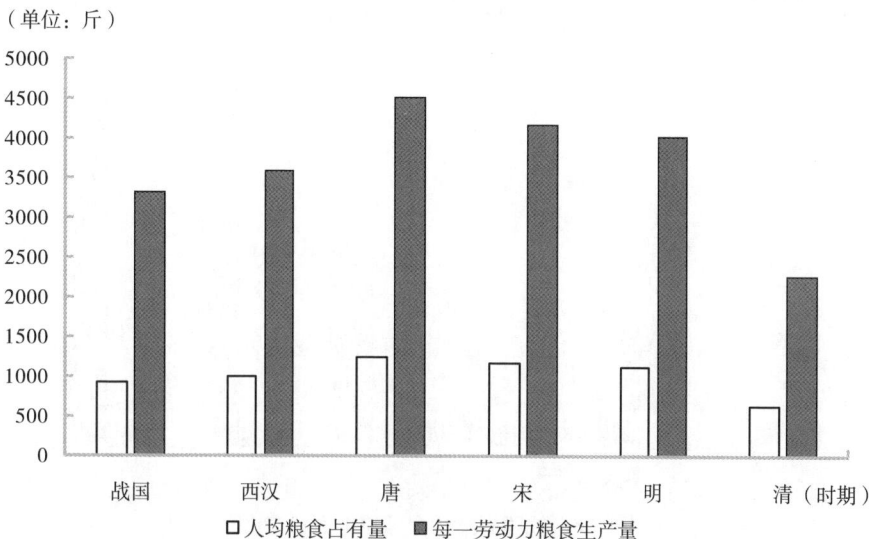

图 2.7　战国以来人均粮食占有量和劳动生产率的变化

资料来源：吴慧：《中国历代粮食亩产研究》，农业出版社 1985 年版，第 195 页。

它对粮食总产量增长的贡献可能超过了 55%。[1] 这与从宋代开始的技术进步，尤其是作物品种的引进和改良有关。[2] 人均粮食占有量和劳动生产率的下降主要是人口增长导致的。事实上，就人均粮食耕地面积而言，汉唐两代并没有大的变化，基本维持在 3.76 市亩左右；但是从宋代开始，人均粮食耕地面积从 3.75 市亩一直下降到了清代中晚期的 1.71 市亩[3]，而粮食亩产量在这一时期只增加了 58 市斤。[4]

　　以上是根据人均粮食变化对"两税法"前后人口增长与经济增长所做的一个描述。通过人均粮食占有量和劳动生产率刻画的中国宋代以来的经济增长情况与量化史学对中国历史 GDP 的测算结果比较一致（Broadberry，Guan 和 Li，2018）。这两个方面的研究都清楚地表明，自宋代开始，中国并

---

① ［美］珀金斯：《中国农业的发展（1368—1968 年）》，宋海文等译，上海译文出版社 1984 年版，第 30 页。

② ［美］何炳棣：《明初以降人口及其相关问题：1368—1953》，葛剑雄译，三联书店 2000 年版，第 199—228 页。

③ 关于人均耕地面积，赵冈和陈钟毅提供的历代数据的值要大一些，但变化趋势是完全相同的。见赵冈、陈钟毅：《中国土地制度史》，新星出版社 2006 年版，第 116 页。此外，即便是对宋代垦田成就给予极高评价的历史学家也不得不承认宋代的垦田赶不上人口增长。见漆侠：《中国经济通史·宋代经济卷》，经济日报出版社 1999 年版，第 79 页。

④ 吴慧：《中国历代粮食亩产研究》，农业出版社 1985 年版，第 194—195 页。

（单位：亿市亩）

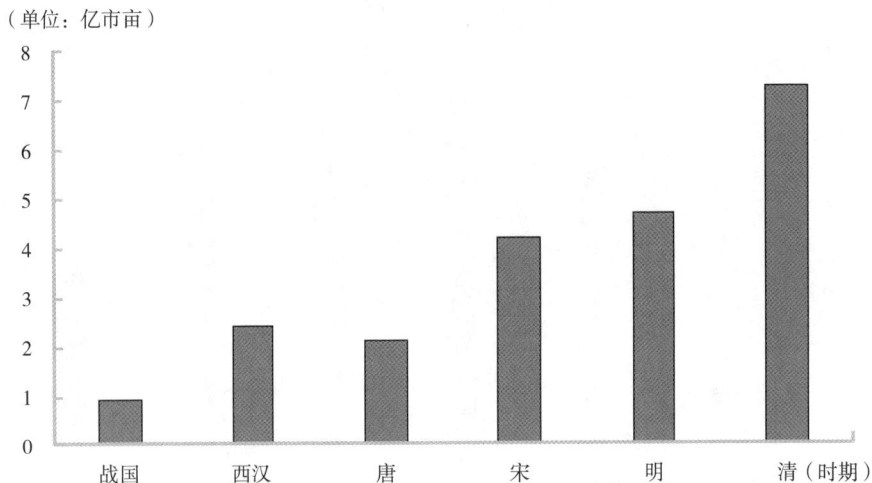

图 2.8 战国到清代全国耕地面积变化

资料来源：吴慧：《中国历代粮食亩产研究》，农业出版社 1985 年版，第 195 页。

未出现持续的经济增长，相反到了帝国晚期，以人均收入衡量的经济增长出现了长期下降的趋势。甚至到了 1850 年，中国的人均 GDP 还不到 1020 年的 60%（Broadberry、Guan 和 Li，2018）。这也得到了来自历史人口统计学方面研究成果的支持。巴腾等（Baten 等，2010）利用现存的真实工资、身高和年龄堆积（age-heaping）数据分析了 18—20 世纪中国人的生活水平和人力资本积累，发现中国的生活水平和人力资本在 18、19 世纪存在持续下降的趋势。

虽然缺少有关能够直接度量宋代以前经济发展情况的量化数据，但是这并不妨碍我们对中国历史上的经济增长给出一个大体可靠的整体性判断。这是因为经济增长有一个基本规律：如果现在正处于较高的发展水平，那是因为前期经历了较长时间的增长。这一点对于传统农业经济时期而言尤为肯定。宋代的经济发展在中国历史上是史学界公认的一个高峰，这只能说明在宋代以前，中国经历了较长时间的经济增长。结合宋代以后的经济发展情况，可以肯定，唐宋之际，中国的经济增长路径确实出现了一个明显的转折。

很明显，无论是亩产量和耕地面积透漏的信息，还是根据历史人均 GDP 作出的合理推断，都表明从汉代到唐代这一千年间技术和经济也有很大的发展，但是此一时期的人口增长并未抵消掉技术进步的成果，劳动生产率和人均收入都有较大的提高；然而，两宋以后的人口增长则完全吞噬掉了技术进步带来的新增产出,并使劳动生产率和人均收入出现了下降(李稻葵、金星晔和管汉晖,2017)。简单地讲,"两税"前后人口增长的差异在于前期的人口增长低于总产出的增长,因此人均收入仍然能有一定程度的提高,而后期人口增长却保持了与总产出相同甚至更快的增长速度,最终导致了人均收入的长期下降。而这是不能由技术进步的变化来解释的。

那么,"两税"前后为什么会成为中国人口史的"分水岭"呢? 显然,就理解传统中国经济的长期演进而言,准确识别出人口增长在时间上的这一特征,并对其作出合理解释是非常必要的。因为至少从秦汉到"两税法"以前,中国的人口增长并不显著,但同期的技术进步和经济发展的成就却是显而易见的;但宋代以后人口增长引起的后果是非常不利于经济的持续发展的。因为人地比例的持续恶化,牛耕在许多地方消失了,农业机械和生产工具方面的进步长期处于停滞状态,人均收入并没有随着人口和密集化技术的发展而有所提高,在后期还有可能下降了。由此造成的经济发展过密化以及社会脆弱性对政治社会结构变革所带来的不利影响已经被研究者注意到了(黄宗智,2000a、2000b;Brandt、Ma 和 Rawski,2014)。

四、世界历史上的人口增长和经济增长

前文从时间上比较了"两税法"前后中国的宏观人口行为,接下来将在全球视野下对中国和西欧两个经济体历史上的人口增长与经济增长进行综合考察。前文已经指出,公元元年开始后的第一个千年里,中国的人口峰值从此前西汉时的 6000 多万人上升为盛唐时的 7400 万人左右,在这一千年里增长了不到 24%。从 1000 年到 1840 年,人口峰值由此前的不到 8000 万人增长到了 4 亿多人,在不到一千年的时间里增长了 4 倍多。中国历史上的人口增长与疆域面积变化的关系并不是很大①,因此中国人口的变化基本反映了固定土地上可承载的人口数量的变动。其中,耕地的增加为土地供养更多的人口贡献颇多②,但是依据何炳棣的观点,中国历史上耕地数量

---

① 葛剑雄:《中国人口史(第一卷)·导论、先秦至南北朝时期》,复旦大学出版社 2002 年版,第 196—209 页。

② 珀金斯估算,在 1400—1770 年,耕地增加对粮食总产量增加的贡献约为 55%。见[美]珀金斯:《中国农业的发展(1368—1968 年)》,宋海文等译,上海译文出版社 1984 年版,第 30 页。

的增加更多地反映了技术进步的成果。① 因此,人口增长的长期趋势基本上反映了古代中国技术进步的情况。如果以人口增长来衡量技术进步或是经济绩效,中国自宋以来经历了显著增长。

从经济总量的比较来看,中国和西欧的增长趋势在很长一段时间内是一致的,即便西方开始了工业革命以后,这一特征在一段时期内也没有发生变化。图2.9描绘了中国和西欧经济总量的长期变化。从中可以看出,除了明末清初时的短暂波动以外,到19世纪前叶,中国与西欧的增长趋势几乎是完全相同的。部分原因是第一次工业革命对经济的影响似乎不如此前历史学家估计的那样大,1760—1830年,总产出的年增长率的最低估计只有0.6%(Voth,2003)。

然而,就人均收入而言,麦迪森的跨国研究表明,自1700年以来中国就已经开始落后了。② 不过,有一些学者认为这些数据夸大了工业革命以来欧洲出现的增长,真实的人均收入的变化在这一时期并不显著(Jones,1988;Voth,2003;Clark,2010)。彭慕兰(2003a)则肯定地指出,中西方发展的分野发生在19世纪,而不是更早的1750年。统一增长理论继承了这一观点。盖勒(2005、2007)指出,在19世纪末开始人口转变之前,西方世界依然处于马尔萨斯的阴影之中,技术进步与人口增长同步发展,只是当生育率开始出现较大幅度的下降以后,西方主要工业国家的人均收入才出现了快速增长。这一观点得到了越来越多的经济史学家的支持。莫基尔(2008)在对19世纪的技术进步做了详细介绍后,评价道:"尽管取得了长足进步,人们还是认为19世纪的技术……最终未能让人类脱出贫穷这个苦海。"③其中的原因也非常直观,那就是在此期间人口也出现了快速增长,产出增加和生产率提高的成果都被人口稀释掉了(Voth,2003)。因此,即使在发展水平上超越了中国,但是在19世纪中期以前,西欧的经济增长依然

---

① 见[美]何炳棣:《明初以降人口及其相关问题:1368—1953》,葛剑雄译,三联书店2000年版,第199—228页。如果我们将技术进步理解为罗默提出的"中间品"种类的增加(见Romer,P.M.,"Endogenous Technological Change",*Journal of Political Economy*,Vol.98,No.5,1990,pp.71-102),那么农作物品种的增加就可以被看作农业技术进步的一个重要表现。何炳棣认为,中国历史上农业的发展主要表现为新作物品种对劣质土地的征服,并对宋以来新作物征服劣质土地,尤其是"占城稻"对南方旱地和山地的"攻掠"过程进行了较为详细的介绍。李伯重认为"占城稻"的意义并不如此前经济史学家估计的那样大,但是他同时提到其他水稻品种的出现对于宋以来农业发展具有重要影响。见李伯重:《多视角看江南经济史(1250—1850)》,生活·读书·新知三联书店2003年版,第50—56页。

② [英]安格斯·麦迪森:《中国经济的长期表现:公元960—2030年》,伍晓鹰、马德斌译,上海人民出版社2011年版,第21页。

③ [美]莫基尔:《富裕的杠杆:技术革新与经济进步》,陈小白译,华夏出版社2008年版。

（单位：1990年国际元）

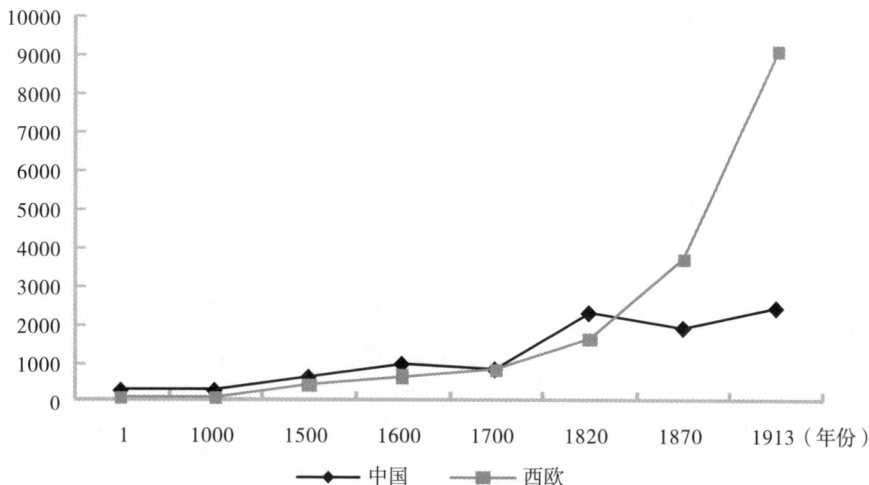

图 2.9　1—1913 年中国和西欧 GDP 的长期增长

资料来源：[英]安格斯·麦迪森：《世界经济千年史》，伍晓鹰等译，北京大学出版社 2003 年版，第 259 页。

带有马尔萨斯经济的一些典型特征。一个突出表现就是人口与收入仍然保持着同步增长的关系，盖勒（2005）称之为"后马尔萨斯阶段"（Post-Malthus Regime）[1]。图 2.10 反映了中国和西欧人均收入长期变化的情况。

此外，布劳德伯利、管汉晖和李稻葵（2018）对中国自宋代以来的历史 GDP 进行了测算，并与欧洲内部不同国家的发展情况进行了比较。图 2.11 直观展示了 980—1850 年中国和欧洲几个主要经济体的人均收入变化情

[1]　克拉克非常肯定地指出，尽管发展水平差异很大，但是直到 19 世纪前期，整个世界范围内都没有出现持续向上的经济发展迹象，仍然处在典型的"马尔萨斯陷阱"之中，技术突破带来的收入的短暂上升都不可避免地被随之而来的人口增长吞噬掉了。见 Clark, G., *A Farewell to Alms*：*A Brief Economic History of the World*，Princeton：Princeton University Press，2007。在一篇有关英国 1200—1800 年农业发展的论文中，克拉克再次报告了类似的结论。见 Clark, G., "The Macroeconomic Aggregates for England, 1209 – 1869"，*Research in Economic History*，Vol.27，2010，pp.51-140。但是克拉克的观点遭到了一些学者的强烈反对。布劳德伯利等对克拉克研究中的诸多假设——如不变的年工作时间，不考虑地区差异的单位耕地和牧场产出等——提出了严厉的批评，认为克拉克虚构了一个所谓"马尔萨斯幻觉"（Malthus Delusion）。但是，布劳德伯利等并不否认人口与收入同步增长的事实，只是认为人口的增长并未阻止欧洲社会从近代早期开始出现缓慢的经济增长。见 Broadberry, S., Campbell, B.S., Klein, A., and Van Leeuwen, B., "Clark's Malthus Delusion：Response to 'Farming in England 1200-1800'"，*Economic History Review*，Vol.71，No.2，2018，pp.639-663。

（单位：1990年美元）

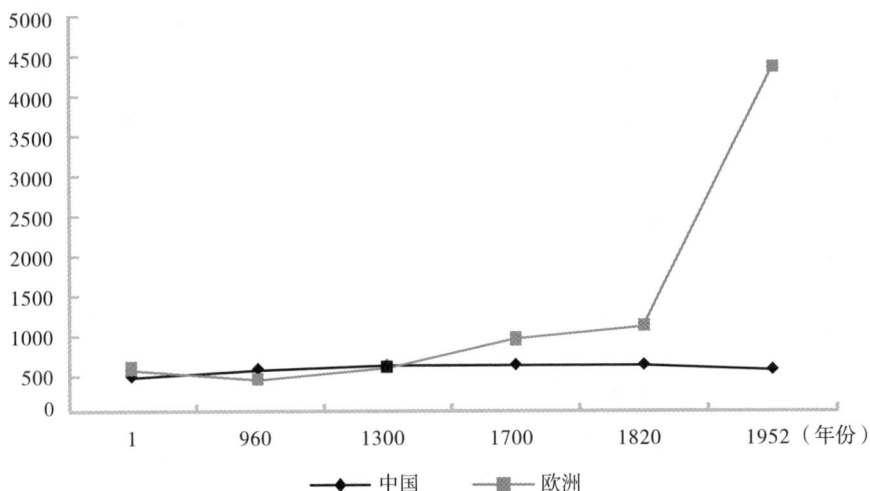

图 2.10　1—1952 年中国和西欧人均收入的长期变化

资料来源：［英］安格斯·麦迪森：《中国经济的长期表现：公元 960—2030 年》，伍晓鹰、马德斌译，
　　上海人民出版社 2011 年版，第 21、39 页；欧洲不包括苏联和土耳其。

况。从中可以发现，在 13 世纪以前，中国的经济发展在世界范围内可能都
处于比较高的水平，但是到了 14 世纪就落后于当时的意大利了，不过仍然
领先于包括英格兰、荷兰在内的其他欧洲国家。"黑死病"以后，欧洲的人
均收入出现了普遍增长，虽然中国也迎来了其帝国历史上的最高发展水平，
但是从人均 GDP 的比较来看，当时欧洲的几个主要经济体，如英格兰、荷
兰、意大利等已经全面超越中国，并且走上了持续增长的道路。但是，关于
中西方"大分流"开始的时间，布劳德伯利等给出了一个比较谨慎的观点，
认为在 18 世纪中期，早于加州学派提出的 19 世纪早期，但晚于此前欧洲老
一辈历史学家的估计。

　　综上所述，虽然越来越多的证据表明，以人均收入衡量，中国可能在
1750 年以前就落后于西方主要国家了。但是从人均收入与人口增长的关
系来看，即使经过了一百多年持续不断的革命性的技术突破，西欧国家仍然
受到"马尔萨斯幽灵"的困扰。然而，此后的欧洲彻底摆脱了"马尔萨斯的
诅咒"，走上了持续增长的"快车道"，而中国依然深陷"马尔萨斯陷阱"之
中。造成这一差异的原因除了欧洲迎来了第二次工业革命以外，还有同一
时期发生在西欧的人口转变。从 19 世纪后半期开始，西欧国家以及西欧后
裔国（Western Offshoots）经历了一次人口转变，人口增长率一改此前快速上

（单位：1990年国际元）

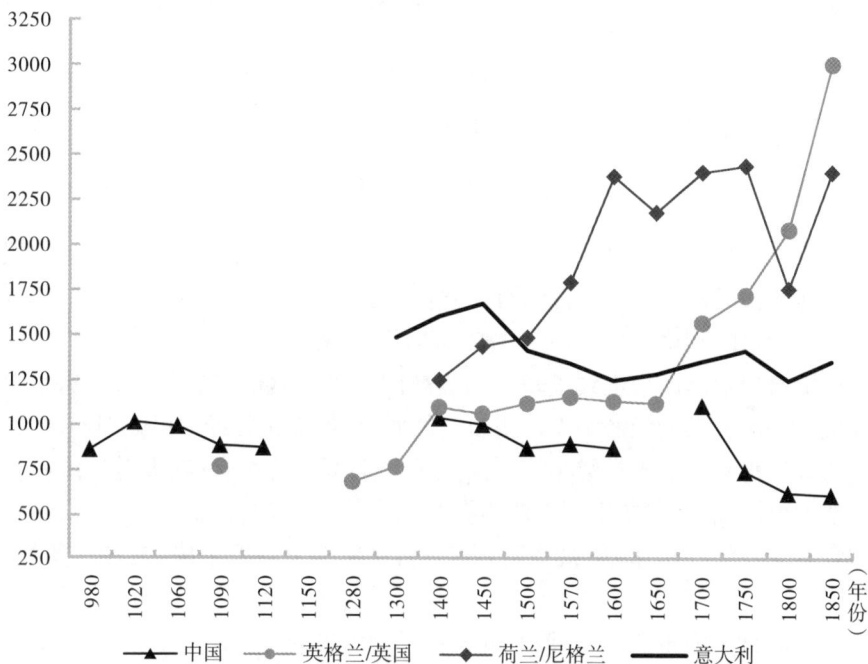

图 2.11　980—1850 年中国与欧洲主要经济体的人均收入增长

资料来源:Broadberry,S.,Guan,H.,and Li,D.,"China,Europe and the Great Divergence:A Study in Historical National Accounting,980-1850",*Journal of Economic History*,Vol.78,No.4,2018, pp.955-1000.

升的趋势,开始出现持续下降。前者的人口平均年增长率从 0.77% 下降到了 0.42%,后者则从 2.87% 下降到了 2.07%,并且这种下降趋势一直延续到了 20 世纪 50 年代(Galor,2005)。统一增长理论强调了人口转变在经济起飞过程中的重要意义,但是为什么发生在中国的技术进步(也包括欧洲 19 世纪中叶以前的技术进步)只能引起人口的大规模增长,而西方 19 世纪后半期以后出现的技术进步却引起了生育率的下降? 这种差异是由于不同社会对技术进步的反馈机制不同引起的,还是技术进步本身就存在一些变化? 这显然是一个非常重要的历史课题。

第三节　有关中国传统经济演进的三个问题

对中国人口史的陈述和比较分析至少向我们提出了几个有意义的问题。这些问题与人口史上一些广为人知的事实相联系,但是一旦放在经济增长的视角下去观察,就会发现其中隐藏着一些值得仔细思考的现象。理解并解释这些现象,对于认识中国历史的演进和长期经济增长是有重要帮助的。接下来的几章将对这些历史现象以及隐藏在其背后的问题进行试探性的讨论。在进行这种试探性的讨论之前,让我们先对前文比较分析中呈现出来的几个问题给予一个总结性的说明。

一、"高水平均衡陷阱"是如何生成的

首先必须明确,伊懋可的"高水平均衡陷阱"是一个暗含比较分析的概念。前现代经济体的演化都具有马尔萨斯特征,即人口最终都会侵蚀掉技术进步带来的新增产出。但是,中国的不同之处在于,相对于欧洲地区,中国将传统技术革新推进到了一个相当高的水平,在较低的人均收入水平上维持了一个庞大的经济和人口规模。然而,正如前文已经指出的那样,如此高的人口水平对技术的继续演进产生了非常不利的影响,在面对后续出现的技术可能性时,传统中国无法为资本密集型和劳动替代性技术提供足够的资本支持和经济激励,最终落入了一个"高水平均衡陷阱"之中。所以,很明显,"高水平均衡陷阱"实质上提供了一种解释东西方"大分流"的理论假说。而且更为重要的是,该假说展示了一个更为完整的"大分流"过程。

通过对东西方人口史和经济史的描述,我们确信,从文明创造的角度来看,中国与欧洲的"大分流"在历史上至少发生过两次。第一次出现在罗马帝国崩溃以后,第二次发生在工业革命前后。目前,学术界的主要注意力都集中在对第二次"大分流"的研究上。在世界文明史上傲立数千年之久的中国似乎是在"一夜之间"就被拉下了"王者之座",其对世人所造成的冲击足以引起无数研究者的兴趣。而东西方历史上的第一次"大分流"就像夜晚星空中的一颗璀璨星辰,虽然耀眼,却也遥远。但是,仔细分析却会发现,前后相隔一千多年的两次"分流"并非相互独立的两个个体,通过地理环境和人口这一变量,它们竟然有着一脉相承的联系。

罗马帝国与秦汉帝国曾经分别代表着西方与东方这两个世界的荣耀。从人口、经济、科技以及所取得的功业来看,二者都能并驾齐驱。公元 2 世纪末,秦汉帝国开始衰落,此后中国经历了大约 300 年的分裂和战乱,但是终究在 6 世纪末重新归于一统,并迅速从战争的创伤中恢复了过来,人口从两汉高峰之时的 6000 多万人增长到了 8000 万人左右①,并在长达 1000 年的时间里保持着对西方世界的领先优势。然而,罗马帝国一朝倾覆,西方世

---

①　冯国栋:《中国人口史(第二卷)·隋唐五代时期》,复旦大学出版社 2002 年版,第 182 页。

界在此后的漫长历史中再也无法重建起能与东方媲美的文明。虽然有一些研究表明中世纪并非此前人们描述的那样"黑暗"，但远谈不上"光明"。这是东西方的第一次"大分流"。然而历史的发展总是出人意料。在中世纪的漫长岁月中，西方孕育着新的发展能量，并在14世纪开始了赶超东方的增长之旅。到了工业革命前夕，我们有理由相信，当时的欧洲可能在人均收入上已经超过了中国，只是在经济规模上仍然无法与后者相比。但是，到了18世纪末，当工业革命在欧洲大陆蔓延开来以后，中国就失去了它曾经所拥有的在世界史上的所有荣光。这是东西方的第二次"大分流"。

前文已经提到了人口规模对于古代中国经济的意义。正是得益于庞大的人口规模，中国在总量经济的繁荣上长期领先于西方世界。然而，也正是因为人口压力，使中国经济的发展越来越抵制资本和节约劳动的技术。欧洲正好相反，虽然也有所谓的人口压力，但是相对于土地数量，欧洲总体上地广人稀，问题只在于如何更好地开发和利用这些土地。所以，欧洲始终存在对资本以及劳动替代性技术的需求，并在实际的劳作中，通过经验性改进，不断革新技术，最终迎来了农业革命和工业革命，走上了持续增长的现代经济之路。

这是发生在世界东西方之间的故事。事实上，类似的故事在中国内部也上演了，只不过故事发生的地点不在东西方向上，而在南北方之间。如前所述，史前农业时期，中国的南方和北方分布着两种农业文明，这两种农业文明不相上下，足以相互抗衡。但是到了春秋战国时期，北方开始了一轮新的发展，表现在人口上，就是北方的人口长期多于南方，北方成为中国独一无二的政治、经济、文化中心。但是到了唐宋之际，南方后来居上，从人口、经济等多个方面超越了北方。不过，与发生在近代的东西方"大分流"不同，中国南北之间的分流最终殊途同归，都走向了"高水平均衡陷阱"。

欧洲与中国、中国南方与北方的发展首先与人口相关。人口既是发展水平的表现，也是发展的因素。但是，又是什么决定着人口的空间分布及其变化呢？自然地理环境无疑是其中极为重要的一个因素。适宜居住的土地上人口更多一些，而不适宜居住的土地上人口则要稀少一些；或者，肥沃的土地能供养更多的人，而贫瘠的土地则只能维持少量的人口。这是显而易见的，但这不是我们要分析的问题。本书关注的问题是，为什么同一块土地的生产力在不同时期会出现很大的差异？很明显，是技术的发展造成了这种时间上的差异。问题是，技术发展对欧洲与中国，以及对中国南方和北方都是机会均等的，为什么那些原本落后的地区在技术发展和经济增长方面后来居上了，而那些原本处于领先地位的地区却在技术革新和经济发展方

面未能继续保持它们的优势？本书提出了一个猜测：这与初始地理环境有
关。也就是说，初始地理环境对技术和经济发展有着长期影响。第三章正
是通过自然地理环境—人口—技术进步这三者的互动来解释发生在世界东
西方和中国南北方的"分分合合"的。

二、古代中国的技术进步为何不能引起人口转变

在很长一段时期内，人类社会的发展都遵循"马尔萨斯模式"，即人口
增长总会吞噬掉技术进步和经济发展的成果，人们长期处于生存压力之下。
这一点对近代早期以前的东西方世界都是适用的。图 2.6 显示的中国和欧
洲的人口增长同时也是对两个地区经济发展的描述。然而，相对于人口增
长曲线的长期向上发展，图 2.11 描述的人均收入曲线就要平缓得多。甚至
到了工业革命以后，鉴于当时人口的快速增长，有许多经济史学家仍然倾向
于工业革命对人均收入增长的贡献很小。[①] 直到 19 世纪后半期开始出现
人口转变以后，西欧的人均收入才有了快速增长。

从人口统计学的角度来定义人口转变，主要关注点在死亡率、生育率和
人口增长率等几个关键变量上。然而，从经济学的视角看，人口转变的核心
是生育率与收入之间的关系。根据盖勒和韦尔（2005）的研究，西方世界的
发展经历了三个阶段，即"马尔萨斯阶段""后马尔萨斯阶段"与"现代增长
阶段"（Solow 阶段）。在马尔萨斯阶段，人口增长与收入增长正相关，且人
均收入水平保持不变；在后马尔萨斯阶段，人口增长与收入正相关，但人均
收入出现持续增长趋势；在现代增长阶段，人口增长与收入负相关，人均收
入持续增长。19 世纪的人口转变就是由后马尔萨斯阶段向现代增长阶段
转变。所以，人口转变也被认为是现代经济成长过程中一个重要特征和
条件。

那么为什么会出现人口转变呢？人口学家和经济学家提出了许多解
释。我们在第四章中对这些解释进行了简要的综述。但是就中国历史的研
究来说，对这个问题进行重新表述可能更加重要。那就是，在古代中国漫长
的发展过程中，为什么没有出现人口转变，致使经济发展的成果总是被新增
人口消耗掉了呢？

人口增长的背后是产出的增长，而产出增长的背后除了耕地和资本的
增加以外，主要就是技术进步了。长期来看，技术进步是推动人口增长的主

---

① ［英］波斯坦、哈巴库克：《剑桥欧洲经济史（第六卷）：工业革命及其以后的经济发展》，王
春法等译，经济科学出版社 2002 年版，第 10 页。

要动力,因为耕地的增加很大程度上也依赖于技术进步。问题似乎很简单。但是考虑到 19 世纪后半期开始的人口转变的事实,技术进步与人口之间的关系就变得不确定了。19 世纪后半期正是所谓的第二次工业革命时期。许多解释人口转变的论著都将这一时期的人口增长与技术进步联系了起来,只是沟通二者的桥梁存在差异而已。这些“桥梁”包括人力资本价值、实物资本价值、童工工资收入的相对重要性、生育的机会成本等(Guinnane,2011)。也就是说,技术进步对人口增长有两个方向上的作用。一个是通过提高收入水平促进人口增长,另一个是通过人力资本积累、实物资本积累、童工工资收入相对重要性的下降,或者生育机会成本的上升等抑制生育率。人口转变的发生就是得益于技术进步的持续发生使得抑制力量超过了促进力量。

　　如果用这些理论来解释中国古代为什么没有出现人口转变,似乎都有对应的事实作为依据。例如,在汉代,中国就形成了以圈养家畜为主的畜牧业,这一经济形态使得孩子对家庭经济收入都能作出重要的贡献。所以童工工资收入相对重要性假说理论就可以解释中国古代为什么没有出现类似于欧洲 19 世纪末的人口转变。然而,当我们将这些理论对应于中国 20 世纪后半期开始的人口转变时,就会发现,这些理论存在诸多缺陷。本书提出了一个新的解释:古代中国的生产技术改进都倾向于供养更多的人口,而那种能在经济上抑制人口增长的技术创新在中国历史上并不显著。这一假说并不依赖于任何中间变量,只是引入了技术进步的异质性。正是这一异质性决定了当出现技术进步时,人们是多生孩子还是少生孩子。

三、中国历史上的制度及其变革对人口行为和经济演进有何影响

　　人口史学家观察到了制度对人口增长的影响,但大都限于与人口增长直接相关或间接相关的制度。有一些制度,如土地分配制度,即中国历史上的田制对人口增长可能有重要的影响,但这需要把生育行为看作一种经济决策来分析。

　　如果把生育行为看作一种经济决策,那么对于传统农业经济来说,最为重要的就是土地的分配和产出的分配了。首先,土地的分配和产出的分配决定了家庭的最终收入,而这又决定着一个家庭所能养育的孩子的数量。其次,土地和产出的分配方式还影响着生育的收益和成本。例如,土地是按人口连续分配(如均田制),还是实行严格的自耕农制度,就将生育数量与家庭可获得的土地数量联系了起来。再如,税收是按人头征收还是根据田亩征收,直接影响着生育的成本和收益。

在中国历史上,土地分配制度,也就是田制的变革多种多样。但是从单个家庭获得土地的视角来看,国家和私人地主并无实质性的差异,真正有重要影响的是,土地是不是不断根据人口重新分配的。唐代中期以前,历代王朝都有根据人口重新分配土地的冲动和举措,较为缓和的有"假公田""请射""开放苑囿"等,更为激进的行为就涉及重新分配所有土地了。自宋代开始,王朝政府对直接干预土地分配似乎失去了兴趣,但是民间租佃市场迅速发展起来。为什么会出现这种情况呢?传统的解释大都指向土地私有制下的土地兼并行为。但是,考虑到人口增长的事实,历代都有为新增人口配置耕地的需要,在国家行为缺失的情况下,私人市场起到了类似的作用。这反过来又对人口增长有一定程度的激励作用。

税制变革对人口增长的影响极为明显。这是因为中国历史上的税收有一个总的变化趋势,即从以丁税(依据人口征税)为主向以田税(依据田亩征税)为主转变。这种转变以"两税法"为界。税制的这种变化对人口增长有重要影响。许多历史学家已经注意到了这一点,但是主要关注的是对人口统计的影响。不过,从生育行为的视角来看,如果说"两税法"之前的赋役制度倾向于抑制人口,那么"两税法"开启的税制变革则逐渐削弱了赋役制度对人口增长的抑制作用。

儒家学者有"均田"的偏好,对上古的"井田制"总是念念不忘,在政治上主张轻徭薄赋,认为据此即可建立尧舜之治,实现国家的长治久安。但是无论是对土地分配进行干预,还是对徭役制度进行改革,历代鲜有成功。人们往往将此归咎于政治上的腐败和统治者的无能,却看不到这些政治行为与其妄图实现的目标之间存在的冲突。均田也好,轻徭薄赋也罢,都会引起人口的进一步增加,长期来看会加剧而不是缓和人地矛盾,最终只能使人均收入降到更低的水平上。所以,静态看待这些尧舜之政,似乎利国利民。然而,当我们用动态的视角去审视这些德政时就会发现,人口增加最终会侵蚀掉这些德政的"红利",长治久安仍然是镜花水月,遥不可及。

本章对中国历史上的人口行为进行了描述,并在比较视角下审视了中国人口行为的经济意义。显然,与欧洲相比,在工业革命以前,中国历史上的人口增长非常显著,到了工业革命前夕,中国传统农耕区的人口规模和人口密度都要比欧洲高出很多。这既是中国传统经济发展成就的重要表现,也是中国走向"高水平均衡陷阱"的重要原因。中国的宏观人口行为在空间(南北方)和时间("两税"前后)上都有显著变化,特别是放在经济增长的视角下去观察时更为明显。此外,综合考察中国和西欧历史上的人口增长和技术进步的关系,不难发现,中国历史上的技术进步未能引发类似于西欧 19 世纪的人口转变,所以人口增长与技术进步始终存在正相关的关系。这也是中国自宋代以来有明显的技术进步却未能出现显著经济增长的一个重要原因。这些发现都提出了一些值得探讨的问题,本书后面的章节将对这些问题进行一些试探性的解答。

第三章 人口规模与"高水平均衡陷阱"：地理环境的长期效应

历史的横向比较能给我们一些直观的启示。地中海时代的西方世界创造了无比灿烂的文明,无论是在科技、艺术、社会管理,还是在物质财富的生产方面,都曾辉煌一时。但是,当罗马帝国一朝崩溃后,欧洲的历史骤然间便失去了往日的光彩。在此后的一千多年里,西方世界默默前行,既无法与其近邻——后起的阿拉伯帝国一较长短,也长期落后于遥远的中华文明。欧洲失去其对世界其他地区的优势地位,不能归结于"野蛮人"的侵入和占领。希腊民族和罗马民族并不是一开始就是先进文明的代表,他们也有被称为"野蛮人"的历史,但这并不妨碍他们开创一个伟大的时代。因此,问题的关键不在于是落后者打败了先进者,而在于后来的日耳曼民族推倒了地中海的帝国后,为何没有从罗马继承下来当时较为"先进"的生产技术和制度。

中世纪的欧洲在经济上表现不佳,已经被经济史研究所证实。然而,欧洲与中国的差距主要是在经济规模方面。就人均收入而言,麦迪森提供的数据表明,二者的差距其实是很小的。[1] 因此,中欧在经济发展上的差距主要是由人口造成的。中国的成功得益于其在一个至少不低于欧洲的人均收入水平上养活了要比后者多得多的人口。此外,欧洲的经济组织也一度被认为是落后于同时期的中国的。但是新近的一些研究表明,如果将庄园制放在当时欧洲的技术水平和地理环境下来考察,它的存在是完全合理的。[2] 这意味着,中国式的小农经济在欧洲未必就是有效率的。所以,任何长期存在的生产方式都与特定的人口、资源和环境特征相联系。本章将构建一个简单模型来说明初始地理环境对经济发展的长期影响。

---

① 见[英]安格斯·麦迪森:《中国经济的长期表现:公元960—2030年》,伍晓鹰、马德斌译,上海人民出版社2011年版,第21页。

② 见[美]莫基尔:《富裕的杠杆:技术革新与经济进步》,陈小白译,华夏出版社2008年版,第36—37页;[美]龙多·卡梅伦、拉里·尼尔:《世界经济简史:从旧石器时代到20世纪末》,潘宁等译,上海译文出版社2009年版,第43—44页。

第一节　初始地理环境的差异及其影响

根据我们的研究目的,本节主要以中国和欧洲以及中国内部南北之间早期地理环境的差异为例,来阐述地理环境的初始差异对人类历史演进的长期影响。当然,地理包括的因素很多,本书主要关注气候、地形、土壤、植被等自然地理。对于气候和地形的变化,人类活动的作用实际上非常有限,尤其是在近代工业兴起以前。但是,人类对地表形态和植被分布有很大的影响。因此,在述及初始环境的差异时,实际上要求我们对历史地理的有关内容进行介绍。

一、自然地理环境的空间差异

欧洲地处大陆西岸,三面环海,平均海拔 340 米,地势平坦,地形以平原为主。以阿尔卑斯山和比利牛斯山为界,可将欧洲分为南北两个部分。从历史上看,罗马帝国的重心在阿尔卑斯山和比利牛斯山以南的地中海沿岸(包括西亚、北非部分),此后欧洲的历史舞台转移到了北部大平原上。

南部地中海地区主要受亚热带高压系统影响,是典型的地中海气候。降水随季节变化较大,夏季干旱,冬季多雨。土壤以褐色土壤、棕色土壤和石灰土为主,土质疏松。地表植被以硬叶常绿旱生林和灌木为主,主要作物为橄榄、葡萄等经济作物。

北部欧洲大部分位于北温带和西风带上,以温带海洋性气候为主。降水充沛,且全年分布较为均匀,区域内河流密布,气候湿润。北部欧洲远离赤道,但是由于受海洋性气候影响,气温比同纬度其他地区要稍高。夏季并不炎热,冬季也不寒冷。例如,位于北纬 50° 以北的英国,绝大部分地区 7 月的平均气温在 17℃ 以下,冬季在 2℃ 以上;法国大部分地区年平均气温在 1℃—14℃ 之间;德国平均气温 1 月为 1.5℃—6℃,7 月为 17℃—18℃。北部欧洲的土壤主要为灰化土和棕色森林土,地表植被主要为针叶林和阔叶林。由于降水较多,土壤酸性较高,且较为湿重。欧洲大平原虽然地形平坦、气候湿润,但是相对而言土地并不肥沃,再加上温度普遍不是很高,适宜该地区的主要作物为小麦、大麦、燕麦、玉米、甜菜和马铃薯等。但是,多雨湿润的气候适宜多汁牧草的生长,因而发展畜牧业有得天独厚的优势。

早期以及中世纪前期的欧洲要比现在温暖一些。西北欧曾经森林密布,沼泽和湖泊很多,绝大部分地区都是未开垦的拓垦区。在近代工业出现以前,浅海和森林里出产的产品是西北欧用来交换地中海地区和东方世界工业制成品和奢侈品的主要商品。① 即使到了公元 1000 年的时候,欧洲到处仍是郁郁葱葱的林木。法国历史学家埃德蒙·波尼翁描述当时的欧洲是"林木茂盛、人烟稀少"②。

中国的土地面积与欧洲相差无几,但是地形复杂多样,山地、高原和丘陵占到了 67%,盆地和平原只占 33%;其中沙漠和荒漠占整个国土面积的27% 以上,适宜人类居住和农业发展的土地要比欧洲小得多。由于历史上中国的经济和政治重心主要在长城以南和青藏高原以东的地区,因此我们主要介绍这一区域的地理环境。

长城以南和青藏高原以东是典型的季风气候。受季风气候影响,与世界同纬度地区相比,这一区域夏季温度较高,冬季较冷。以秦岭—淮河为界,该区域可以简单地分为北方和南方。北方属温带季风气候,绝大部分地区年降水量在 400—800 毫米;南方主要为亚热带季风气候,年降水量在800 毫米以上,东南部超过 1600 毫米。降水的时间分布南北较为一致,都是夏季多、冬季少,降水与气温变化同步。北方 1 月的气温在 0℃ 以下,长城沿线可达到零下 10℃;南方 1 月的气温在 0℃ 以上,最高的地区温度在20℃。7 月南北的气温都在 20℃ 以上,整个区域夏季较长而且普遍高温。总的来讲,长城以南和青藏高原以东的地区,降水量较为充沛,光照充足,植物的生长期较长,南方普遍为 218—365 天,北方也在 171—218 天之间。只要水量充沛,即使是北方的宁夏平原或东北平原也可以种植水稻。③

在人类早期历史上,中国的气候要比现在温暖。距今约 10000—5000年,黑龙江以南、青藏高原以东,包括天山南北和云贵高原的广大范围都处在温暖湿润的气候环境下,年均温度普遍高出今天 2℃—3℃,这种温暖的气候环境一直延续到夏、商时代;此后气温波动较大,出现过多个寒暖交替时期。④ 对于研究历史的具体过程而言,寒暖交替的气候变化有着非常重要的意义,但是就中国历史演进的趋势而言,除了文明肇始以来气候总体变冷引起农牧界线变化这一重要情况以外,400—800 年的气候波动并没有影

① [英]约翰·柯特兰·赖特:《欧洲历史的地理基础》,中国人民大学历史系中国古代史教研室译,1980 年版,第 50 页。

② [法]埃德蒙·波尼翁:《公元 1000 年的欧洲》,席继权译,山东画报出版社 2005 年版,第15 页。

③ 历史上,北方种植水稻的历史很悠久,分布也很广泛,北到幽燕、南到河淮,汾渭流域、太行东西,都有种植。具体见韩茂莉:《中国历史农业地理》,北京大学出版社 2012 年版,第462—476 页。

④ 具体见邹逸麟:《中国历史地理概述》,上海教育出版社 2007 年版,第 13—19 页。

响到历史演进的方向。①

长城以南和青藏高原以东的地区在历史上也是森林分布较为广泛的地区。在今天的黄土高原、燕山山脉一带,也分布着大片的原始森林,不过在后来的发展中,森林面积逐渐减少,甚至从许多地区消失了(史念海,2001)。② 但到了农业起源时,中国北方历史地表植被究竟以何为主,对此却存在很大的争议。一些学者认为,黄土高原曾为森林所覆盖,但是何炳棣坚定地认为包括黄土高原在内的整个华北地区以草原为主(何炳棣,1991)。当然,地表植被是随时间不断变化的,超长期来看,气候变迁的影响是决定性的(李秉成,2004)。不过,文明肇始以来,中国农耕区地表植被的历史变迁主要是人类活动的结果,自然因素的作用较小。③ 就目前的研究来看,虽然存在争议,但何炳棣关于黄土区域历史气候和地表植被景观的论述是较为中肯的。④ 据其研究,黄土区域的地表植被主要是半干旱的草原,森林分布较少;虽然气候上有过冷暖交替(干湿交替),但这种冷暖交替只是相对而言,总体上黄土区域的气候是干旱的。⑤ 当然,需要特别指出的是,这里的干旱是相对南方湿润多雨的气候而言的。这种干旱的气候对早期农业并非不利的因素,相反它是早期农业诞生和发展的一个极为重要的条件。

二、气候、土壤及其影响

对传统农业经济来说,土壤、降水、光照和气温是决定农业种类和生产方式最为重要的四个因素,而且这四个因素是共同起作用的。例如,阿尔卑斯山和比利牛斯山以北的欧洲,气候总体比较湿润,降水要较中国传统农耕区丰沛,而且年度分布比较均匀,对灌溉的要求较低;但是相对于中国传统

---

① 中国自仰韶文化时代以来,气候整体变冷。在三千多年的历史上,气温波动较大,存在一个 400—800 年的周期。见竺可桢:《中国近五千年来气候变迁的初步研究》,《中国科学》1973 年第 2 期。

② 需要注意的是,尽管史念海先生坚持认为黄土高原地区曾经存在大片的原始森林,但这并不意味着黄土高原的地表植被在历史上以森林为主。事实上,史先生的论证只涉及黄土高原地区历史上是否存在过大片森林,但就整个区域地表植被的主要形态并未提供有力的论证。

③ 见邹逸麟:《中国历史地理概述》,上海教育出版社 2007 年版,第 28 页。

④ 中国的黄土地理分布很广,西起新疆、青海,东至山东、内蒙古东部和东北。典型的黄土区是黄土高原,华北平原是次生黄土区,二者面积超过 100 万平方公里,在中国农业生产中所占的地位十分重要。见何炳棣:《黄土与中国农业的起源》,中华书局 2017 年版,第 5—6 页。

⑤ 何炳棣:《黄土与中国农业的起源》,中华书局 2017 年版,第 23 页。

农耕区,西北欧大部分地区气温较低,适宜种植的作物品种比较少,以小麦、燕麦、大麦等低产作物为主,不能种植产量相对较高的水稻等亚热带和热带作物。① 此外,由于光照和积温不足,欧洲作物的熟制安排受到了很大限制,一般为一年一熟制。不像中国传统农耕区,北方可以做到两年三熟或者一年两熟,南方则可以达到一年三熟。通过套种、连种和间作技术,中国传统农业的复种指数非常高,因而单位耕地上的年产出要比欧洲高出很多。由此导致的一个直接结果是,在相同数量的耕地上,传统中国可养活的人口要比欧洲多。

然而,欧洲的气候适宜多汁牧草的生长,发展畜牧业的条件要比中国传统农业区和牧区优越。在粮食亩产量较低的情况下,欧洲投入较多的资源发展畜牧业就是比较有利的。相反,中国传统农耕区种植业和畜牧业的相对产出并不支持畜牧业的发展。事实也是如此。长城以南和青藏高原以东的中国人将大量的土地用来种植粮食,留给牲畜的土地受到了越来越多的挤占。这一现象不仅出现在平原地区,即便是山地上原本比较贫瘠的地方也逐渐得到了开垦。唐代的人就已经发现"四海之内,高山绝壑,未耜亦满"(《元次山集》卷七《问进士》)。而且,早在两汉时期,中国就形成了以圈养为主的畜牧业发展模式。② 所以,中国人比欧洲人更集约地使用土地是可以用土地上各种产品的相对产出来解释的,而这与气候有直接关系。

除了气候对农业的影响外,历史学家也观察到了土壤对欧洲历史发展的限制。起初,罗马帝国内部发展出了两种农业模式,即其欧洲部分的"旱地农业"和其北非部分的"灌溉农业"。这两种农业都需要密集地使用劳动力。旱地农业特别重视"中耕",尤其是除草,而灌溉农业的主要工作是维护水利系统。③ 此外,还有一点是相同的,那就是在开垦和耕种方面,罗马帝国的两个农业区都不需要特别大的资本投入。地中海两岸的土壤是沙质土,比较疏松,也没有茂密易生的森林,所以开垦和翻动土地比较容易。因

---

① 当然,水稻并非一开始就是高产作物。就中国而言,水稻的亩产量在早期可能低于北方的麦和粟。吴慧先生提供的数据表明,至迟到了东晋以后,水稻亩产量有了明显提升,逐渐超过了麦粟(吴慧,1985,第194页)。但是总的来讲,水稻的增产潜力是比较大的。

② [美]许倬云:《汉代农业:中国农业经济的起源及特性》,王勇译,广西师范大学出版社2005年版,第129页。

③ [英]波斯坦:《剑桥欧洲经济史(第一卷):中世纪的农业生活》,王春法等译,经济科学出版社2002年版,第84—90页。

而罗马帝国的犁主要是用来锄草的。① 这种犁并不适用于阿尔卑斯山以北平原上沉重而潮湿的黏质土壤。② 因此,当罗马人带着先进的耕作方法越过阿尔卑斯山后,发现"他们的犁却不能穿透欧洲西北部特有的重土。结果,他们只好耕种有充足自然水源的沙质地或白垩质山地,避开了平原或山谷中肥沃的重土壤"③。

很明显,西北欧平原湿重的土地虽然极具耕种价值,但是在那里耕作首要的技术不是"精耕细作"或灌溉,而是开垦耕地。因此,当日耳曼人接替罗马人成为欧洲历史的主人时,他们从"前任"那里并没有继承下多少技术和资本遗产也就不足为奇了。实际上,在罗马帝国结束后的几个世纪里,西北欧依然处在一种森林经济状态中,生存和发展所需要的诸多产品都依赖于森林的供给。只有当重型犁被发明出来并投入使用以后,欧洲的历史才开始了崭新的一页。问题是重犁需要4—6头,甚至8头牛来牵引④,小规模的生产单位根本无法负担重犁所需要的资本投入。所以庄园制的组织制度和"三圃制"的耕作方式有其合理的经济原因。⑤

欧洲的耕作需要在人和资本(牲畜)之间分配有限的土地。这对中国而言也是一样的。所不同的是,中国的耕作并不需要大量的牲畜。自夏商周三代以来,中国的历史舞台主要在北方黄土区,这一区域也是宋代之前中国的基本经济区(冀朝鼎,中译本,2014)。黄土土质疏松,颗粒较细,地表植被以半干旱的草原为主,所以易于开垦、翻耕。同时,只要有充足的水分,

① [英]波斯坦:《剑桥欧洲经济史(第一卷):中世纪的农业生活》,王春法等译,经济科学出版社2002年版,第85页。
② [美]莫基尔:《富裕的杠杆:技术革新与经济进步》,陈小白译,华夏出版社2008年版,第36页。
③ [美]龙多·卡梅伦、拉里·尼尔:《世界经济简史:从旧石器时代到20世纪末》,潘宁等译,上海译文出版社2009年版,第49页。
④ [美]龙多·卡梅伦、拉里·尼尔:《世界经济简史:从旧石器时代到20世纪末》,潘宁等译,上海译文出版社2009年版,第48页。
⑤ 见[美]莫基尔:《富裕的杠杆:技术革新与经济进步》,陈小白译,华夏出版社2008年版,第36—37页;[美]龙多·卡梅伦、拉里·尼尔:《世界经济简史:从旧石器时代到20世纪末》,潘宁等译,上海译文出版社2009年版,第43—44页。欧洲的土壤对重犁的需要可能是休耕制和"三圃制"长期存在的一个主要原因。因为维持相当数量的大型牲畜要求有足够的牧地可供使用,而休耕制和三圃制满足了这一要求。但是并非所有人都同意这一观点。波尼翁认为,当时的人们无法提供连续耕种所需要的肥料,因而休耕或轮耕制的存在是因为受到了土壤肥力的限制。见[法]埃德蒙·波尼翁:《公元1000年的欧洲》,席继权译,山东画报出版社2005年版,第223页。虽然存在这样的争议,但耕种欧洲的土地需要大量的牲畜,而这些牲畜的蓄养要求有大量的牧场,这一点也是基本事实。

黄土具有"自行肥效""自我更新"以保持土壤肥力的作用。① 因此,对黄土区的农业而言,其核心问题是保持土壤中的水分,而非克服肥力递减。② 而重视中耕,尤其是多次翻动土壤以防止土壤结板龟裂引起水分过度蒸发就显得尤为重要。因此,至迟到了战国时期,中国就已经基本形成了精耕细作的农业传统。汉代的农业普遍使用"二牛抬杠"的耕种方式。两宋以后,耕牛在许多地方都消失了,代之以被称为"木牛"的人力耕种。因此,相对于中国来说,欧洲的农业需要更多的土地来生产资本,因而可用于供养人口的耕地就少了。如果不考虑亩产量,欧洲单位土地所能供养的人口就要少于中国,更何况欧洲的亩产量长期低于中国的水平。

总的来讲,气候和土壤的差异造成的结果至少有两个:一是单位土地面积上,欧洲可供养的人口比中国要少;二是耕种欧洲的土地,需要更多的资本,且劳动对资本的替代性较低。这两个特征在历史著作中随处可见,在分析和解释中国和欧洲人口增长的差异时理应得到足够的重视。

第二节　初始地理环境差异的长期效应分析

一、技术和生产

尽管历史学家偏好于对商业和手工业进行考察,但是本书主要关注农业生产方面的差异。因为决定了中国和欧洲在过去几千年里人口增长和经济发展成就的主要是农业。为了更好地反映中西方的发展差异,模型中至少需要区分三种不同性质的技术。首先,应该对资本增进型技术和劳动增进型技术作出区分,因为中西方农业技术的发展表现出了这样的差异。中国的农民在过去的几千年里主要思考的是如何更为充分地使用自己拥有的劳动和土地③,而欧洲人则长期致力于畜力和机械力的获取和利用。由此累积而成的后果是,中国人在使用劳动方面著称于世,而欧洲则在机械和畜力的使用上卓有成效。其次,有一些技术对劳动和资本可能是中性的,例如生物技术和栽培技术等,其后果主要是提高了作物产量或者可耕种的面积。

---

① 冀朝鼎:《中国历史上的基本经济区》,朱诗鳌译,商务印书馆 2014 年版,第 19—26 页。

② 见何炳棣:《黄土与中国农业的起源》,中华书局 2017 年版,"代序"第 3 页。据何先生交代,这一论断来源于美国国家科学院院士、国际大麦源流权威杰克·R.哈兰(Jack R. Harlan)。

③ 至少在战国时期,中国人即形成了集约使用耕地、以尽地力的传统,见李根蟠:《农业科技史话》,社会科学文献出版社 2011 年版,第 116 页。

中国和欧洲在农业生产方面很长一段时期内的差距,可能需要通过该技术上的差异来解释。就粮食收种比而言,罗马帝国的收获量是播种量的4—5倍,13世纪的英国为3倍,而中国在6世纪时,粟的收获量为播种量的20—24倍,麦为20—44倍。[①] 这种差距不能仅仅通过劳动和资本(主要是肥料)的投入来解释,在作物品种和对土壤、气候的理解和利用上,中国人可能更胜一筹。据此,可以给出一个如式(3.1)所示的生产函数:

$$Y = A \left[(NK)^\alpha + (ML)^\alpha \right]^{1/\alpha} \tag{3.1}$$

这是一个不变替代弹性函数。其中,$\alpha < 1$,Y表示产出,K和L分别表示资本和劳动,假设每一个人口拥有1单位的劳动,则L同时也代表了经济中的人口。A、N、M分别表示中性、资本增进型和劳动增进型的技术。假设传统社会的技术进步都是经验性改进的结果(Lin, 1995),因此技术进步以及技术扩散都是无成本的。现在的问题是农民使用技术是不是无条件的。首先可以明确,农民使用任何他所知道的生产技术都是不需要付费的。然而,使用一些技术可能需要农民配备相应的资本。如使用新的耕地技术可能需要配备一定数量的牛或马,或者购置机械设备,而使用另外一些技术则不需要。如果所有技术的使用既是无成本的,又是无条件的,那么要素数量的相对变化就不会对农民的技术选择产生重要的影响。因为只要技术有助于提高产量或者降低投入,农民就有动力使用他所知道的所有技术。但是事实显然不是这样的。一些与资本相关的技术只能通过资本的使用来产生作用,因此式(3.1)表示的生产函数无法准确描述农民使用技术时所受到的约束,所以也就无法从经济上解释技术选择和技术抵制等问题。[②] 假设任何资本增进型技术的使用都需要配备最低数量的资本$\bar{K}_i$(其中i表示第i种技术),而劳动增进型技术作为一种知识或技巧直接被劳动者使用。式(3.2)是据此改进后的生产函数:

$$Y = A \left[\left(T^\beta \int_0^N \bar{K}_i^{1-\beta} di \right)^\alpha + (ML)^\alpha \right]^{1/\alpha} \tag{3.2}$$

其中,$\alpha < 1$,$0 < \beta < 1$,T表示耕地数量,N表示所使用的资本品种类,因此N的增加反映了技术进步,但是N并不一定代表了经济中可能的技术前沿。不过我们可以认为不被使用的技术最多只能算作一种知识,不

[①] 李根蟠:《农业科技史话》,社会科学文献出版社2011年版,第116页。

[②] 林毅夫、潘士远、刘明兴通过假设$N + M = F$,进而$M = F - N$引入了技术选择的问题。其中F表示知识前沿,在特定时期是给定的,并且F是有界的。见林毅夫、潘士远、刘明兴:《技术选择、制度与经济发展》,《经济学(季刊)》2006年第3期。这种建模方式非常巧妙,但是不能很好地反映我们所要阐释的问题。

能被看作应用于生产的技术,那么 N 的变化的确是反映了一个经济体的技术状况。

在式(3.2)中,令 $\hat{k} = T^\beta \int_0^N \bar{K}_i^{1-\beta} \mathrm{d}i$,这相当于一个中间品的生产函数。[①] 该中间品需要投入土地和资本来进行生产,我们可以称为有效资本,例如"耕地"。也就是说,只有当资本和土地以某种形式结合以后才能形成可用于生产的有效资本,所以资本增进型技术进步的主要作用就表现为有效资本的扩大。这意味着,即使土地面积是固定的,耕地面积却是随着技术进步而增加的。也就是说,一个经济体可耕地面积的变化不但依赖于其所拥有的土地数量的变化,更多地取决于资本或技术的变动。因此,即使土地面积不变,一个社会也可能因为资本遭到了大规模破坏而致使耕地大面积萎缩,要恢复这些耕地,则需要长时间的资本投入。这正是中国历代大乱之后的真实写照。此外,不同经济体在中间品生产中的差异不仅体现在最低资本水平 $\bar{K}_i$ 上,而且也表现在弹性系数 β 的大小上。历史上,中国和欧洲在农业生产上的差异中很大一部分可通过这两个参数值得到描述。

为了简化分析,假设:(1) $T = \bar{T}$ 是不变的,并且标准化为1;(2)每种资本增进型技术的使用所需要的最低水平的资本数量是相同的,并且生产者只为每种技术配备最低水平的资本量,这意味着 $\bar{K}_i = \bar{K}$ 。由此,则式(3.2)变为:

$$Y = A \left[(N\bar{K}^{1-\beta})^\alpha + (ML)^\alpha \right]^{1/\alpha} \tag{3.3}$$

式(3.3)暗含的假设是,相对于增加单个技术对应的资本投入,生产者更偏好于将新增资本用于新技术的引进。这一点在 N 为连续变量的时候变得更为肯定。显然,给定土地面积,有效资本或"耕地"的持续增长主要依赖于技术进步,即 N 的扩大,或者说是资本深化,而不是资本投入的单纯追加。[②]

资本品种类的扩张是人类生产技术发生革命性变化的标志性力量。当

---

① 这种处理方式也见于阿西莫格鲁和李飞跃的相关研究。见 Acemoglu, D., "Why Do New Technologies Complement Skills? Directed Technical Change and Wage Inequality", *Quarterly Journal of Economics*, Vol.113, No.4, 1998, pp.1055–1089;李飞跃:《技术选择与经济发展》,《世界经济》2012 年第 2 期。

② 当然,历史上,人类将土地变为耕地的努力既与资本投入有关,也是艰辛劳动的成果。但就长期来看,限制土地转化为资本的主要因素还是技术。这些技术既包括砍伐森林、开垦土地的技术,也包括已驯化动植物品种的增加和改良。西北欧土地的开发主要得益于"重犁"的发明,而中国历史上耕地的增加主要是作物品种改良和新作物品种引进的结果。

资本品种类非常少，经济活动主要依赖于人的力量和技巧时，生产活动将退化为一种原始的生产方式。就式(3.3)而言，令 $N \to 0$，则：

$$Y = AML \tag{3.4}$$

式(3.4)是对原始生产活动的描述。产出主要依赖于人的劳动和技巧，此时的 A 更多地反映了人对自然的了解。在采集和狩猎时期，土地对于人类似乎是无限广袤的，因而并不构成对人类活动的限制。式(3.4)反映了大自然对于人类的无限慷慨：生产对于投入是规模报酬不变的，劳动的边际报酬也不递减。

由于 N 是被主动选择进入生产函数的，因此 N 既可能增大，也可能减小。由于并不容易观察到大规模的人类群体由农业文明退化到采集和狩猎时代的例子，我们对 N 施加一个约束，要求 $N^l \leqslant N \leqslant N^u$。其中 N^l 表示一个社会进入或维持农业文明所需要的最低技术水平（最小资本品种类），N^u 是对资本技术前沿的描述。在下面的分析中，我们将一直假设该约束是满足的。当然，在其他投入没有相应增加的前提下，资本品种类的减少必然意味着农业经济的衰退。就中国的历史而言，历代大乱之后，资本（牲畜、耕地以及灌溉设施等）遭到极大破坏，经济因而处于萧条阶段。长期来看，古代中国的人均资本（主要是牲畜和耕地）是下降的，但是由于种植技术和劳动密集型技术的发展，中国的农业经济并没有出现衰退迹象。至少在晚清以前，它在没有引起人均收入下降的情况下，传统中国的农业成功支撑了人口的大规模增长，这一点是足以令人惊叹的。[1]

二、资源的动态

假设在任一时期 t，生产者所拥有的资本总量为 $H(t)$，则生产中所使用的资本品种类为：$N(t) = H(t)/\bar{K}$。因而 $N(t)$ 的动态为：$\dot{N}(t) = \dot{H}(t)/\bar{K}$。这意味着，资本增进型技术进步完全依赖于资本积累，并且通过资本积累得到反映。因此，在我们的模型中，资本积累与资本深化是一致的。从历史的长期来看，这种假设也是合理的，也能得到增长理论（主要是 Solow 模型）的支持。[2] 将 $N(t)$ 的表达式代入式(3.3)可以得到：

---

[1] [美]珀金斯：《中国农业的发展(1368—1968年)》，宋海文等译，上海译文出版社1984年版，第1页。

[2] 由于资本的边际报酬是递减的，在没有技术进步的情况下，人均资本将维持在稳态水平上；在有外生技术进步的情况下，人均资本将以技术进步率的速度增长，因此人均资本的长期增长反映了技术进步，但是资本存量的变化或者反映了技术进步，或者是人口增长的结果。

$$Y = A \left[(H\bar{K}^{-\beta})^\alpha + (ML)^\alpha \right]^{1/\alpha} \tag{3.5}$$

在时期 t，经济中的总人口为 $L(t)$。人们的消费由两部分构成，即维持生命的最低消费和改善性消费。每个人的最低消费为 $\bar{c}$，是不变的。用于最低消费的部分是首先必须得到满足的，其总量为 $\bar{c}L$。在满足了最低消费后，人们将剩余用于改善性消费和投资。假设储蓄率为 s（$0 < s < 1$），并且储蓄完全转化为投资，资本折旧率为 0，则资本积累可以表示为：

$$\dot{H}(t) = s[Y(t) - \bar{c}L(t)] \tag{3.6}$$

其中，储蓄率 s 是一个常数，由社会偏好或习俗决定。它可能是对过往经验或传统的一种遵循，但最终反映了人对自然环境和社会环境的一种认识和总结。令 $h = H/L$，表示人均资本，$n = \dot{L}/L$，表示人口增长率，$y = Y/L$，表示人均产出，则：

$$\dot{h}(t) = \frac{\dot{H}(t)}{L(t)} - nh(t) = s[y(t) - \bar{c}] - nh(t) \tag{3.7}$$

假设人口增长符合马尔萨斯特征，即人口增长率是人均收入的增函数。更为确切地讲，人口增长受到可获得食物数量的限制。如果社会的总消费大于满足现有人口的最低消费量，那么人口增长就有一定的空间。式（3.8）是对人口动态的刻画：

$$\dot{L}(t) = \eta[C(t) - \bar{c}L(t)]L(t) \tag{3.8}$$

其中，η（$\eta > 0$）是生育参数，反映了一个社会的人口增长率对经济剩余的反应程度。C 是总消费，即最低消费和改善性消费之和。由于社会的总消费是总产出减去投资的部分，因此有 $C = Y - s(Y - \bar{c}L)$，将其代入式（3.8），并依据 $n = \dot{L}/L$，人口增长率由式（3.9）决定：

$$n(t) = \eta(1 - s)[y(t) - \bar{c}]L(t) \tag{3.9}$$

将式（3.9）代入式（3.7），重新整理后得到：

$$\dot{h}(t) = [y(t) - \bar{c}] \cdot [s - \eta(1 - s)L(t)h(t)] \tag{3.10}$$

将 $C = Y - s(Y - \bar{c}L)$ 代入式（3.8），经过简单运算后，可以得到：

$$\dot{L}(t) = \eta(1 - s)[y(t) - \bar{c}][L(t)]^2 \tag{3.11}$$

微分方程（3.10）和式（3.11）分别刻画了人均资本和人口的动态，由这两个式子组成的动态系统描述了一个传统农业经济的演进过程。在下面的讨论中,不再将变量表示为时间的函数。这种简化不会引起理解上的困惑。

三、稳态和均衡

根据式(3.5),可以得到人均收入的表达式:

$$y = A \left[(h\bar{K}^{-\beta})^{\alpha} + M^{\alpha} \right]^{1/\alpha} \tag{3.12}$$

很明显,就式(3.11)而言,在 $0 < s < 1$ 的条件下,只有当 $y = \bar{c}$ 时,$\dot{L} = 0$。结合式(3.12),这意味着人口增长实现稳态时有:

$$h = \left[\left(\frac{\bar{c}}{A} \right)^{\alpha} - M^{\alpha} \right]^{1/\alpha} \bar{K}^{\beta} \tag{3.13}$$

依据式(3.10),$\dot{h} = 0$ 要求 $y = \bar{c}$,即式(3.13)或者式(3.14)成立,

$$h = \frac{s}{\eta(1-s)} \frac{1}{L} = \tilde{h} \tag{3.14}$$

图 3.1 是对由微分方程式(3.10)和式(3.11)组成的动态系统的刻画。图(3.1)中的水平线代表着 $y = \bar{c}$,因而在这条线上,$\dot{L} = 0$ 和 $\dot{h} = 0$ 都得到满足。在这条线以下,$\dot{L} < 0$,人口随着时间演进减少;在这条线以上,$\dot{L} > 0$,人口是随时间增长的。但是,人均资本 h 的变化则需要结合式(3.14)来考察。在图 3.1 中,向右下方倾斜的曲线是对式(3.14)的描述。该曲线与表示 $y = \bar{c}$ 的直线将我们考察的平面分为四个区域。在区域I,由于 $y > \bar{c}$,$h < \tilde{h}$,所以 $\dot{h} > 0$,人均资本随时间有一个正的增长。同样的分析表明,在区域II,$\dot{h} < 0$;在区域III,$\dot{h} > 0$;在区域IV,$\dot{h} < 0$。显然,由任何初始点出发的路径一旦到达直线 $y = \bar{c}$,经济将处于稳定状态。而且,从区域IV中任一点出发的路径要么与纵轴相交,要么与横轴相交,但是最终将趋近于原点。这意味着开始于该区域的部族或群体都将因人口太多或资本太少而灭绝。这种情况在人类历史上可能是存在的。但是,我们不清楚对于那些已经进入农业文明的社会而言,是否存在这种可能。不过,就本书的分析而言,大可不必去观察这些消失了的人群或部落,只需将注意力放在延绵不绝的经济体和社会上就可以了。因此,下面主要考察图 3.1 中其他区域的情况。

在区域III,依然存在一些发散的路径。同样,我们选择忽略这些路径以及引发这些路径的初始点。除了这些,在图 3.1 中,出发自任何点的路径都

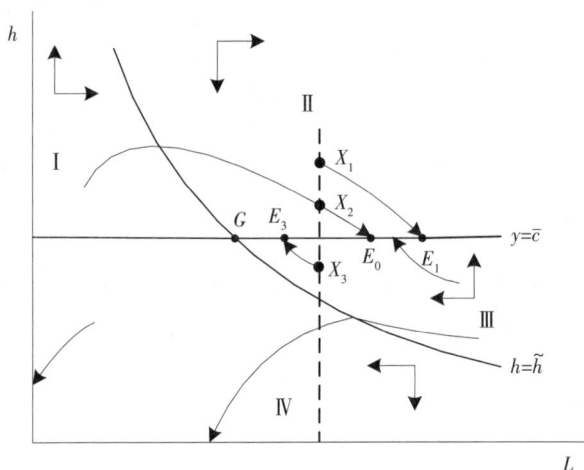

图 3.1　经济增长的路径和均衡

将达到一个均衡点,而且一些冲击引起经济对均衡的偏离后,仍然能够回到平衡增长路径上。但是,我们不确定是否会回到原来的平衡增长路径上。因为在图 3.1 中,有无数个均衡点(直线 $y = \bar{c}$ 上点 G 右边的任意一个点都是一个可能的均衡点),这些均衡点分别对应一个初始值和一个特定的路径。即便是出自同一点,但是由于路径的差异,也可能收敛于不同的均衡。这就是说,初始条件相同的两个经济体,也可能走上不同的发展路径,进而出现不同的发展结果。这一点在图 3.1 中有所展示。不过收敛路径或者稳定臂的形状与模型的一些参数,如 A、M 以及 α、β 等相关,我们假设这些参数在最开始都是相同的,因此可以忽略由于稳定臂形状不同而带来的一些分析上的复杂性。

　　当经济位于平衡增长路径上时,人口和人均资本的增长率均为零,因此总资本和总产出以及人均产出都处于稳定状态。经济发展将陷入停滞。如果发生了某种外部冲击,如战争、灾害或者瘟疫,会引起经济对均衡的偏离。当然,经济会重新回到一个平衡增长路径上,然而新的均衡结果依赖于偏离的状态。在图 3.1 中,我们给出了三种偏离状态(图中的 X_1、X_2 和 X_3 三个点)及对应的新的均衡。

　　可以发现,当外部冲击对资本的破坏小于人口损失时,人均资本会暂时上升,有如图 3.1 中点 X_1 和 X_2 所示的情形。在这种状态下,经济将回复到至少不低于原来水平的均衡点上,但是只有 X_2 表示的偏离可以回到原来的均衡,因为该偏离恰好处在原来的稳定臂上。此时,尽管人均资本水平相同,但是除过 X_2 这一个点,其他偏离带来的稳态人口规模可能要比原来的大一些,因而总资本和经济总量将有一定程度的扩张。从宏观表现上看,重新回到稳态后的经济要比此前更加繁荣。但是,如果外部冲击对资本的破坏要大于人口损失,人均资本会暂时下降(如图中的 X_3 点),经济将回复到一个比原来低的水平上,当然人均资本和人均收入与此前的均衡水平是相同的。

瘟疫引起的人口损失很大,但是对资本的破坏较小,因此经济从瘟疫中恢复过来后可能有一个大的提升。沃伊格特伦德和沃斯(Voigtländer 和 Voth,2013)对欧洲 14 世纪的战争引起的"黑死病"对经济长期增长影响的研究就表明了这一点。与瘟疫相比,长时间、大规模的战争对资本的破坏就要剧烈得多。不过同样是战争,就对人口和资本的相对影响而言,军阀或精英之间的武力争斗对城市、商业和公共设施的摧残要更为严重,而大规模的农民战争引起的人口损失可能更大①,因而其对经济的后续发展产生的影响也是不同的。当然,由于没有确切的资料和数据来证明,这也只是我们的一种猜测。

四、地理环境的长期影响

地理环境,或者初始的自然条件对一个经济体或社会的长期发展有什么影响呢?假设除地理环境以外的其他初始条件都是相同的,那么开始于同一个起点的经济体有相同的增长路径,但是最终的结果可能会有所不同。就中国和欧洲的例子而言,耕种西北欧平原上的土地需要更多的耕牛和铁农具,养活相同数量的人口也需要更多的土地,因此其生产中所需要的最低资本水平就要高得多。式(3.13)表明,较高的 $\bar{K}$ 意味着表示 $y = \bar{c}$ 的直线将位于一个较高的水平上。图 3.2 中的实线代表了一个较高的最低资本水平,而虚线代表的经济体的最低资本就要少一些。可以发现,即使两个经济体进入农业文明时的初始人口和资本是相同的,经过许多年的发展以后,当

---

①　除非是毫无政治头脑的屠夫民贼,一般而言,政治精英形成的武力集团是注意保护人口的,他们将生产性活动作为积蓄力量的主要手段。但是作为残酷斗争的方式和结果,许多城市以及生产性资本可能会遭到极为严重的破坏。牛、马和其他大型牲畜会被尽可能地征作战争用途,战争中损失极大,对于农耕区而言,又不易获得新的补充。大规模的农民战争也会对资本造成极大的破坏,然而相对于军阀混战,由饥荒引发的农民战争许多时候以杀戮抢掠作为获取食物的唯一方式,由此引发的人口损失是触目惊心的。相关论述可见路遇、滕泽之:《中国人口通史》,山东人民出版社 1999 年版,第 369 页;曹树基:《中国人口史(第四卷)·明时期》,复旦大学出版社 2000 年版,第 431—452 页。

经济处于各自的稳态水平时,$\bar{K}$ 较小的经济体将面临一个更大的人口规模和一个更低的人均资本水平。从生产方式上讲,这种经济体的生产将更为集约化,劳动的密集程度也更高。

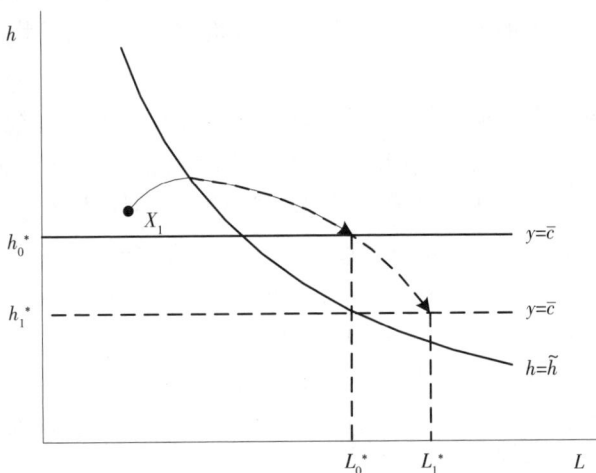

图 3.2　$\bar{K}$ 值差异的长期影响

然而,这并不意味着人均资本水平高的经济体拥有更高的稳态收入。式(3.12)表明,尽管人均收入水平与人均资本水平成正比,但是却与最低资本水平成反比。因而由 $\bar{K}$ 的不同而引起的人均资本水平的差异并不能简单地决定人均收入的水平。更进一步,不能据此推断古代中国的人均收入就比西方低。即便不考虑劳动熟练程度和生产知识(主要通过 M 和 A 来体现)的差异,就有效资本的生产而言(考虑生产函数 $\hat{k} = T^{\beta} \int_0^N \bar{K}_i^{1-\beta} \mathrm{d}i$),参数 β 的意义也是不能忽略的。西欧的资本水平虽然比较高,但是这并不意味着由 4—6 头牛加铁制重农具与土地结合生成的耕地就比中国的"二牛抬杠"和木制轻农具开垦的土地多。而这也主要受到地理环境的影响。

M 和 A 的影响也可以通过图 3.2 来说明。式(3.13)表明,较高的 M 和 A 意味着较低的 $y=\bar{c}$ 线,因而对应一个更高的稳态人口水平和一个更小的人均资本规模。然而,M 和 A 对人均收入的影响却是正向的。中国的亩产量长期远高于欧洲,因而即便是在人均资本量上有差距,中国的人均收入水平至少也不比西方逊色。同样,由于人均资本水平(主要是耕地数量)上的差距较大，中国先进的农业生产技术也并未为中国人赢得人均收入上的巨大优势。这一点在导论部分已经做了说明。但是，人口数量上的较大差距却为中国赢得了规模上的巨大优势。这种优势一直持续到西方发生了工业革命一百多年之后的 19 世纪。[1]

五、地理环境和"高水平均衡陷阱"

考虑存在非连续外生技术进步的情形。无论是人们对"天、地、人"[2]的认识增进了一步，作物、土地、时间和劳动的搭配和组合更为完美，还是动植物的驯化工作获得了较大进展，再者是劳动技巧有了很大提高，都会引起技术进步。在本章的模型中，这些进步主要表现为 A 和 M 的增大。这不仅是古代中国的历史，也是欧洲传统农业发展的一个重要特征。

非连续的技术进步引起表示 $y = \bar{c}$ 的直线不断下移，如图 3.3 所示。在这个过程中，稳态人口规模不断上升，而长期人均资本水平不断下降，而后者往往意味着资本品种类的减少。这实际上是一种技术退化，即资本增进型技术的使用越来越少。很明显，每一次技术进步带来的都是人口规模的扩大和人均资本的减少，人均收入经过短暂上升后最终都将维持在最低消费水平上。这是一种典型的马尔萨斯均衡，但单纯的马尔萨斯均衡并不构成"高水平均衡陷阱"的充分条件。马尔萨斯理论更强调人均收入的长期停滞，对总量扩张的意义并不是特别看重。不过，就人类历史的发展而言，总量扩张（人口总量和经济总量）是有重要意义的，因此这种总量上的扩张应该是一种进步。因此，在马尔萨斯模式下，经济也并非完全就是停滞的。一次次的技术进步会不断推动经济向更高的人口和经济规模水平迈进。然而，"高水平均衡陷阱"的出现意味着技术进步已经达到了传统农业的极限，没有现代技术的注入，传统农业的发展最终会陷入完全停滞。

伊懋可将"高水平均衡"这项"桂冠"授予了古代中国。我们在"桂冠"两个字上加上引号并不意味着中国获得这个标识名不副实，或者该标识具

---

[1]　中国 GDP 占世界的比重 1820 年仍高达 32.9%，高于欧洲的 26.6%，见［英］安格斯·麦迪森：《中国经济的长期表现：公元 960—2030 年》，伍晓鹰、马德斌译，上海人民出版社 2011 年版，第 39 页。

[2]　"天、地、人"是李根蟠教授提倡的一种用来分析中国经济史的分析框架，注重对地理，包括自然地理和人文地理以及人的努力的考察。这里讲的"天、地、人"主要是指影响农业生产的各种因素。见李根蟠：《农业实践与"三才"理论的形成》，《农业考古》1997 年第 1 期；李根蟠：《"天人合一"与"三才"理论——为什么要讨论中国经济史上的"天人关系"》，《中国经济史研究》2000 年第 3 期。

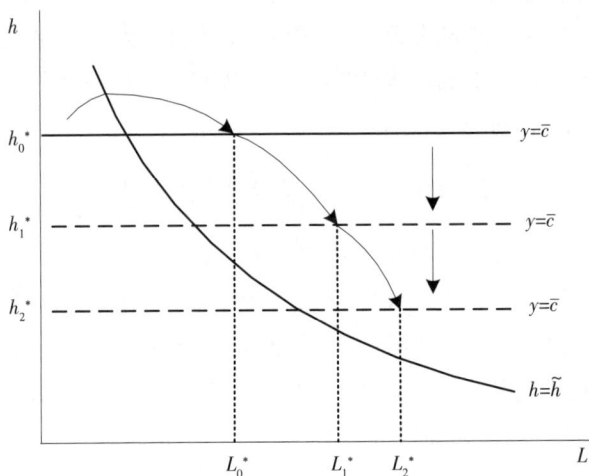

图 3.3　高水平均衡陷阱

有贬义。相反,"高水平均衡"对于传统中国实至名归,而且是不应该令人感到有些许不适的。因为"高水平均衡陷阱"是技术进步的结果,而不是人口无限制增长本身造成的。人口增长也只是技术进步的一个结果,而且这种结果对于任何前现代社会都是不可避免的。可以预测,如果没有现代文明的注入,欧洲也会停滞在某一个水平上。而且上面的模型预测,由于较高的最低资本水平,欧洲的总量水平要低于中国,同时人均收入也会维持在最低水平上。经济史的数据也支持这一点。

　　欧洲的"幸运"之处在于,它经历过"马尔萨斯陷阱",但是没有经历过"高水平均衡陷阱"。17、18 世纪,当新的和改良后的作物品种以及肥料的投入极大地提高了亩产量的时候,耕地的价值上升了,因而用机械代替牛马,将原本用于放牧家畜的土地开垦出来种植农作物就变得有利可图了。因此,实行了一千多年的休耕制和轮耕制直到 18 世纪才退出了欧洲的历史。所以,简单地讲,当机器出现的时候,欧洲人需要它,也用得起它。中国的"不幸"在于,尽管美洲作物带来了一次产量的扩张,但是当机器出现在面前时,中国的农民可能既不需要它,也用不起它。

六、地理环境和内生技术进步

　　在前面的分析中,一直假设技术是外生的,因而分析技术进步的影响时我们以参数变化的效应,即图 3.3 中直线 $y = \bar{c}$ 向下移动的形式来刻画长期趋势。实际上,许多研究长期技术进步、人口增长和经济增长的文献将传统社会的技术进步看作人口的增函数，如克雷默（1993）。遵循林毅夫（1995）的思想，传统农业经济中的技术进步来源于经验积累，因而从事某种活动的频率和规模越大，其获得改进的机会就越大。因此，使用劳动越多的社会在使用劳动方面技术更娴熟，积累的经验则更多。我们通过劳动增进型技术存量 M 来引入内生的技术进步。

假设技术存量与人口数量正相关，一个简单的技术函数可以表示如下：

$$M = aL^{\theta} \tag{3.15}$$

其中，$a > 0, 0 < \theta < 1$。将式（3.15）代入生产函数式（3.5），可以得到：

$$Y = A\left[(H\bar{K}^{-\beta})^{\alpha} + (aL^{1+\theta})^{\alpha}\right]^{1/\alpha} \tag{3.16}$$

人均收入函数因而变为：

$$y = A\left[(h\bar{K}^{-\beta})^{\alpha} + a^{\alpha}L^{\alpha(1+\theta)-1}\right]^{1/\alpha} \tag{3.17}$$

由 $y = \bar{c}$ 可以解得：

$$h = \left[\left(\frac{\bar{c}}{A}\right)^{\alpha} - a^{\alpha}L^{\alpha(1+\theta)-1}\right]^{1/\alpha}\bar{K}^{\beta} \tag{3.18}$$

显然，式（3.18）反映的人均资本 h 和人口 L 的关系依赖于 $\alpha(1+\theta) - 1$ 的大小。当 $\alpha > 1/(1+\theta)$ 时，$y = \bar{c}$ 意味着 h 和 L 负相关；当 $\alpha < 1/(1+\theta)$ 时，$y = \bar{c}$ 意味着 h 和 L 正相关。经济系统依然由微分方程式（3.10）和式（3.11）构成，但是此时人均收入由式（3.17）来表示。图 3.4 和图 3.5 是对内生技术进步下经济动态和稳态的描述。

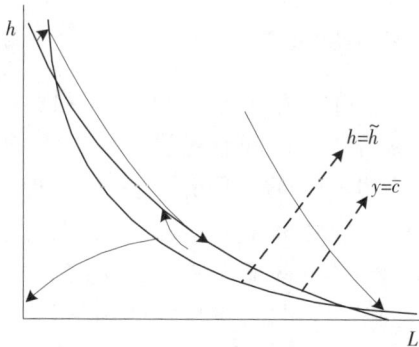

图 3.4　$\alpha > 1/(1+\theta)$ 时的相位图　　　图 3.5　$\alpha < 1/(1+\theta)$ 时的相位图

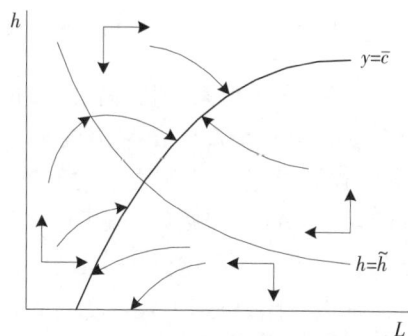

在图 3.4 和图 3.5 中，只有初始点同时位于曲线 $y = \bar{c}$ 和 $h = \tilde{h}$ 之下的路

径才有可能是发散的,开始于其他区域的路径都会到达曲线 $y = \bar{c}$,因而都有一个平衡增长路径。如果我们将 $\alpha > 1/(1+\theta)$ 和 $\alpha < 1/(1+\theta)$ 两种情形描述在同一个相位图(如图 3.6 所示)中就会发现,开始于同一个初始点的平衡增长路径在 $\alpha < 1/(1+\theta)$ 时,往往有更高的人均资本稳态和更低的人口水平;而在 $\alpha > 1/(1+\theta)$ 的情形下,长期人口规模要大得多,而人均资本则处在相对较低的水平上。此外,图 3.6 还表明,类似始于初始点 X_1 的路径,在 $\alpha > 1/(1+\theta)$ 下,人口和人均资本将不断下降,但是在 $\alpha < 1/(1+\theta)$ 的情形下,开始于该点的路径表明经济最初有一个人口和人均资本双双上升的过程,而后人口继续增加,但是人均资本开始下降,经济最终将达到一个稳态。

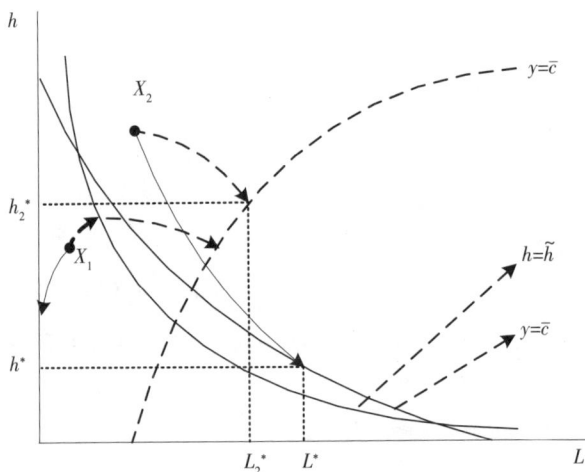

图 3.6　不同情形下的路径和稳态

可见,表示要素替代弹性的 α 的大小是有重要意义的。根据阿西莫格鲁(Acemoglu,2002), α 越接近于 1,意味着要素之间有更强的替代性;相反, α 越是接近于 0,则要素之间的互补性更强一些。因此,上面的分析表明,给定 θ 的值,即便处于相同的初始点,要素之间表现出更强互补性的经济体往往更有可能得到一个具有较高人力资本和较低人口水平的稳态。

那么,什么决定了要素之间的替代性呢? 很明显,就本书刻画的传统农业经济而言,资本和劳动之间的替代弹性很大程度上依赖于地理环境。如果是在中国北方松散的黄土地带上耕作,劳动对资本的替代性要更强一些。这表现为人力对牛耕的替代,木制工具(如耒耜)对金属工具的替代。但是,如果是在西北欧湿重的土壤上耕作,劳动对资本的替代性就要弱一些,而互补性更强。重型犁的出现对于欧洲历史发展的意义恰好说明了这一点。

同一经济体内部的情况也是如此。中国南北之间资本与劳动的替代性也存在明显的不同，地中海沿岸与阿尔卑斯山以北的耕作对资本的需求也有很大的差异。显然，如果劳动和资本之间表现出了很强的替代性，经济发展带来的人口增长对资源产生压力时，耕地等资源约束就表现出很大的弹性，因为配备了较小资本的劳动本身便可以完成"开疆拓土"的重任。[①] 但是，如果是在类似于西北欧大平原上那种环境之中，人口自身不足以成为开垦土地的主要力量，而是需要一定水平的资本积累，耕地等资源对人口增长的限制就要强一些。因而当我们巡视历史的长廊时，发现欧洲有更多的大型牲畜和铁制农具也就容易理解了。

土壤只是地理环境影响劳动和资本替代弹性的一种途径。除此之外，气候也是非常重要的一个因素。在温暖多雨的湿热气候中，植物的生长期长，这为较高的复种指数提供了自然条件。复种指数提高要求投入更多的劳动，土地的集约化程度因而提高了。这意味着，劳动对作为资本的耕地表现出了很强的替代性。但是，温度较低的地区不易发展和采用较高水平的复种技术，劳动对耕地的替代性就要差一些，在这些地区保有较高水平的人均耕地面积就是非常必要的。

第三节　储蓄率和其他因素的影响

在上面的分析中，我们主要探讨了影响曲线 $y = \bar{c}$ 的位置和性状的几个因素及其后果。这些因素都与技术和地理环境有关。就稳态而言，曲线 $h = \tilde{h}$ 的变化也有重要意义。我们在这里也将对该曲线的变化进行简单的讨论。

式（3.14）表明，影响曲线 $h = \tilde{h}$ 的因素有两个，一个是储蓄率 s，另一个是生育参数 η。它们都是通过影响曲线的斜率（进而是稳定臂的形状）来对经济的稳态产生作用的（如图 3.7 所示）。储蓄率越小，或者生育参数越

[①]　实际上，长期以来限制中国耕地开发的因素主要是作物品种。何炳棣在他一部久负盛名的著作中写道："中国农业史的大部分是由适当的作物征服低劣的土地写成的。"除了水稻品种改良对南方土地开发产生的推动作用外，他还注意到北方作物在南方的传播也起到了这样的作用，而且这种作用并非无足轻重。见［美］何炳棣：《明初以降人口及其相关问题：1368—1953》，葛剑雄译，生活·读书·新知三联书店 2000 年版，第 206 页。当然，美洲作物如玉米、马铃薯等在中国扩展的事实已经为人们所熟知了。

大,曲线 $h = \bar{h}$ 就越平坦,对应的稳态人口水平就越高,但是对长期人均资本水平没有影响。

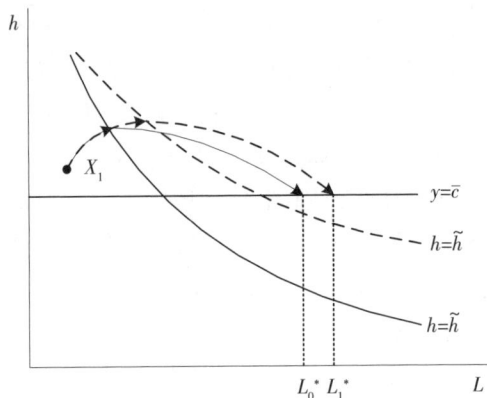

图 3.7　储蓄率或生育参数变化的长期影响

　　储蓄率 s 和生育参数 η 都受到社会因素的影响。这些因素包括文化传统和正式的制度安排。由于文化传统的作用最终通过一些诸如习俗和惯例的形式表现出来,因此我们将影响 s 和 η 的社会因素统称为社会制度。在传统农业社会中,最重要的储蓄是养老储蓄。但是养老储蓄的制度安排可能有多种。一种是积蓄一定数量的物质资产用于年老以后的消费,另一种就是投资于未来的劳动力以获得未来的收入,也就是"生儿防老"。前者更接近于本书定义的储蓄,因而是 s 的主要含义。而生儿防老的后果是,相对于物质资产的积累,人们更偏好于养育子嗣,因此对应一个较大的 η。这意味着,在相同的剩余水平上,更偏好于生儿防老的经济体将有更高的生育率。

　　有很多研究提到了不同的养老方式对中国和欧洲不同生育文化的意义,但是本书并不打算对不同的养老方式进行分析,而是通过生儿防老(表现为收入的代际转移)这一机制来考察一些制度安排对人口增长的长期影响。这些制度安排包括土地的分配制度和税收制度。这两种制度在历史上是非常重要的,历史学家对其进行了大量的研究工作,但是就其对人口增长的影响而言,目前还缺少比较细致的分析。在后面的第五章和第六章中,我们将进一步更为深入地探讨历史上的制度安排的人口效应及其对中国历史的深远影响。

　　本章通过一个简单的数理模型阐述了地理环境对经济长期发展的影

响。经过长期的技术积累和人口增长,中国传统农业的发展最终走向了"高水平均衡陷阱",呈现出了"过密化"的演进趋势。可以说,正是因为帝国后期人口压力的持续存在使中国传统经济在发展中越来越密集地使用劳动。但是,人口本身并不能解释这一劳动密集型经济的产生。因为早在先秦两汉之时,精耕细作的农业生产方式已经在中国生成和定型,并成为中国农业经济思想的主流(许倬云,2005)。这显然不是人多地少可以解释的。本章的分析表明,这与地理环境有着直接关系。当我们将西方世界作为参照时,这个问题就更有意义了。

第四章　人口扩张与经济停滞：中国历史上技术进步的长期效应

古代中国存在长期的技术进步，但以人均收入衡量的经济增长却乏善可陈。针对这一问题的一个浅显说法是人口增长吞噬了技术进步的所有成果。然而，技术进步并不总是引起人口增长，近代以来欧洲的经验表明，技术进步和人口增长之间可能存在一个较为复杂的关系。本章将通过与西欧的历史比较，探讨中国历史上技术进步的成果何以更多地表现为人口增长。

第一节　技术进步、人口增长和经济增长之间的关系

正如第二章所指出的，人口与技术同步发展不是古代中国特有的现象，西欧在很长时期内也经历了类似的发展过程。即便是在工业革命时期，以人均收入衡量的经济增长也并不是特别显著。在对工业革命开始后的几十年所取得的成就做了介绍后，科尔和菲利斯迪恩写道："以绝对值计算，这一时期英国的国民产值增长率提高了三倍。……但是，实际人均产值很少或者没有提高。"[1]一个很重要的原因是，在产出与人口的竞赛中，前者并未取得明显优势。以英国为例，在整个 18 世纪，英格兰的人口增长了 71%，而在随后的 19 世纪，英格兰的人口增长更是达到了 252%（Wrigley，1985）。

因此，以盖勒和韦尔（2000）为代表的统一增长理论特别强调人口转变对于长期经济增长的重要意义。但是也有一些研究认为，历史上的人口增长率并不是很高，因此人口转变对经济增长的影响并不如统一增长理论表明的那样重要（代谦和李唐，2010）。这里可能存在一些误解。首先，中国古代历史上的人口增长率在经济恢复时期往往可以达到 10‰以上[2]，在后

---

[1]　见波斯坦、哈巴库克：《剑桥欧洲经济史（第六卷）：工业革命及其以后的经济发展》，王春法等译，经济科学出版社 2002 年版，第 10 页。不过，有一部分历史学家认为第一次工业革命期间的产出和生产率增长可能被高估了，真实的年增长率可能只有 0.6% 到 1.9%。见 Voth, H. J., "Living Standards during the Industrial Revolution: An Economist Guide", *American Economic Reviews*, Vol.93, No.2, 2003, pp.221-226。然而，这里所谓的"高估"只是相对于前期研究而言。事实上，放到整个增长史中去衡量，0.6% 到 1.9% 的年增长率已经不能算低了。

[2]　曹树基：《中国人口史（第五卷）·清时期》，复旦大学出版社 2001 年版，第 835 页。

来的一些时期和别的发展中国家也曾出现过年均2%甚至3%的增长率①，相对于历史上的技术进步速度，这种人口增长率已经不算低了。其次，人口转变是通过三个渠道——改变经济中的抚养比、储蓄率和人力资本积累水平——对长期经济增长产生影响的（Galor，2005），据此进行的一个经验研究也表明人口转变对于起飞经济体经济增长的长期贡献超过了1/3（Liao，2011）。因此，人口行为变迁对于理解历史上的经济停滞和增长具有重要意义。

不过，也有一些文献认为，宋以后的经济停滞首先源于技术进步的停滞，如珀金斯（1984）、伊懋可（1973）等，以及林毅夫（1995、2007）、艾德荣（2005）、代谦和李唐（2010）等。然而，对于宋代的技术进步及其经济效应的估计可能过高了②，而元、明、清时期的技术和经济也都有很大的发展（许济新和吴承明，2007；李伯重，2010a；王思明，2014）。出现这种判断上的差异的原因可能是由于前者特别看重器物改进方面以及对人均增长具有重要意义的技术进步，而忽略了对"密集化"技术发展的考察。③ 这种密集化的技术进步以新作物品种的引进为基础，以新耕作方式和种植制度的出现为特征，带来的是"高水平均衡"的经济增长（Elvin，1973；黄宗旨，2000a）。因此，从宋代开始，中国的经济和技术都有很大的发展，只是这种技术不同于西方兴起时的那种主要体现为工具、机器和动力革新的技术，否则我们无法解释这一时期巨大的人口增长，尤其是考虑到耕地面积的扩张很大程度上依赖于新作物品种引进这一事实之后。

然而，正如导论部分所指出的，这种"高水平均衡陷阱"特征的经济增长的形成依赖于人口增长与收入增长正相关的"马尔萨斯假设"（姚洋，2003）。只是这种假设并不易获得，因为技术创新与人口增长之间的关系并不是单调的。技术进步或者引起人均收入的增长，或者只带来人口规模的扩大。④ 其中的奥妙究竟是什么？统一增长理论认为，是人力资本价值的上升转动了孩子"数量与质量"的杠杆，使技术进步从19世纪末开始倾

---

① ［美］珀金斯：《中国农业的发展（1368—1968年）》，宋海文等译，上海译文出版社1984年版，第27页。

② ［英］安格斯·麦迪森：《中国经济的长期表现：公元960—2030年》，伍晓鹰、马德斌译，上海人民出版社2011年版，第20页；李伯重：《理论、方法、发展趋势：中国经济史研究新探》，清华大学出版社2002年版，第97—126页。

③ 事实上，前一类文献大多旨在解答"李约瑟之谜"，因而其参照系往往是西方兴起的技术进步，据此观察中国宋以后的技术进步，的确是乏善可陈。

④ ［美］莫基尔：《富裕的杠杆：技术革新与经济进步》，陈小白译，华夏出版社2008年版，第8页。

向于更多地推动人均收入的增长（Galor 和 Weil，2000；Lucas，2002；Boucekkine、de la Croix 和 Licandro，2002；Strulik，2003）。但是布雷齐斯（Brezis，2001、2010）认为，当时的人力资本存量甚微，不足以引起人口的迅速转变，实物资本积累降低了童工收入在家庭收入中的重要性才是 19 世纪末开始人口转变的根本原因。对于处于工业革命时期的欧洲来说，"大量的技术变革被物化在新的资本当中"①，因此资本的持续积累实际上也是对技术进步的反映。布莱克本和雪毕尼（Blackburn 和 Cipriani，2005）、格林伍德和塞沙德里（Greenwood 和 Seshadri，2002）等则更为明确地指出了这一点，他们认为技术进步引起收入在代际间转移方向的变化是人口增长背离技术进步的关键。而琼斯（2001）则通过一个所谓的"生存效应"构造了技术进步与人口增长之间的一个倒"U"型关系。这些理论都有一个特点，即认为技术创新是同质的，都表现为效率增进型的技术进步。但是科学技术史表明，在 19 世纪，特别是在 19 世纪后半期，技术创新的内容和方向出现了一些新的变化，那就是在继续推动生产率增长的同时伴随越来越多的"产品创新"。

技术创新既可能表现为"过程创新"，也可能以"产品创新"的形式出现。前者带来效率型技术进步，引起生产率的提高，提高了人均收入，后者则创造出新产品，扩大了消费集，二者对人们的决策都会产生影响。② 已有的增长文献，如罗默（Romer，1990），以"中间品"种类扩张的形式将多样化引入生产函数进行处理，并认为这种变化只有分析方法上的差异，其结论与效率型技术进步是完全一致的。格罗斯曼和赫尔普曼（2009）虽然将多样化处理为消费品种类的扩张，但是他们认为将多样化看作"中间品"种类的扩张还是消费集的扩大是无关要旨的，而且因为他们在一个外生生育率框架内进行分析，因此产品种类的变化也就不会对人口增长产生任何影响。然而，这种简单化的认识和处理既可能与事实和经验严重不符，也可能低估了产品创新对于经济增长的重要意义。

技术创新的这种差异对于经济增长有什么影响呢？勃兰特、马德斌和罗夫斯基（2014）在研究中国经济长期变迁的论文中问道：为什么（古代）中国未能充分利用它早期的技术优势继续维持在世界主要经济体中的领先地位？事实上，不仅是中国，即便是西欧，如果没有 19 世纪后半期开始出现的

---

① ［美］莫基尔：《富裕的杠杆：技术革新与经济进步》，陈小白译，华夏出版社 2008 年版，第 9 页。

② 很明显，本书所讲的产品创新主要是指消费品的创新，"中间品"或者资本品的创新被归入效率型技术进步。在模型部分，我们对此有一个清晰界定。

产品创新，也不可能利用它工业革命时期积累起来的技术优势在增长路径上与东方世界分道扬镳。如果经济中只有效率型技术进步，那么收入的提高将引起包括"孩子"在内的所有商品消费数量的增加。这意味着，人口增长将随着产出水平的上升而提高，而这是前现代社会人类增长史的基本特征（Galor，2005）。但是，产品创新通过消费集扩大带来的"分配效应"和生育成本上升引起的"价格效应"削弱了效率型技术进步的人口效应，因而对人均收入的增长有重要意义。已有的文献特别关注收入与生育率之间的关系，而忽略了消费集扩大对人口增长的影响[①]；特别关注效率型技术进步与生育成本的关系，忽略了产品创新对生育成本的推动作用。本章综合考虑了产品创新的这两个方面。在此基础上构建的模型表明，只要孩子是一种"正常商品"，长期人口增长就与人均收入的变化正相关，但是产品种类的扩张倾向于降低生育水平。这意味着，如果没有产品创新，单纯依赖效率型技术进步，中国可能无法摆脱马尔萨斯经济的泥沼。这一点在很长一段时间内被研究者忽略了。据此，本章提出了一个理解中国传统经济增长的假说，即没有出现明显的产品创新是古代中国自宋以来虽有技术进步却无显著增长的一个重要原因。不过在开始正式的分析之前，先简要回顾一下中西方的技术史，以便为该假说提供一些事实基础。

第二节　历史上的技术创新

在19世纪中叶以前，技术创新以效率型技术进步为主要特征。工业革命中的重要技术发明都是对土地、劳动力和能源短缺的反应，"铁、煤和蒸汽机成为那个时代标志性的资源"[②]，其经济意义也在于极大地提高了生产率。正如经济史学家指出的那样，工业革命时期最重要的行业——纺织业中的进步，如"水力纺纱机""珍妮纺纱机"以及"螺机"，其主要后果是摧毁了家庭手工纺织业和部分替代了国外产品。[③] 但是到了19世纪后半期，工业革命以及技术创新表现出了一些新的特征。首先，科学，尤其是现代物理

[①] 古芒斯和维斯多夫合作开展的一个研究可能是仅有的专门讨论消费品多样化对生育率影响的文献。见 Guzmán, R. A., and Weisdorf, J. L., "Product Variety and The Demographic Transition", *Economic Letters*, Vol.107, No.1, 2010, pp.74—76。

[②] 见［美］詹姆斯·E.麦克莱伦第三、哈罗德·多恩：《世界科学技术通史》，王鸣阳译，上海科技教育出版社2007年版，第379—390页。

[③] 见［英］波斯坦、哈巴库克：《剑桥欧洲经济史（第六卷）：工业革命及其以后的经济发展》，王春法等译，经济科学出版社2002年版，第259—300页。

学、现代化学和分子生物学与技术的结合变得日益紧密,为连续的产品创新提供了可能。其次,作为产品创新的一个主要平台,许多公司成立了应用工业实验室,如拜耳(1874)、标准(1880)、通用电气(1901)、杜邦(1902)、帕克—戴维斯(1902)、康宁玻璃(1908)、贝尔实验室(1911)、柯达(1913)、通用汽车(1919)等。这些实验室专门从事应用性研究,创造了许多对人类消费具有变革意义的新产品。[1] 图 4.1 直观展示了 17 世纪到 19 世纪两类技术创新的具体情况。从中很容易发现,自 19 世纪,特别是自 19 世纪中叶开始,产品创新的速度有了明显提升,与效率型技术进步相比,产品创新在这一时期表现得更为突出。

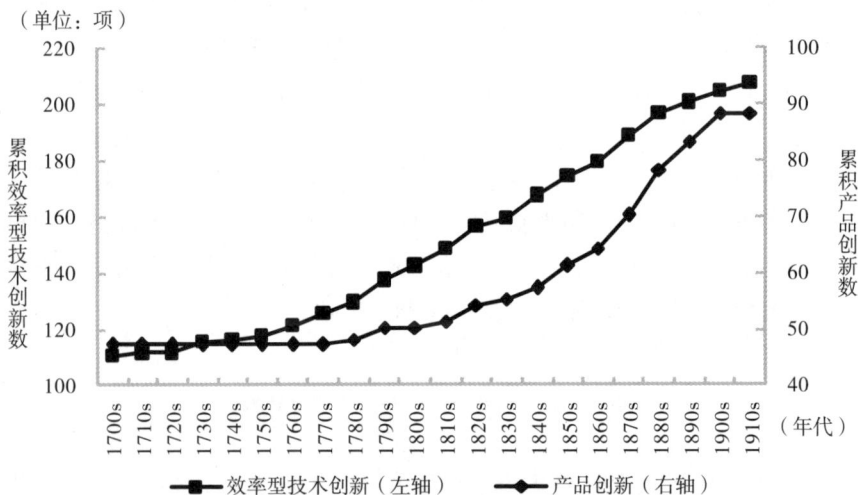

图 4.1　17—19 世纪效率型技术创新和产品创新的表现

资料来源:笔者汇总整理所得。基础数据来源:McNeil, I., *An Encyclopaedia of the History of Technology*, London and New York: Routledge, 1990; Timeline of History Inventions, *Wikipedia*。

史学家普遍认为,19 世纪中叶以前,西方世界的人们可消费的产品与古罗马时期相比几乎没有什么大的变化,也与当时的东方世界相差无几。[2] 当代人们熟知的消费品如自行车、照相机、打字机、缝纫机、电话、电灯、汽

---

[1]　见[美]詹姆斯·E.麦克莱伦第三、哈罗德·多恩:《世界科学技术通史》,王鸣阳译,上海科技教育出版社 2007 年版,第 423—429 页。

[2]　见 McNeil, I., An Encyclopaedia of the History of Technology, London and New York: Routledge, 1990, p.936;梁柏力:《被误解的中国:看明清时代和今天》,中信出版社 2010 年版,第 7—8 页。

车、留声机和电影都出现在第二次工业革命中①，而不被人们所注意到的产品创新要比留在科技史上的标志性发明多得多。在"衣"上，19世纪后半期纺织业中的一项重大发明是现代染色技术的出现，它与新材料、新工艺以及服装设计共同改变了这一古老消费的"初衷"，对于普通大众而言，此后的"服装"和此前的"衣物"在消费功能上发生了截然不同的变化；洗衣粉和肥皂这类产品也是在这一时期走进千家万户的。②　在"食"上，巴斯德灭菌法、现代冷藏技术和包装技术对食品行业的改造同样改变了人们对食物的认识，被我们称为"零食"的东西在这些现代技术和生产工艺的塑造下成为普通阶层的日常消费品。在"住"上，混凝土以及新的建筑工艺使"带有自来水、气体照明和砖墙的住宅代替了恩格斯和盖凯尔在19世纪上半叶描述的棚屋"③。在"行"上，自行车经过1861年后的几次改造，到1900年已经是最普通的出行方式了；④更为重要的是，1850年以前，人们主要还是依靠徒步或骑马旅行，但是到1914年时，同一时刻，有上百万人搭乘快速交通工具行进在他们的旅途中。⑤　在"用"上，重要的家用电器，如电热器、洗衣机和电炉等都是在19世纪末和20世纪最初十年诞生的。⑥　在一部严肃的技术史著作中，在讲到第二次工业革命对人们日常生活的影响时，笔者不无诙谐地写道："工人和他们的家庭开始添置家产……新的印刷方法使通俗画的复制品进入了每个家庭，兰西尔（Landseer）创作的《高原牛》以沉思的眼光凝视着许多人家的前厅。"⑦此外，在这一时期，现代生物学和医药学都有了很大发展，新的保健产品和医疗产品开始进入人们的日常生活。例如，生育中使用了大量药物来减轻女性的痛苦和降低因感染引起的死亡率。⑧　在公共消费领域，新的供水、排水系统，公共卫生规划和设施，巴斯德灭菌法对于城市生活的改造，以及公共交通体系的建立都是在19世纪60年代后

---

① ［美］威廉·麦克尼尔：《世界史》，施诚、赵靖译，中信出版社2013年版，第382页。

② ［英］波斯坦、哈巴库克：《剑桥欧洲经济史（第六卷）：工业革命及其以后的经济发展》，王春法等译，经济科学出版社2002年版，第472页。

③ ［英］玛丽·伊万丝：《社会简史：现代世界的诞生》，曹德俊等译，复旦大学出版社2010年版，第89页。

④ ［英］布朗：《吉尼斯发明史》，王前等译，辽宁教育出版社1999年版，第131页。

⑤ ［美］苏里文、谢尔曼、哈里森：《西方文明史》，赵宇峰、赵伯炜译，海南出版社2009年版，第669页。

⑥ 见［英］布朗：《吉尼斯发明史》，王前等译，辽宁教育出版社1999年版，第82—84页。

⑦ ［英］查尔斯·辛格等：《技术史》（第5卷），远德玉、于云龙译，上海科技教育出版社2004年版，第574—575页。

⑧ ［英］玛丽·伊万丝：《社会简史：现代世界的诞生》，曹德俊等译，复旦大学出版社2010年版，第89页。

开始的。① 图 4.2 集中展示了 1840 年到 1914 年娱乐、服饰和家居领域所申请专利数的变化情况，从中可以窥见第二次工业革命期间消费品创新领域的活跃程度。

（单位：项）

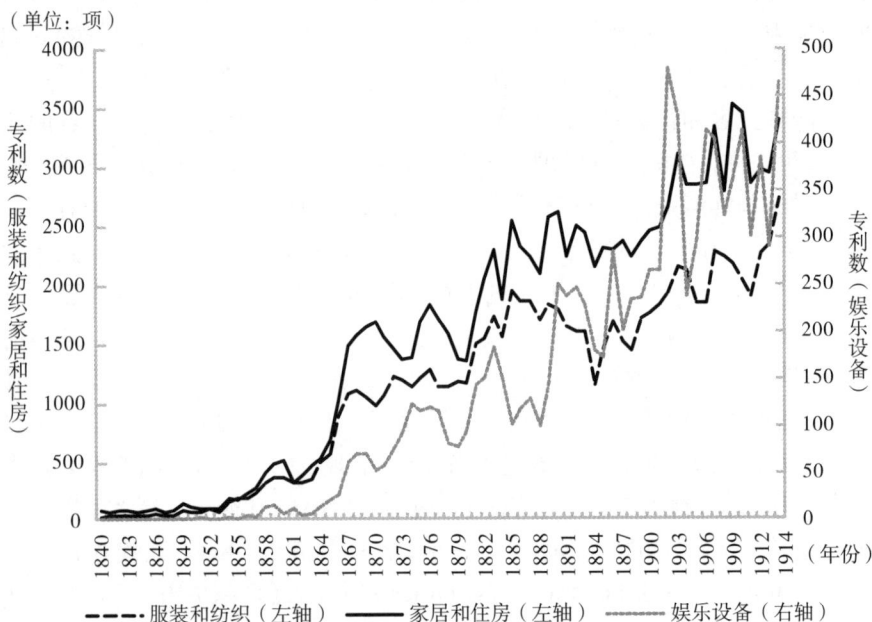

图 4.2　1840—1914 年部分消费领域的产品创新

资料来源：Marco, A.C., Carley, M., Jackson, S., and Myers, A.F., "The USPTO Historical Patent Files: Two Centuries of Invention", USPTO Economic Working Paper, 2015。其中，原文中"家具和家居设备"与"供暖"两项在此被合并为"家居与住房"一项。

技术创新的这种变化在社会领域产生了广泛影响。比如，伊万丝就特别提到，女性在 19 世纪后半期成为"很多制造行业的市场"，而且这一变化"十分民主，而非仅仅限于富人和特权阶层"②。在一部享有世界学术声誉的著作中，在叙述近代以来的技术革新对社会变迁的影响时，史蒂文·瓦戈几乎没有论及效率或是生产率的提高，而是着重探讨了新产品对人类社会变化的重大影响，描述了这些产品对财富分配、权力、文化、投票率、

---

① 见［美］约翰·巴克勒、贝内特·希尔、约翰·麦凯：《西方社会史》（第三卷），霍文利等译，广西师范大学出版社 2005 年版，第 57—64 页。

② ［英］玛丽·伊万丝：《社会简史：现代世界的诞生》，曹德俊等译，复旦大学出版社 2010 年版，第 89 页。

饮食、工作，乃至婚姻和性别关系的重塑。① 从中我们可以洞见，发生在 19 世纪后半期的第二次工业革命中的技术创新与此前的技术进步有着怎样的不同。

以上是西方世界的技术创新在 19 世纪发生的变化，那么中国的情形又如何呢？ 与欧洲 19 世纪中叶以前相同，中国自宋以来的技术进步都以提高生产率和供给更多的产品为主要特征。无论是自宋代开始的农业进步，还是明清时期江南早期工业的发展，其中的技术进步都以效率改进为主要特征。在这期间，并没有出现过有重要消费意义的产品创新。农业中的发展，无论是水利建设还是农业生产工具的改进都不可能带来新产品。② 新作物，如占城稻、高粱、玉米等的引进实际上是这次农业进步的主要推动力，但是这些新作物并不能实质性地引起消费集的变化。就消费结构而言，农产品种类的扩张，尤其是粮食作物品种的增加，并不具有消费意义上的多样化特征。明清时期中国早期工业，尤其是江南工业的发展给经济史学家留下了深刻的印象，其间发生的技术进步也为研究者所津津乐道。但是，与农业发展相同，这一时期工业中的进步也以生产率的提高为主。③ 尽管在传统染色技术上取得了一些成绩，但是就对整个中国社会变迁的影响而言，这些技术进步的消费意义并不明显。

宋代以来，中国的大众消费有了一些重要发展，尤其是明清江南地区的消费更是呈现出许多新特点。④ 但是，宋代以来江南地区的消费表现出了明显的波动性特征，宋、明、清三代都是在中晚期出现了繁华景象。显然，这种消费上的多样性的出现与其说是产品创新的结果，不如说是经济繁荣的表现。王家范(1988)、方行(1996)以及孙竞昊(1995)等对明清江南地区消费主体和消费结构的分析都表明传统中国的消费与收入、身份和地位高度相关，而与产品种类的变化并无直接关系。因此，宋代以来，古代中国（尤

① 见[美]史蒂文·瓦戈：《社会变迁》(第 5 版)，王晓黎等译，北京大学出版社 2000 年版，第 222—226 页。

② 关于北宋以来农业技术进步的文献见郑学檬：《中国古代经济重心南移和唐宋江南经济研究》，岳麓书社 2003 年版，第二章；许济新、吴承明：《中国资本主义发展史(第一卷)·中国资本主义的萌芽》，社会科学文献出版社 2007 年版，第 30—34 页、第 147—152 页。

③ 关于明清早期工业的发展见许济新、吴承明：《中国资本主义发展史(第一卷)·中国资本主义的萌芽》，社会科学文献出版社 2007 年版；李伯重：《江南的早期工业化(1550—1850)》(修订版)，中国人民大学出版社 2010 年版。

④ 关于中国明清时期消费的论述见巫仁恕：《品味奢华：晚明的消费社会与士大夫》，中华书局 2008 年版；宋立中：《闲雅与浮华：明清江南日常生活与消费文化》，中国社会科学出版社 2010 年版。

其是江南地区）的消费发展更多地与经济发展相关，是效率型技术进步的表现。

实际上，发生在西方 19 世纪后半期的产品创新以现代科学，尤其是现代物理学中的电、磁、光、声和现代化学以及分子生物学为基础，以新的实验方法为主要手段，以现代企业和工业创新为主体①，以现代商业环境和市场经济为平台②，而传统中国并不具备这些条件（Lin，1995；Baumol，1990），因此在产品创新上很难表现出西方世界 19 世纪后半期那样的创造力。古代中国在消费品的生产工艺上有非常重要的革新，这是毋庸置疑的。但是，要说宋元或者明清时期出现了许多具有消费意义的新产品，恐怕是很难成立的。尤其是当我们将目光对准人口占绝大多数的普通农家的厅堂厨卫时，明清与秦汉可能也就只有朝代名称上的差异而已。

第三节　不同性质技术创新的人口效应分析

一、偏好和消费

本章使用由贝克尔和巴罗（Becker 和 Barro，1988）提出并经巴罗和萨拉-伊-马丁（2010）改进的包含内生生育率特征的无限寿命家庭效用函数：

$$U = \int_0^\infty [L(t)]^{1-\varepsilon} u(t) e^{-\rho t} \mathrm{d}t \tag{4.1}$$

其中，$\rho > 0$，$0 < \varepsilon < 1$，$u(t) = u[x_i(t), n(t)]$ 表示每个成年人的即期效用函数，x_i 表示产品 i 的消费量，n 表示每个成年人生育的小孩数量。在连续时间框架下，如果不考虑死亡率，且 n 被允许取小数，那么将 n 理解为宏观意义上的人口增长率更为贴切。$L(t)$ 代表了 t 时的成年人数量，根据贝克尔和巴罗（1988）的设定，$\varepsilon > 0$，保证了利他性是孩子数量的递减函数。ρ 表示主观贴现率。在式（4.1）中，主观贴现率的引入也反映了父母的利他主义程度。

代表性家庭由最初的一个成年人和他的后代组成。家庭向市场提供劳动和资产获得收入，并将所得用于消费、生育孩子和积累。孩子相当于一个

---

① 见［美］詹姆斯·E.麦克莱伦、哈罗德·多恩：《世界科学技术通史》，王鸣阳译，上海科技教育出版社 2007 年版，第 423—429 页。

② ［美］罗伯特·L.海尔布罗姆、威廉·米尔伯格：《经济社会的起源》，李陈华、许敏兰译，上海格致出版社、上海人民出版社 2010 年版，第 93 页。

"正常商品"，拥有孩子能带给父母正的效用。许多内生生育率文献都使用了柯布—道格拉斯类型的即期效用函数，这意味着孩子的数量为零时，再多的消费对父母都是无意义的。[①] 一个更为可取的假设是，尽管父母偏好于孩子的数量为正，但孩子并非是"必需品"。考虑到这些情况，式(4.2)给出了一个加性可分的即期效用函数：

$$u(x_i, n) = \left(an^\alpha + b \int_0^I x_i{}^\alpha \mathrm{d}i \right)^{1/\theta} \tag{4.2}$$

其中，$a \geqslant 0$，$b > 0$，$0 < \alpha < \theta < 1$，$i \in (0, I]$。这是对迪克西特和斯蒂格利茨(Dixit 和 Stiglitz, 1977)分析产品多样化时使用的效用函数的一个扩展。所不同的是，此处假设 $\alpha < \theta$，排除了孩子和消费的规模"报酬"不变和递增的特征。对于描述偏好的效用函数而言，这是一个更为真实的假设。况且，如若偏好不具有规模报酬递减的特征，在贴现率为正的情况下，家庭和个人更有激励在每一个时刻消费掉所有产出，长期分析容易退化为一个静态问题。

在式(4.2)中，$I = I(t)$ 表示 t 时经济中的产品种类。通过式(4.2)，我们可以对产品创新进行界定。简单地讲，产品创新导致 I 的增大。孩子和任一产品的消费都满足标准的一阶、二阶条件以及"稻田条件"，这些条件保证了父母偏好于多样化消费。因此，即便孩子并非是"必需品"，父母也会选择生育小孩。a 和 b 的相对大小用来衡量孩子和消费的相对重要性，也反映了时代的特征，比如社会保障水平、要素市场的完善程度以及父母的价值观念等。当 $a = 0$ 时，父母倾向于不要小孩。

用 k 表示每个成年人拥有的资产。[②] 用 w 表示工资率，r 表示利率，E 代表每个成年人的当期支出。假设资本的折旧率为零，式(4.3)和式(4.4)分别给出了家庭的动态预算约束方程和劳动人口的动态方程：

---

① 选择柯布—道格拉斯形式的效用函数在处理动态问题时具有极大的简便性，这也是许多文献选择该函数的一个重要原因。但是，除了文中指出的缺陷外，该函数具有支出份额不变的特征。这意味着，每一个支出项都随着人均收入的增长而增长。对于那些想要预测到人口转变的文献来说，这是一个重要缺陷。为了克服这个缺陷，往往对生育或者消费的最低水平进行限制，在柯布—道格拉斯效用函数中引入死亡率的意义正在于此。类似的处理参见 Jones, C.I., "Was an Industrial Revolution Inevitable? Economic Growth over the Very Long Run", *Advances in Macroeconomics*, Vol.1, No.2, 2001, pp.1–43。

② 本书中的资产包括劳动工具、牲畜、存货、生息资本等。更为重要的是，与第三章相同，在此处 k 还包括耕地。在传统农业经济中，这是农民家庭最为重要的资产。从单个家庭来看，耕地的数量是可变的。就整个经济而言，长期来看，耕地的数量和质量也是投入的函数。仅是有清一代，耕地的面积就增加了一倍有余。见周荣：《清代前期耕地面积的综合考察和重新估算》，《江汉论坛》2011 年第 9 期。

$$\dot{k} = w + rk - nk - E \tag{4.3}$$

$$\dot{L} = nL \tag{4.4}$$

如果将式(4.2)直接代入式(4.1),并根据式(4.3)和式(4.4)构建汉密尔顿函数来求解这个动态问题,将面临两个控制变量和两个状态变量。再加上即期效用函数的加性特征,这将使求解该问题变得异常复杂。过于复杂的求解过程和数学表达式极易掩饰掉相关的经济学含义。为了简化分析并得到直观的经济学解释,我们使用间接效用函数来代替式(4.2)。间接效用函数也有助于研究者观察收入和价格(成本)变化时生育率和消费所发生的变化。

令 $E = cn + \int_0^I x_i di$,表示 t 时成年人的人均预算约束。其中, c 表示生育一个小孩的成本,包括父母的时间投入和产品投入,并统一转化为产品进行度量。生育成本是时间的函数,随着技术创新而发生变化。在后面,我们将对生育成本与技术创新的关系进行讨论。根据式(4.2),家庭的最优生育水平和消费水平为:

$$n = \frac{Ec^{1/\alpha-1}}{c^{\alpha/\alpha-1} + I/\lambda} \tag{4.5}$$

$$x_i = \frac{E}{\lambda c^{\alpha/\alpha-1} + I} \tag{4.6}$$

其中, $\lambda = (a/b)^{1/1-\alpha}$,度量了孩子和消费的相对重要程度。当"消费"孩子的价格 c 上升时,父母选择减少小孩的数量而增加产品消费,支出水平的提高将引起生育率和消费水平的上升,这些都与标准的经济理论相一致。此外,式(4.5)和式(4.6)表明,产品种类的扩张将引起生育率和任一产品消费数量的下降。这是因为父母偏好于多样化消费,新产品的出现引起了支出的重新分配。定义:

$$z_1 \equiv \frac{c^{1/\alpha-1}}{c^{\alpha/\alpha-1} + I/\lambda} \tag{4.7}$$

$$z_2 \equiv \frac{1}{\lambda c^{\alpha/\alpha-1} + I} \tag{4.8}$$

并且, z_1 、 z_2 通过 c 和 I 与时间相联系。据此有 $n = z_1 E$, $x_i = z_2 E$,并代入效用函数式(4.2),可得间接效用函数:

$$v(E) = (az_1^\alpha E^\alpha + bIz_2^\alpha E^\alpha)^{1/\theta} = (az_1^\alpha + bIz_2^\alpha)^{1/\theta} E^{\alpha/\theta} \tag{4.9}$$

用式(4.9)替换式(4.2),由此得到无限寿命家庭效用函数:

$$U = \int_0^\infty L(t)^{1-\varepsilon} z(t) E(t)^{\alpha/\theta} e^{-\rho t} \mathrm{d}t \tag{4.10}$$

其中，$z(t) \equiv [az_1(t)^\alpha + bI(t)z_2(t)^\alpha]^{1/\theta}$。将 $n = z_1 E$ 代入动态预算方程式(4.3)，有：

$$\dot{k}(t) = w(t) + r(t)k(t) - z_1(t)E(t)k(t) - E(t) \tag{4.11}$$

此时，家庭的收入用于"支出"和积累，决策问题也由同时决定消费和生育率的时间路径演变为决定支出的最优时间路径的问题。根据式(4.10)、式(4.11)构建汉密尔顿方程：

$$H = L^{1-\varepsilon} z E^{\alpha/\theta} e^{-\rho t} + \mu(w + rk - z_1 Ek - E) \tag{4.12}$$

横截条件为：$\lim_{t \to \infty} \mu(t)k(t) = 0$。求解此动态问题可以得到：

$$\frac{\dot{E}}{E} = \frac{\theta}{\theta - \alpha}\left[\gamma_Z - \varepsilon z_1 E - \rho - \frac{z_1 k}{z_1 k + 1}(\gamma_z + \gamma_k) + r\right] \tag{4.13}$$

其中，$\gamma_z \equiv \dot{z}/z$，$\gamma_k \equiv \dot{k}/k$。令 $\hat{E} = E/A$，$\hat{k} = k/A$，分别表示每个成年人的人均有效支出水平和人均有效资本水平，并记 $\gamma_A \equiv \dot{A}/A$。由于 $\dot{\hat{E}}/\hat{E} = \dot{E}/E - \gamma_A$，根据式(4.13)，可得：

$$\frac{\dot{\hat{E}}}{\hat{E}} = \frac{\theta}{\theta - \alpha}\left[\gamma_Z - \varepsilon z_1 A\hat{E} - \rho - \frac{z_1 \hat{k}}{z_1 \hat{k} + 1/A}(\gamma_z + \gamma_{\hat{k}} + \gamma_A) + r - \frac{\theta - \alpha}{\theta}\gamma_A\right]$$

$$\tag{4.14}$$

二、技术和生产

为了简化分析，假设每一种产品 i 的生产都使用相同的技术。根据式(4.2)，产品 i 以对称的形式进入效用函数，这意味着在相对价格相等的情况下，对每种产品的需求量都是相同的。如果 $K(t)$ 表示 t 时社会拥有的总资本量，那么它将和劳动被平均分配在每一种产品的生产上。假设生产函数采用柯布—道格拉斯形式，则有：

$$X_i = AK_i^\beta L_i^{1-\beta} = \frac{A}{I}K^\beta L^{1-\beta} \tag{4.15}$$

其中，$0 < \beta < 1$。式(4.15)表明，产品种类的扩张会引起每种产品产出的下降。这是因为产品种类的增加减少了每种产品生产过程中可获得的要素数量。在研究多样化的增长效应时，格罗斯曼和赫尔普曼(2009)已经揭示了这一点。根据式(4.15)，生产要素的均衡价格为：

$$r = \frac{\partial X_i}{\partial K_i} = \beta A k^{\beta-1} = \beta A^{\beta} \hat{k}^{\beta-1} \tag{4.16}$$

$$w = \frac{\partial X_i}{\partial L_i} = (1 - \beta) A k^{\beta} = (1 - \beta) A^{1+\beta} \hat{k}^{\beta} \tag{4.17}$$

因为每种产品的生产都使用相同的技术,且生产过程具有规模报酬不变的性质,因此,产品种类的变化既不会影响要素的边际产出,也不会对要素的价格产生影响。实际上,多样化不改变一个经济的生产能力,它只在产品间产生分配效应。真正对社会总产出的增长有决定意义的是全要素生产率。这也是式(4.14)和式(4.17)中不包含产品种类的原因。然而,这并不是说产品种类的扩张,或是多样化对经济没有影响。佩雷托和康诺利(Peretto 和 Connolly,2007)发现,多样化对于消除增长中的规模效应,进而获得平衡增长有很大的帮助。从消费方面讲,多样化扩大了消费集,对人类福利的增进有重要意义。我们的研究旨在阐述多样化的另外一个效应,即对生育率,进而是人均收入产生的影响。

三、稳态和均衡

将式(4.14)和式(4.17)代入式(4.11),整理后可得:

$$\dot{\hat{k}} = A^{\beta} \hat{k}^{\beta} - \gamma_A \hat{k} - (A z_1 \hat{k} + 1) \hat{E} \tag{4.18}$$

式(4.18)和式(4.14)共同构成了一个一阶微分系统。在式(4.18)中,令 $\dot{\hat{k}} = 0$,得到:

$$\hat{E} = \frac{1}{1 + A z_1 \hat{k}} (A^{\beta} \hat{k}^{\beta} - \gamma_A \hat{k}) \tag{4.19}$$

下面我们证明式(4.19),有 $\partial \hat{E} / \partial \hat{k} > 0$,$\partial \hat{E}^2 / \partial^2 \hat{k} < 0$。

证明: 对式(4.19)求 $\hat{k}$ 的偏导数,有:

$$\frac{\partial \hat{E}}{\partial \hat{k}} = \frac{1}{(1 + A z_1 \hat{k})^2} (\beta A^{\beta} \hat{k}^{\beta-1} + \beta z_1 A^{\beta+1} \hat{k}^{\beta} - \gamma_A - z_1 A^{\beta+1} \hat{k}^{\beta})$$

根据式(4.12)可得,$\partial H / \partial k = \mu(r - z_1 E) = -\dot{\mu}$。由该结果可以得到 $\mu(t) = \mu(0) \exp[-\int_0^t (r - z_1 E) dv]$,将其代入横截条件,并依据式(4.16),以及 $E = A\hat{E}$,化简后有:

$$\lim_{t \to \infty} [\hat{k}(t) e^{-\int_0^t (\beta A^{\beta} \hat{k}^{\beta-1} - \gamma_A - z_1 A \hat{E}) dv}] = 0$$

若是横截条件成立，则要求 $\beta A^\beta \hat{k}^{\beta-1} - \gamma_A - z_1 A\hat{E} > 0$。将式(4.19)代入该不等式，得到：

$$\beta A^\beta \hat{k}^{\beta-1} - \gamma_A - \frac{z_1 A}{1 + z_1 A\hat{k}} (A^\beta \hat{k}^\beta - \gamma_A \hat{k}) > 0$$

对上面不等式的两端同乘以 $1 + z_1 A\hat{k}$，整理后可得 $\beta A^\beta \hat{k}^{\beta-1} + \beta z_1 A^{\beta+1} \hat{k}^\beta - \gamma_A - z_1 A^{\beta+1} \hat{k}^\beta > 0$。由此可知，$\partial \hat{E}/\partial \hat{k} > 0$。在此基础上，容易证明，$\partial \hat{E}^2/\partial^2 \hat{k} < 0$。证毕。

同样，根据式(4.14)，令 $\dot{\hat{E}}/\hat{E} = 0$，能够得到：

$$\hat{E} = \frac{1}{\varepsilon z_1 A} \Big[\beta A^\beta \hat{k}^{\beta-1} - \frac{z_1 \hat{k}}{z_1 \hat{k} + 1/A} (\gamma_z + \gamma_{\hat{k}} + \gamma_A) + \gamma_z - \rho - \frac{\theta - \alpha}{\theta} \gamma_A \Big]$$

$$(4.20)$$

不难证明，式(4.20)满足 $\partial \hat{E}/\partial \hat{k} < 0$，$\partial \hat{E}^2/\partial^2 \hat{k} > 0$。根据式(4.19)和式(4.20)画出的相位图如图 4.3 所示。根据图 4.3 可知，由微分方程式(4.14)和式(4.18)构成的系统存在一条鞍点路径。因为从鞍点路径以外的任何一点出发的路径在现实中都不可能存在，所以这条鞍点路径是唯一可行的。在平衡增长路径上，$\dot{\hat{E}}/\hat{E} = 0$，$\dot{\hat{k}}/\hat{k} = 0$，但是每个成年人的平均支出 E 和劳均资本 k 都以不变的速度 γ_A 在增长，即 $\gamma_E \equiv \dot{E}/E = \gamma_A$，$\gamma_k = \gamma_A$。

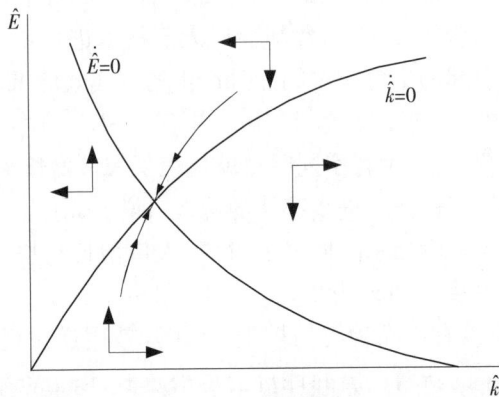

图 4.3　模型的相位图

四、生育率与消费的长期变化

对式(4.5)和式(4.6)的两边同时取对数,并求时间 t 的导数,可以得到:

$$\gamma_n \equiv \frac{\dot{n}}{n} = \gamma_E - \frac{1}{1-\alpha}\frac{\dot{c}}{c} - \frac{(\alpha/\alpha - 1)c^{1/\alpha-1}\dot{c} + (1/\lambda)I}{c^{\alpha/\alpha-1} + (1/\lambda)I} \tag{4.21}$$

$$\gamma_{x_i} \equiv \frac{\dot{x}_i}{x_i} = \gamma_E - \frac{\lambda(\alpha/\alpha - 1)c^{1/\alpha-1}\dot{c} + I}{\lambda c^{\alpha/\alpha-1} + I} \tag{4.22}$$

从式(4.21)和式(4.22)来看,如果我们要对生育率和消费的变化进行分析,还必须确定生育成本的变化。贝克尔认为,父母生育并抚养孩子是劳动密集型的活动,并且几乎没有相近的替代性投入品,因而技术进步对这项活动投入时间的影响非常小,但是时间价值却随着技术进步不断上升,因此生育成本是技术进步的增函数(贝克尔,1988)。许多与生育率有关的文献都继承了这一思想。遵循巴罗和萨拉-伊-马丁的简单设定[①],假设 $c = \eta A$,η 是一个常数,且 $\eta > 0$,则 $\dot{c}/c = \gamma_A$ 。如果不考虑产品种类,并使用 $\gamma_E = \gamma_A$,根据式(4.21)、式(4.22)有:

$$\gamma_n = \gamma_A - \frac{1}{1-\alpha}\gamma_A - \frac{(\alpha/\alpha - 1)c^{\alpha/\alpha-1}\gamma_A}{c^{\alpha/\alpha-1}} = 0 \tag{4.23}$$

$$\gamma_{x_i} = \gamma_A - \frac{\lambda(\alpha/\alpha - 1)c^{\alpha/\alpha-1}\gamma_A}{\lambda c^{\alpha/\alpha-1}} = \frac{1}{1-\alpha}\gamma_A \tag{4.24}$$

式(4.23)和式(4.24)表明,如果不考虑产品种类,生育率将不会因为技术进步而有任何的变化,但是消费却会以大于技术进步率的速度增长。这是因为技术进步引起的生育成本的上升产生的替代效应抵消了技术进步带来的收入效应。然而,这个结论却与历史事实有极大的冲突。因为本书不考虑未成年人的死亡率,生育率同时也就代表了人口增长率。在19世纪末以前,就世界范围来看,技术进步都伴随着人口增长;对几乎所有国家而言,只要处于马尔萨斯和后马尔萨斯发展阶段,人口增长与技术进步之间便存在显著的正相关关系(Galor,2005)。

事实上,如果没有产品种类的扩张,在边际效用递减规律的支配下,人们对技术进步带来的新增产出的评价会越来越低,以工资率衡量时间的价

---

① [美]罗伯特·巴罗、夏威尔·萨拉-伊-马丁:《经济增长》,夏俊译,格致出版社、上海人民出版社 2010 年版,第 327 页。

值很有可能掩盖了人们对时间的真实评价。①　如果能用比过去更少的时间生产出更多的产品，人们可能更愿意花费时间在孩子身上而不是去参加工作。因此，无论是从历史上看，还是从理论上讲，生育成本是技术的增函数这一点都是不可靠的。

或许，产品种类的扩张对于生育成本的变化有着更为重要的影响。从代际间看，生育成本的上升更多地反映了产品种类的增加。如果一代人的成长成本大于上一代人，是因为这一代人"需要"的东西更多，而不是单一产品的需要量有了很大增加，或者是父母的时间更为昂贵。生育成本随着产品种类的增加而上升，是因为产品种类的扩张引起了成为一个"社会人"所要求的最低人力资本水平的变化。仅仅具有合格生命体特征的孩子不是一个"正常商品"，因为他（她）带给父母的效用不是正的。一个满足"正常商品"性质的孩子，应该具备消费这个时代的产品的能力，这种消费能力要求孩子拥有最低的人力资本水平，而这与产品种类是正相关的。

若 $c = \tau I$，$\tau > 0$，则由式（4.20）和式（4.21）可得：

$$\gamma_n = \gamma_A - \frac{1}{1 - \alpha}\gamma_I - \frac{(\alpha/\alpha - 1)\tau^{\alpha/\alpha - 1}I^{1/\alpha - 1} + 1/\lambda}{\tau^{\alpha/\alpha - 1}I^{1/\alpha - 1} + 1/\lambda}\gamma_I \tag{4.25}$$

$$\gamma_{x_i} = \gamma_A - \frac{\lambda(\alpha/\alpha - 1)\tau^{\alpha/\alpha - 1}I^{1/\alpha - 1} + 1}{\lambda\tau^{\alpha/\alpha - 1}I^{1/\alpha - 1} + 1}\gamma_I \tag{4.26}$$

从式（4.25）和式（4.26）来看，产品创新倾向于降低生育率。这种负效应来源于两个方面，一是新产品的出现引起了支出在"孩子"和所有产品间的重新分配，二是产品种类的扩张引起生育成本的上升，产生了不利于人口增长的价格效应。但是，价格效应对于消费的影响却是正向的。为了更为清楚地观察产品创新对生育率的影响，我们求 I 渐近趋于无穷或零时的结果。

$$\lim_{I \to \infty}\gamma_n = \gamma_A - \frac{2 - \alpha}{1 - \alpha}\gamma_I \tag{4.27}$$

$$\lim_{I \to 0}\gamma_n = \gamma_A - \gamma_I \tag{4.28}$$

式（4.27）和式（4.28）表明，当产品种类增加时，产品创新对于生育率的

① 这一点在变革中的中国很容易得到证实。20 世纪 80 年代的父母将自己的小孩扔在家里或是田间地头便开始了一天的工作，他们对孩子的粗疏管教是 21 世纪的年轻父母们无法想象的；进入 21 世纪，农村低收入的父母往往抛下自己尚不会说话的孩子便外出打工，城里的父母则选择更多地与孩子待在一起。工资率是一种产品表示的收入流，收入流的大小不能代表人们对时间用途的评价。如果一个时代没有新产品的出现，我们就可以肯定地说，工资率较低的人对时间的评价更高，而不是相反。

影响逐渐增强；当产品种类减少时，产品创新对生育行为的影响也开始减弱。但是，总的来讲，这种效应不改变多样化对生育行为影响的方向。给定 $\varphi > 1$，我们使用式（4.29）统一表示生育率的变化：

$$\gamma_n = \gamma_A - \varphi \gamma_I \tag{4.29}$$

式（4.29）的意义在于它说明生育率的变化取决于技术进步和产品创新的相对速度。由于 $\varphi > 1$，所以若要人口增长率出现一个正的变化，技术进步的速度必须快于产品创新。这是因为，技术进步不但要克服新产品出现引起的分配效应，还要克服产品种类增加后生育成本上升引起的替代效应。一个不是特别严谨的结论性表述是：

当经济中出现了相对较快的效率型技术进步时，人口的增长速度也随之提高；但是当经济中出现了相对更为频繁的产品创新时，人口增速会下降。

第四节　不同性质技术创新的经济增长效应

在上一节中，我们内生化了生育率，将其表示为效率型技术进步率和产品创新速度的函数，这一节将讨论其对经济增长所产生的影响。在平衡增长路径上，$\dot{\hat{k}} = 0$，劳均有效资本长期稳定在一个水平上，而劳均资本却以 γ_A 的速度增长。根据 $K = AL\hat{k}$，可以计算出资本存量的变化率：

$$\gamma_K \equiv \frac{\dot{K}}{K} = \gamma_A + n \tag{4.30}$$

因为在经济中，每一种产品的生产都使用相同的技术，各种要素都在产品间平均分配，因此式（4.15）表示的生产函数描述了相当于一个代表性产品的生产，X_i / L_i 的变化实际上反映了整个经济劳均产出的变化。用 $\tilde{y}$ 表示整个经济的劳均产出，则：

$$\frac{\dot{\tilde{y}}}{\tilde{y}} = \frac{\dot{\tilde{y}}_i}{\tilde{y}_i} = \gamma_A + \beta \gamma_K - \beta \gamma_L \tag{4.31}$$

将 $\gamma_L = n$，以及式（4.30）代入式（4.31），整理后可得：

$$\frac{\dot{\tilde{y}}}{\tilde{y}} = (1 + \beta) \gamma_A \tag{4.32}$$

式（4.32）描述了劳均产出的长期增长率。如果要计算统计实践中衡量经济增长的人均收入，就需要总人口的概念。用 $N(t)$ 表示 t 时经济中的总

人口,则 $N = (1 + n)L$。用 y 表示人均收入,则:

$$y = \frac{\int_0^I X_i \mathrm{d}i}{(1 + n)L} = \frac{AK^\beta L^{1-\beta}}{(1 + n)L} \tag{4.33}$$

通过式(4.33)可以对人均收入的增长率进行分解。由于早期汉学家与加州学派对中国古代经济的认识和理解存在很大的偏差,为了能够对两类文献所刻画的中国经济都进行考察,我们将根据不同的设定对人均收入增长率进行分析。但是,我们的分析不是经验研究,而是基于实证分析的。也就是说,在引入了相关假设后,我们重点观察的是模型预测的结果更接近何种理论的预期。

一、典型的马尔萨斯经济

在一个典型的马尔萨斯经济中,土地是最重要的资产,其总量一般被认为是给定的,这意味着 $K(t) = \bar{K}$。此外,我们不考虑产品种类的扩张,但是允许效率型技术以 γ_A 的速度增长。人们将收入用于消费和抚养孩子,这意味着预算方程的具体形式演变为:

$$\tilde{y} = cn + \int_0^I x_i \mathrm{d}i \tag{4.34}$$

其中,c 和 I 都是不变的常数。此时,家庭当期的收入用于当期的支出,没有储蓄和资本积累,无须在时间上进行资产配置,因此家庭的最优化问题就演变为在式(4.34)约束下求解式(4.2)的极值问题了。据此,得到的最优生育率为:

$$n = \frac{\tilde{y}\, c^{1/\alpha-1}}{c^{\alpha/\alpha-1} + I/\lambda} \tag{4.35}$$

考虑到 $\tilde{y} = (1 + n)y$,代入式(4.25)并令 $\psi = c^{1/\alpha-1}/(c^{\alpha/\alpha-1} + I/\lambda)$,得到:

$$n = \frac{\psi y}{1 - \psi y} \tag{4.36}$$

注意到此时有 $\gamma_K = 0$,由式(4.31)可以得到 $\dot{\tilde{y}}/\tilde{y} = \gamma_A - \beta n$,根据式(4.33)求出人均收入增长率的表达式为:

$$\frac{\dot{y}}{y} = \gamma_A - \beta n - \frac{\dot{n}}{n + 1} \tag{4.37}$$

对式(4.36)等号两边取对数,并求其对时间的导数,可以得到:

$$\dot{n} = \frac{\psi \dot{y}}{(1 - \psi y)^2} \tag{4.38}$$

将式(4.38)代入人均收入增长率的表达式,并进行重新整理,有:

$$\dot{y} = \gamma_A y - (\gamma_A + \beta)\psi y^2 \tag{4.39}$$

根据式(4.39)绘制的描述人均收入 y 的动态路径如图4.4所示:

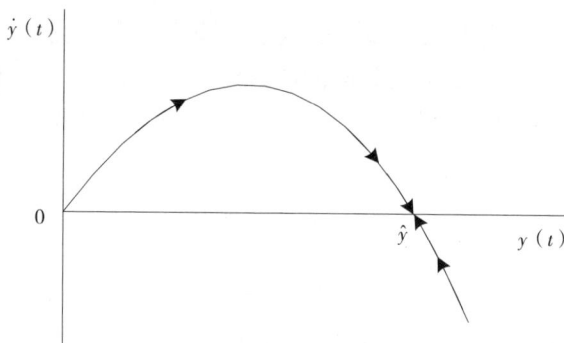

图 4.4 马尔萨斯经济中人均收入的动态路径

图4.4表明,在马尔萨斯经济中存在唯一的动态均衡。令 $\dot{y} = 0$,均衡人均收入水平 $\hat{y}$ 被定义为:

$$\hat{y} = \frac{\gamma_A}{(\gamma_A + \beta)\psi} \tag{4.40}$$

由式(4.38)和式(4.39)组成的动态系统刻画了一个典型的马尔萨斯经济,该经济的主要特征在图4.4中得到了集中展示。在该经济中,当初始人均收入水平处于较低位置时,人均收入增长率为正,人均收入和生育率都开始增长,但是当人均收入超过稳态水平时,人均收入开始下降,生育率也随之开始降低,直到经济再次恢复到均衡状态,此时人均收入长期稳定在既定的水平上,即便技术进步仍然以 γ_A 的速度在增长。需要注意的是,马尔萨斯经济并不意味着经济的完全停滞。所谓的稳定,只是指人均收入和人口增长率长期保持不变,而人口规模与经济规模都存在持续扩张的可能。将式(4.40)代入式(4.36),得到长期人口增长率为 γ_A/β。这意味着,在人均收入长期保持不变的同时,人口和经济总量仍然可以获得持续的扩张,只要经济中存在或大或小的技术进步。[①] 但是这也说明,技术进步带来的增长

---

① 这里的技术进步是指效率型技术进步,集中表现为全要素生产率的扩张,其含义相当于"索洛余值"。因此,任何引起生产率上升的因素都被包括在技术进步之中。这其中,就包括制度变迁和土地垦殖。

效应都被人口所吞噬掉了。这与珀金斯（1984）与伊懋可（Elvin，1973）对中国传统经济的描述基本一致。

二、非典型的马尔萨斯经济

但是，并非所有人都认同珀金斯和伊懋可的假设或分析。因为传统经济中可能存在持续的资本扩张以及经济资源的持续开发，只是缺少有效的资本深化而已。此外，各种性质的技术革新总是存在的，其中就包括产品种类的增加。至少18世纪开始以后的西方世界与典型的马尔萨斯经济已渐行渐远，明清时期中国江南地区的经济发展也被许多研究者"寄予厚望"。所以一个典型的马尔萨斯经济模型似乎太过简化了，为此我们考察有资本积累和产品创新的经济模型。

根据式（4.33）计算人均收入的增长率：

$$\frac{\dot{y}}{y} = (1 + \beta)\gamma_A - \frac{n}{n + 1}\gamma_n \tag{4.41}$$

将式（4.29）代入式（4.41），并根据式（4.31），可得：

$$\frac{\dot{y}}{y} = \frac{\dot{\tilde{y}}}{y} - \frac{n}{n + 1}(\gamma_A - \varphi\gamma_I) \tag{4.42}$$

式（4.42）对人均收入的增长率进行了分解。其中，技术进步的效应体现在两个方面：一是提高了劳均产出增长率，二是引起了人口增长率的上升；产品种类扩张对人均收入增长的贡献在于降低了生育率。与外生人口增长理论不同的是，技术进步不仅通过全要素生产率的提高对经济增长有促进作用，而且通过对生育率的正向影响部分抵消了这种增长效应。与佩雷托和康诺利（2007）不同的是，多样化对经济增长的影响不在于其消除了规模效应，获得一个平衡增长路径，而在于其对人口增长产生的抑制效应。但是，由于生育率不可能无限降低，因此多样化本身并不能带来经济的持续增长。[1]

为了更为清楚和深刻地理解产品创新对于经济增长的意义，我们探讨人均收入增长率在时间上的演进特征。根据式（4.41），有：

$$\frac{d(\dot{y}/y)}{dt} = -\frac{n}{(n + 1)^2}(\gamma_A - \varphi\gamma_I)^2 \tag{4.43}$$

---

[1]　但是从理论上讲，这种持续增长效应是可能存在的。这种不切实际的增长来源于"稻田条件"的假设。当人口不受限制地趋近于0时，人均产出亦趋近于无穷大。

$$\frac{\mathrm{d}^2(\dot{y}/y)}{\mathrm{d}t^2} = \frac{n(n-1)}{(n+1)^3}(\gamma_A - \varphi\gamma_I)^3 \tag{4.44}$$

式(4.43)表明,无论生育率如何变化,人均收入增长率都随着时间递减。根据式(4.42),如果 $\gamma_A > \varphi\gamma_I$,人均收入增长率将会在劳均产出增长率的基础上减掉一个正数。此时,$\gamma_n > 0$,随着时间的演进,n 逐渐增大,记 $\bar{n}$ 为受到生理和社会经济条件限制的生育率所能达到的最大值,则人均收入的增长率收敛于 $\bar{\chi}$。

$$\bar{\chi} \equiv (1+\beta)\gamma_A - \frac{\bar{n}}{\bar{n}+1}(\gamma_A - \varphi\gamma_I) \tag{4.45}$$

如果 $\gamma_A < \varphi\gamma_I$,人均收入增长率将会在劳均产出增长率的基础上加上一个正数。但是此时,$\gamma_n < 0$,随着时间的演进,n 逐渐趋近于 0,人均收入的增长率最终收敛于 $(1+\beta)\gamma_A$,即劳均产出增长率。图4.5描绘了人均收入增长率的时间路径(假设 $0 \le n \le \bar{n} < 1$)。

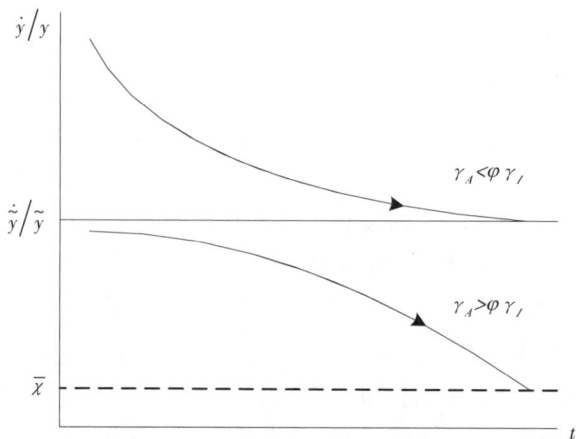

图4.5　人均收入增长率的时间路径

假设经济的初始状态为 $\gamma_A = \varphi\gamma_I$,则人均收入以 $(1+\beta)\gamma_A$ 的速度增长。如果技术创新发生了变化,产品创新变得更加活跃,则生育率会出现下降,引起人均收入增长率的提高。但是,根据式(4.41)或者式(4.42),由于人口增长率的持续下降,这种增长效应会逐渐减小,最后仍将恢复到初始的人均收入增长率水平。因此,经济的持续增长最终决定于效率型技术进步率。如果技术创新突然更多地表现为效率型技术进步,则会出现两个方面的变化：一是劳均产出增长率会永久性地提高；二是人口增长率也会出现上升的趋势，这又引起了人均收入增长率的部分下降，最终使经济增长率稳定在一个新的水平上。由式（4.45）可知，最终的增长率要小于劳均产出增长率上升的幅度。这意味着，即使经济中观察到了较为明显的效率型技术进步，人均收入的增长也可能并不显著，但是持续的人口增长却容易被观察到。据此，我们得到以下两个命题：

命题 4.1 效率型技术进步对劳均产出增长率的上升具有永久性效应，对于人均收入增长率的影响则依赖其与产品创新的相对速度。

命题 4.2 当产品创新的速度相对较快时，人口增长率逐渐下降，人均收入增长率最终保持在与劳均产出增长率相同的水平上，技术进步的增长效应得到充分体现；当效率型技术进步的速度相对较快时，人口增长率逐渐上升，劳均产出以 $(1 + \beta)\gamma_A$ 的速度增长，人均收入则以低于劳均产出增长率的速度增长，技术进步的增长效应受到了削弱。

工业革命时期的西方世界表现出了类似的特征，在前面我们对此已经做了较多的说明。就中国历史上的经济增长而言，从宋代开始，出现了较为明显的技术进步，人均收入也一度从 450 美元上升到了 600 美元，但是此后经济增长基本停滞，长期维持在 600 美元的水平上。[①] 史学家曾经认为元、明时期中国的农业发展出现了停滞，但是有一些研究认为，无论是从亩产量还是从劳动生产率的增长来看，元、明、清时期依然取得了重要成就。[②] 不过有一点是可以肯定的，那就是相对于人均收入的停滞和劳均产出的增长，人口增长方面的成就则令世人瞩目。尽管断代史研究否认中国历史上的人口增长率有大的变化，如曹树基（2001），但是长期来看人口增长率的提高是非常明显的。先秦的人口由于资料的限制难以作出可靠的估计，但是其时的人口增长与世界人口增长的特征应该没有太大的差别，人口翻一番所需要的时间至少在两千年以上。[③] 人口从西汉的 6000 万人增长 1 倍到 1.2 亿人应该在北宋中期以后，其间经历了一千多年。从北宋的 1 亿多人到清乾隆年间人口增长到 2 亿多人以上，经历了 600 多年，从 2 亿多人翻一番增

① ［英］安格斯·麦迪森：《中国经济的长期表现：公元 960—2030 年》，伍晓鹰、马德斌译，上海人民出版社 2011 年版，第 21 页。
② 见李伯重：《多视角看江南经济史（1250—1850）》，生活·读书·新知三联书店 2003 年版，第 82—83 页、第 333—336 页。
③ 旧石器时代晚期到新石器时代的 30000 年间，人口年平均增长率低于 0.1‰，人口翻一番所需要的时间为 8000—9000 年。农业文明开始后到耶稣降生前，世界人口年增长率约为 0.4‰，翻一番需要的时间为 2000 年。见［意］马西姆·利维巴茨：《繁衍：世界人口简史》，郭峰、庄谨译，北京大学出版社 2005 年版，第 27 页。

长到 4 亿—5 亿人,则不会超过 200 年。可见,人口的增速长期来看是加快的。虽然缺少可靠的证据,但是基本上可以确定,从西汉初创到清朝灭亡这两千多年的时间里,比起发明有消费意义的新产品来,中国人在提高效率、养活更多的人口方面做得更为成功。根据命题 4.2,由于缺乏显著的产品创新,这种效率型的技术进步并没有转化为人均收入方面的成果,而是更多地促进了人口规模的持续增长。

关于中国传统经济长期演变的研究,更多地集中在对"李约瑟之谜"的解答上,研究者主要围绕着技术进步或者其他因素与产出的关系展开。本章从技术创新与人口增长的角度出发,对中国历史上自宋代以来的经济增长进行了描述和解释。本章的分析表明,效率型技术进步提高了人均收入水平,倾向于提高人们的消费和生育率,但是产品种类的增加引起了消费集的扩大和生育成本的上升,对生育率的上升有抑制作用。西方世界之所以能迎来人口转变,一个很重要的原因是 19 世纪后半期出现了较快的产品创新,"消费"孩子的激励得到了有效抑制;而没有出现显著的产品创新,也是中国自宋以来有技术进步而无经济增长的一个重要原因。

早些时候,经济学家认识到实验性科学对于理解中国长期经济增长具有重要意义(林毅夫,1995),但是后来发现工业革命与现代科学技术的关系并不大,因此放弃了对相关问题的继续探讨。由于产品创新主要依赖于实验性科学,而且在时间上与现代科学技术的发展高度契合,因此从产品创新与人口增长的视角出发继续探讨实验性科学与中国长期经济增长的关系可能是有意义的。本章所进行的研究只是初步的,对技术史的论述更多地带有猜想的性质。理论分析所得到的结论虽然在经济学上容易理解,但是无法得到可靠的经验证据的支持。我们希望通过对产品创新的强调,能为经济史和技术史的研究带来一些新的启示。

第五章　人口规模与总量繁荣：
不同田制的长期效应

有一些学者,如何炳棣已经注意到了土地分配与人口增长之间的关系。[1] 但是,至今还未见到从经济学角度对这一问题进行较为严谨的分析。本章将对古代中国土地制度的人口效应及其经济影响进行考察,并期望为中国古代增长史上表现出来的一些重要特征给出经济学上的解释。

第一节　中国历史上的田制

有些历史学家认为,中国历史上的土地制度的演变路径是比较清晰的,即自商鞅变法以来,土地私有制得到了迅速发展,秦汉以后,土地私有已经成为中国历史的主流(王家范,1999)。但是在专门史的研究中,自20世纪50年代起,有关中国古代土地所有制性质的问题,学术界争议很大,并延续至今。[2] 因此,在叙述中国历史上的田制之前有必要先对这一问题进行澄清。观察问题的视角决定了对中国历史上田制演变的理解及其叙述。

一、有关中国古代土地所有制的争论

关于中国古代土地所有制性质的争论总的来说可以分为两类,即土地私有制论和土地国有制论。主张土地私有制的学者认为,自战国以来,中国历史上实际占有耕地绝大部分的地主和自耕农不但拥有土地的使用权和受益权,而且拥有充分的处分权,集中表现为土地的买卖、转让和继承。因此,说中国古代历史上秦汉以来的土地所有制主要是私有制是有

---

① 见[美]何炳棣:《明初以降人口及其相关问题:1368—1953》,葛剑雄译,生活·读书·新知三联书店2000年版,第255—265页。

② 关于这一问题,启循对改革开放前理论界的争论有一个综述。见启循:《关于中国封建土地所有制问题的讨论综述》,《历史教学》1979年第6期。改革开放以后的相关论述可见程念祺:《试论中国古代土地制度的公有、私有与国有问题》,《史林》1997年第3期;王家范:《中国传统社会农业产权辨析》,《史林》1999年第4期;魏天安:《从模糊到明晰:中国古代土地产权制度之变迁》,《中国农史》2003年第4期;李根蟠:《官田民田并立,公权私权叠压——简论秦汉以后封建土地制度的形成及特点》,《中国经济史研究》2014年第2期。

充分依据的。主张土地国有制的学者则认为,在中国历史上,"溥天之下,莫非王土"的观念长期延续并深入人心,因而在土地产权的界定中,国家(或者"王")作为最高主体的地位是被认可的;在实践层面上,国家也以其掌握的国家力量对私人占有的土地进行调整和干预,既表现为不同时期对私人土地交易的法律限制,也表现为"授田""限田""占田"和"均田"等法令制度的颁行。

事实上,土地私有制论和土地国有制论都存在可以用来证伪对方的历史证据。在缺少罗马法传统和法治精神的中国古代,并没有用法律明确界定所有制和产权的概念和能力,因而也就不存在完全的私有制和完全的公有制或国有制。地主和农民的土地产权经常受到国家的侵扰固然是显而易见的,但是主张土地国有或"王有"的观点也经不起事实的检验。例如,土地"王有"论者根据君主或帝王可以侵占私人土地,或者可以将私有土地收归国有的事实来证明作为主权象征者的帝王才是拥有终极土地所有权的主体。然而,中国历史上的君王尽管可以侵占或罚没私人土地,却不能将这些土地财富随意充入皇室私库。执掌国家府库的大司农、户部等才是这些土地最主要的进账者。而且,进入国家财政系统的土地财富最终也要通过授田或租佃转化为私人使用的土地才能实现其价值。

更为重要的是,就实践层面的意义而言,使用权比所有权,尤其是所谓的最高所有权要重要得多。从实际占有和支配的角度看,秦汉以后中国的土地制度是官田(国有土地)与民田(私有土地)并立,而且在耕地总量中,民田在很长时期内占绝大部分(李根蟠,2014)。从土地产权的发展趋势看,中国古代的土地产权变迁经历了一个从模糊趋向明晰的过程(魏天安,2003)。因此,说土地私有的成分越来越大恐怕是不可否认的。

即便我们对中国古代土地所有制的性质仍有不同的看法,但是正如王家范(1999)和李根蟠(2014)所指出的那样,"所有制"和"产权"本来就不是为中国定做的一套"概念",因而也不是用来描述中国土地制度和土地分配的一个好的工具。相反,中国历史记载中的"田制"一词却是有其确切的历史含义和对应的表现形式的。而且,从本书的研究来看,对历史上"田制"的分析就已经足够了。因此在下文有关土地制度的介绍中,我们主要围绕田制而非所有制进行。

二、历代的田制与家庭耕地的来源

夏、商、周三代之时实行的井田制可能是历史上有记载的最早的田制了。井田制是村社基础上的公有制①，或者是村社基础上的贵族私有制（魏天安，2003），抑或是二者兼有之（程念祺，1997）。这或许是仁者见仁、智者见智的问题了。从土地使用权的分配来看，井田制是按户分配的授田制，授田数与当时的生产力有关。《孟子·滕文公》记载："夏后氏五十而贡，殷人七十而助，周人百亩而彻，其实皆什一也。""贡""助""彻"是三代所分别实行的赋役制度。② 这段话表明，随着耕作能力的提高，三代授田数也从夏代的 50 亩增加到了商代的 70 亩，再到周代的 100 亩。③ 受田的基本单位为户或"夫"。一个标准户为包括一夫一妇在内的五口之家，超出标准之外的劳动力称为"余夫"，每人可受田 25 亩。④

战国开始，土地私有化已经成为普遍事实。秦以后，耕地的绝大部分被地主和自耕农所占有。不过，在两汉魏晋的几百年里还出现过"限名田""占田制"以及王莽试图实行的"王田制"等政府干预或直接分配土地的政策。这些政策基本上都没有得到有效的实施，对历史的影响也非常有限。但是在北魏太和九年（485 年）到唐德宗建中元年（780 年）这将近三百年的时间里，出现了一种新的田制——均田制，在历史上有较大的影响。

均田制历经北魏、东魏/西魏、北齐/北周、隋、唐五个朝代，故而又称"五朝均田制"。均田制自初创以来，历代都有一些变动，主要涉及授田的数量和对象。我们以唐代均田制为例来阐述这一田制的基本特征。武德七年（624 年）的均田令规定：男子 21 岁为"丁"，丁男授田一顷（100 亩）。其中 20 亩为世业田（后改称永业田），80 亩为口分田。受田者身死后，世业田由继承者承受，口分田还官，改授他人。授田的具体操作方式有"户内通分"和"对共给授"等。⑤ "户内通分"即继承人若未受田，或受田不足，可在户内对应还官（府）的田亩进行分配并经政府确认后生效，而无须再另行"还""授"。"对共给授"是指政府依据法令收回应退之田，转授给应授之人。"对共给授"的原则是"先课役，后不课役；先无，后少；先贫，后富"。总之，均田制试图达到均田的效果。当然，具体实施还有许多详细的规定，例如对"笃疾废疾""寡妻妾"和"独立户"的特殊规定，以及根据"狭乡"和"宽

---

① 赵冈、陈钟毅：《中国土地制度史》，新星出版社 2006 年版，第 1 页。

② 当然，如果认为三代井田制是土地贵族所有制或"王有"制，则"贡""助""彻"就被理解为不同的地租形态。

③ 本书中所述及的计量单位"亩"，除非有特别说明，都是指当时或引用文本中的"亩"，不是当代定义的"亩"。

④ 赵冈、陈钟毅：《中国土地制度史》，新星出版社 2006 年版，第 9—10 页

⑤ 具体介绍见武建国：《汉唐经济社会研究》，人民出版社 2010 年版，第 116—137 页。

乡"作出的不同安排等。

中唐以后,均田制崩溃,秦汉时期的土地私人占有又迅速恢复了。赵宋以降,再没有出现过系统性的政府重新分配私人土地的制度和政策。此后历代"均贫富"的努力也从"均田"转向了"均税"(魏天安,2003)。直到新中国成立,土地制度再无大的变更。[①]

关于田制,历代的史籍都是从政府的视角来概括和记述的,因而特别强调对政府行为的刻画。但是从经济学分析的角度讲,我们更愿意从农民家庭获得土地使用权的角度去考察中国历史上的田制,其中的关键在于说明新增人口借以安身立命的耕地是如何获得的。

在实行土地私有制的时期,农民可使用的耕地来源不外乎户内继承、政府"授田"或私人租佃。[②] 历代开国之初,通过政府"授田"、私人"请射"等方式,新增人口可获得一些新的耕地。经过一段时间的人口增殖之后,政府掌握的土地或可耕地终究会授完,此时新增人口若是想获得耕地,只能依靠土地市场。[③] 这其中最为重要的就是土地租佃。租佃的来源主要有两种。一种来源于政府"假民公田",即租种政府所拥有的国有耕地,但是其比例不会很大,涉的人口应该比较小;另一种是私人租佃,即租种各类地主,包括宗亲贵胄、寺庙学堂的土地。当然,均田制颁行的时期,新增人口的耕地主要来源于政府的"授田"。所以,无论农民耕种的土地是通过何种途径获得的,从可使用的土地来源来看,无非就是两种。一种是来自家庭内部的代际分配,另一种是来自家庭外部的"租佃"——官田或民田。在下面的分析中,我们将根据家庭人口与耕地数量的关系定义两种不同类型的制度安排,以此来概括和分析历史上的田制及其效应。

第二节　不同田制的人口效应分析

一、家庭的消费和约束

标准的拉姆齐模型或戴蒙德模型更注重对人均消费水平变化的分析。

---

① 当然,1949 年前,"老解放区"已经实施了土改,其土地制度业已发生了根本性的变化。但在全国范围内建立起一种新的土地制度,是在新中国成立并完成了土改以后。

② 垦荒也是农民获得耕地的一个重要途径。历代大多承认私人垦荒的成果,但是需要"名田",即上报并登记入册。考虑到未垦荒地一般都为国家所有,因此垦荒也可以被看作政府"授田"的一种。

③ 黄宗智:《长江三角洲小农家庭与乡村发展》,中华书局 2000 年版,第 329 页。

在个体消费更多地依赖于私人消费和个人收入的时代和社会，这种建模方式的确是合适的。但是就中国传统农业社会而言，以人均消费作为决策依据的模型可能无法准确反映社会经济的一般特征。在人均收入水平较低的马尔萨斯经济中，个人福利更多地依赖于以家庭为单位提供的公共消费。其中包括家庭提供的住房、婚嫁、教育、节日、礼仪和社交等支出，以及有关生老病死的应对和对灾害、意外等不确定性的预防。吃穿的用度很多属于个人消费，但也并不是必然的。一些食物和服饰由于受到价格和产品可分割性的限制，个人对这些产品的消费依赖于以家庭为单位进行的公共消费，比如对"鸡鸭鱼肉"等"改善性"食物和"礼服"性质的服饰的消费。不同于现代经济，在人均收入较低的时代，公共消费的数量往往决定着一个家庭及其成员的福利水平，因而对于集体剩余的追求可能要比以后任何时代都体现得更为迫切。

纯粹的个人消费一般具有必需品的特征，它实际上构成了人口再生产的成本。家庭的决策可以表述为在个人消费（人口生产）约束下最大化其公共消费水平。定义一个家庭的公共消费为 C，家庭的即期效用函数如式（5.1）所示：

$$u_i(C_i) = \frac{C_i^{1-\theta}}{1-\theta} \tag{5.1}$$

其中，$0 < \theta < 1$，u 表示家庭的即期效用。与前两章的设定相同，所有的变量都是时间的函数，但是除非确有必要，本章中都将省去对时间的标注。假设经济中共有 H 个家庭，下标 i 表示第 i 个家庭。在不引起歧义的情况下，下面将省略对下标的使用。人口生产的成本是由外生决定的，并且在孩子出生时由家庭一次性予以支付，用参数 η 表示。完全的个人消费构成该成本的一项重要内容。家庭向社会提供劳动并获得报酬，由此形成的收入被用于人口的再生产和家庭公共消费。每个人口拥有 1 单位劳动，w 表示人均报酬，每个人的生育率为 n，则家庭的预算约束和人口的动态方程分别如式（5.2）和式（5.3）所示：

$$c = w - \eta n \tag{5.2}$$

$$\dot{l} = nl = \frac{w-c}{\eta}l \tag{5.3}$$

其中，c 表示人均剩余，构成公共消费基金的一部分；l 表示家庭在 t 时的人口。由于 $C = cl$，所以有：

$$u(C) = u(cl) = \frac{c^{1-\theta}}{1-\theta}l^{1-\theta} \tag{5.4}$$

本章继续使用由巴罗和萨拉－伊－马丁（2010）依据贝克尔和巴罗（1988）构建的一个包含内生生育率的无限寿命家庭效用函数，其具体形式如式（4.1）所示：

$$U(t) = \int_0^\infty l(t)^{1-\varepsilon} u(t) e^{-\rho t} dt$$

式（5.4）中，各参数的含义及取值范围都与式（4.1）相同，此处不再赘述。结合式（5.4），家庭长期效用函数如式（5.5）所示：

$$U(t) = \int_0^\infty l(t)^\varphi \frac{c(t)^{1-\theta}}{1-\theta} e^{-\rho t} dt \tag{5.5}$$

其中，$\varphi = 2 - \varepsilon - \theta$，$0 < \varphi < 2$。根据式（5.5）和式（5.3）构建汉密尔顿方程：

$$H = l^\varphi \frac{c^{1-\theta}}{1-\theta} e^{-\rho t} + \nu \frac{w-c}{\eta} l \tag{5.6}$$

在竞争性市场假设下，求解上述最优化问题时一般假定工资率 w 独立于个体决策。但是分析中国传统农业经济中的微观行为，竞争性市场可能不是一个好的假设。由于耕地数量是给定的，人们很容易预见下一代人的收入将取决于当前孩子的数量。[①] 因此，这里假设劳动的报酬是其数量的函数，即 $w = w(l)$。据此，依据汉密尔顿方程式（5.6）求解出的 c 的动态路径为：

$$\frac{\dot{c}}{c} = \frac{1}{\eta\theta(1-\theta)} \{ (1-\varepsilon)c + (1-\theta)(\frac{\partial w}{\partial l} l + w) - \eta(1-\theta)[(1-\varphi)n + \rho] \} \tag{5.7}$$

横截条件为：$\lim_{t\to\infty} [v(t)l(t)] = 0$。

二、制度安排与生产

前文已经指出，中国历史上的土地制度有一个演变的过程，但是在"王田"观念下，即使是由政府"授田"形成的自耕农实际上也具有"国家佃农"的性质。[②] 与田亩相关的税赋，如两汉的田租、租庸调中的田租以及明清的

---

① 虽然不能提供直接的证据证明中国古代社会的生育决策具有完全的预期性，但是"生儿防老"在中国具有悠久传统，父母将自己晚年的生活与子女未来的境况联系起来并不难理解。郑卫东对合作化时期中国农村生育行为的研究中对此有直接论述。见郑卫东：《村落社会变迁与生育文化：山东东村调查》，上海人民出版社2007年版。

② 见王家范：《中国历史通论（增订本）》，生活·读书·新知三联书店2012年版，第119—124页。关于政府授田形成的自耕农的性质，历史学界尚有争议，参见葛金芳：《中国近世农村经济制度史论》，商务印书馆2013年版，第34—35页。不过对于经济分析而言，有关农户性质的争议是不重要的，因为它不改变模型的基本特征。

地税等即与地租相类似。从分析的角度讲，做这样的类比是完全可行的。无地农民租种"官田"或是私人耕地自然具有佃农的性质，产出也依据地租（地租率）在政府或私人田主和佃农之间进行分配。这一点无论是对宋以前的"依附佃户"还是宋以后的自耕佃农都是相同的。

如果家庭 i 从政府（或是私人田主）那里获得的土地数量为 x_i，地租率为 r，$0 < r < 1$，①用 y 表示家庭的收入，A 表示技术，则家庭的收入函数和人均报酬分别由式（5.8）和式（5.9）表示：

$$y_i = (1 - r)Ax_i^{\alpha}l_i^{1-\alpha} \tag{5.8}$$

$$w_i = (1 - r)Ax_i^{\alpha}l_i^{-\alpha} \tag{5.9}$$

显然，单个家庭的收入和人均报酬依赖于其所能耕种的土地数量 x_i。现在的问题是，新增人口的出现对所有家庭耕地数量 x_i 有什么影响。根据前文对历史上田制的介绍，本章定义两种制度安排。第一种，完全的自耕农经济。在这种制度下，政府一次"授尽天下田"，此后土地不再变更，家庭既不向外出租耕地，也不租入耕地，则家庭可使用的耕地与其人口数量无关，$x_i(t) = \bar{x}_i$，$\bar{x}_i$ 表示初始"授田"数。这种制度安排从来没有在历史上出现过，不过它在一定程度上刻画了绝大多数自耕农家庭面临的经济约束；而且将其作为一种参照，也容易发现下面这种制度安排的意义。

第二种，租佃经济。如果政府依据人口增加连续"授田"或"配田"，则家庭所拥有的耕地数量将是其人口的函数，$x_i = x(l_i)$，且 $x'(l) \geq 0$，$x''(l) < 0$。二阶导数之所以小于 0，是因为经济中耕地的总量是固定的，因此新增人口所能获得的耕地数量面临递减的趋势。这一点在"均田制"下有直接体现。唐初"狭乡"授田已不足数②，可见"均田制"不能在较长时间内保证人口得到固定数量的耕地。如果是民间租佃，佃农家庭所能使用的耕地数量依赖于地主的利润函数。依据式（5.8），地主的地租收入是佃农家庭人口的增函数，因此地主有激励根据人口的变化调整佃户的耕

---

① 田租也可能采用定额租的形式。例如，田赋自魏晋开始基本按田亩征收，民间地租自两宋以后定额租的比例也持续上升。定额租本身就是由分成租演化而来的（见赵冈、陈钟毅：《中国土地制度史》，新星出版社 2006 年版，第 276 页），但是二者的激励效应在非竞争性市场上是不同的。然而，对于本章的研究来说，田租的形式是不重要的，重要的是田租的大小以及确定田租水平的机制。这一点将在后面的分析中得到充分的体现。

② 贞观十八年，唐太宗幸临口（今陕西临潼区），向农人询问授田情况，得到的答复是"丁三十亩"，太宗"忧其不给，诏雍州录尤少田者，给复，移宽乡"（《册府元龟》卷四二，《帝王部·仁慈门》）。

地。如果佃户的生产技术和劳动都是同质的,地主有激励根据劳动力的数量平均分配耕地。① 假设地主只有一个,或者土地在多个地主间平均分布,经济中的耕地总量为 $\bar{X}$,定义 $L(t) = \sum_{i=1}^{H} l_i(t)$,表示 t 时经济中的总人口,则单个佃农家庭所能获得的耕地数量为:

$$x_i = \frac{\bar{X}}{L} l_i \tag{5.10}$$

三、稳态和均衡

将式(5.9)代入人口的动态方程式(5.3),可以得到:

$$\dot{l} = \frac{l}{\eta} [(1 - r) A x^\alpha l^{-\alpha} - c] \tag{5.11}$$

式(5.7)和式(5.11)是描述经济长期演进的两个关键方程。由于制度安排上的差异对这两个方程的具体形式都有根本性的影响,因此下面将分别分析不同制度下经济的稳态。

（一） 自耕农经济

在这种经济制度下, $x_i(t) = \bar{x}_i$ 。令式(5.11)等于0,整理后可得:

$$c = (1 - r) A \bar{x}^\alpha l^{-\alpha} \tag{5.12}$$

依据式(5.9)对式(5.7)进行重新整理,并令 $\dot{c}/c = 0$,可以得到:

$$c = -\frac{(1 - \alpha)(1 - \theta)(1 - r) A \bar{x}^\alpha}{1 - \varepsilon} l^{-\alpha} + \frac{\eta(1 - \theta)[(1 - \varphi)n + \rho]}{1 - \varepsilon}$$

$$\tag{5.13}$$

可以证明,横截条件若成立,则意味着 $[(1 - \varphi)n + \rho] > 0$ 。下面我们给出一个简单的证明。

证明:根据汉密尔顿方程式(5.6),有 $\partial H / \partial c = l^\varphi c^{-\theta} e^{-\rho t} - vl/\eta$ 。令该式等于零,可以得到 $v = \eta l^{\varphi-1} c^{-\theta} e^{-\rho t}$ 。对等号两边取对数,并求时间 t 的导数,注意到 $\dot{l}/l = n$,整理后可得 $\dot{v}/v = (\varphi - 1)n - \theta \dot{c}/c - \rho$ 。给定 $\dot{c}/c = 0$,该式意味着 $v(t) = v(0)\exp\{-\int_t^\infty [(1 - \varphi)n + \rho]\mathrm{d}s\}$ 。由横截条件可知

---

① 均田制显然满足这样的假设,但是私人租佃可能在短期内不具有这样的特征。一些研究关注到了地主退佃可能存在的一些困难。相关论述见高王凌:《租佃关系新论》,上海书店出版社 2005 年版。但是,长期来看,人口增长引起的对租佃权的竞争是客观存在的。

$\lim_{t \to \infty} \{ l(t) \cdot \exp(-\int_t^{\infty} [(1-\varphi)n+\rho]\mathrm{d}s)\} = 0$。横截条件若成立，必然要求 $[(1-\varphi)n+\rho] > 0$。证毕。

给定 $(1-\varphi)n+\rho > 0$，当 $l \to +\infty$ 时，式（5.13）意味着 c 收敛于一个大于 0 的正值 $\bar{c}$，

$$\bar{c} = \frac{\eta(1-\theta)[(1-\varphi)n+\rho]}{1-\varepsilon}$$

根据式（5.12）和式（5.13）作出的相位如图 5.1 所示。图 5.1 显示，在"一次授田"的自耕农经济下，由微分式（5.7）和式（5.11）描述的动态系统是渐近稳定的。无论初始点位于何处，经济最终都收敛于唯一的均衡点，人均剩余和人口增长都处于稳定状态，经济发展陷入了停滞。这一状态刻画了中国传统农业经济的基本特征。如果没有显著的技术进步，无论是乱世之后人口低于长期稳态水平时开始的"治世"，还是经历盛世后的短暂"中兴"，都不能使经济获得更高水平的发展，经济最终都会恢复到或是回落到一个稳定水平上。

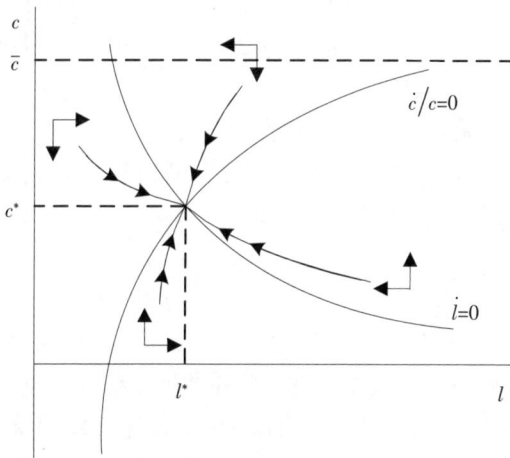

图 5.1　自耕农经济下的均衡

根据图 5.1 描述的情形，计算 c 和 l 均衡值。求解由式（5.12）和式（5.13）构成的方程组（注意，此时有 $n=0$），可以得到：

$$c^* = \frac{\rho\eta(1-\theta)}{1-\varepsilon+(1-\alpha)(1-\theta)} \tag{5.14}$$

$$l^* = \left\{ \frac{(1-r)[1-\varepsilon+(1-\alpha)(1-\theta)]A}{\rho\eta(1-\theta)} \right\}^{1/\alpha} \cdot \bar{x} \tag{5.15}$$

式(5.14)和式(5.15)表明,较高的技术水平和较大的耕地面积只会产生一个较高的长期稳态人口水平,对人均剩余,进而对家庭消费的长期水平并没有影响。此外,在历史上长期被关注的田赋税率和地租率也只与社会的长期人口规模负相关,而与微观家庭的长期稳态消费水平无关。这一点或许令人诧异,但是却与事实基本相符。因为无论哪个朝代,当人口增长和经济发展停滞的时候,微观层面的贫困程度可能没有太大的差别,但是人口峰值却不尽相同。需要注意的是,这里的赋税都是法定的长期税赋,是被决策者所预期到的,并不包括临时性的征发和摊派。因此,它并不能说明所有的税赋都与人们的生活水平无关。相反,临时性的加赋、加税或是其他征发,都会使消费水平立刻降低,但是并不改变长期稳态值。然而,如果稳态的水平值足够低,临时性的征发有可能会造成巨大的冲击,引起社会的震荡。

尽管田赋或田租的高低对家庭长期消费水平没有影响,但是人口生产的成本 η 却与消费的长期稳态值正相关。这就是说,在较高的生育成本下,家庭反而会有一个较高的消费稳态,而在较低的成本下,家庭的长期消费水平也会比较低。这似乎也与人们的常识相违背。不过简单的分析即可表明,η 与人口生产直接相关,较低的 η 引起人口的增加,最终摊薄了人均耕地的数量,降低了人均报酬。

古代社会的繁荣是一种规模上的效应,而不是人均意义上的富足。从社会总量上看,它依赖于人口的规模和人均剩余量。定义 M 表示社会可支配财富的总量,则其稳态时的水平为:

$$M^* = \sum_{i=1}^{H} (c_i^* l_i^*) = \left[(1-r)A \right]^{1/\alpha} \left[\frac{1 - \varepsilon + (1-\alpha)(1-\theta)}{\rho \eta (1-\theta)} \right]^{(1-\alpha)/\alpha} \bar{x} \quad (5.16)$$

式(5.16)表明,一个社会的繁荣程度与技术水平、耕地面积正相关,与赋税和地租率负相关。这说明国家"轻徭薄赋"或地主较小的分成有利于帝国的繁荣。因此,历代王朝的确有激励抑制赋税和地租的增长。然而,较轻的赋税和地租负担并不能保证帝国的长治久安。因为稳态时的经济是停滞的。这种停滞对于任何王朝而言,可能都不是一个好的预兆。尤其是当经济中还存在相当数量的租佃性质的经济成分时。那么,这种租佃经济在经济上到底与自耕农经济有什么差异呢?

（二）租佃经济

与自耕农经济最大的不同是,租佃经济下,或者通过政府"连续授田",或者通过私人租佃,佃户家庭所能获得的耕地是其人口的函数,如式(5.10)所示。将式(5.10)代入式(5.11)并令后者等于0,可以得到:

$$c = (1 - r)A\bar{x}^{\alpha}\Big(\sum_{i=1}^{H}l_i\Big)^{-\alpha} \tag{5.17}$$

根据式(5.7),令 $\dot{c}/c = 0$,并依据式(5.10)、式(5.9)进行整理,有:

$$c = -\frac{(1 - \alpha\beta)(1 - \theta)(1 - r)A\bar{x}^{\alpha}}{1 - \varepsilon}\Big(\sum_{i=1}^{H}l_i\Big)^{-\alpha} + \frac{\eta(1 - \theta)[(1 - \varphi)n + \rho]}{1 - \varepsilon} \tag{5.18}$$

其中, $\beta = l_i/L$,表示家庭 i 的人口占总人口的比例,因而有 $0 < \beta \leqslant 1$ 。由式(5.17)、式(5.18)确定的相位图与图 5.1 有相似的性质,即都是渐进稳定的。[①] 但有一点需要注意,在自耕农经济中,家庭的最终消费水平只与自己的人口有关,而与其他家庭的人口以及社会总人口无关。因此,由单个家庭确定的人均积累水平最终完全反映了家庭的消费水平。而在租佃经济中,单个家庭的福利依赖于整体的行为,即耕地的分配取决于总人口。那么,在租佃经济中,由代表性家庭的微观决策导致的宏观人口行为最终会带来什么后果呢? 根据式(5.17)、式(5.18)计算 c 和 L 的均衡值,有:

$$c^{*} = \frac{\rho\eta(1 - \theta)}{1 - \varepsilon + (1 - \alpha\beta)(1 - \theta)} \tag{5.19}$$

$$L^{*} = \sum_{i=1}^{H}l_i^{*} = \Big\{\frac{(1 - r)[1 - \varepsilon + (1 - \alpha\beta)(1 - \theta)]A}{\rho\eta(1 - \theta)}\Big\}^{1/\alpha}\bar{x} \tag{5.20}$$

式(5.19)和式(5.20)分别代表了租佃经济下人均剩余和社会总人口的长期稳态水平。对比式(5.14)和式(5.15)不难发现,两种经济下的长期消费行为和人口行为极为相似,各种参数对长期经济绩效的影响在性质上也是一致的。那么这是否意味着,政府"一次授田"的自耕农制度和"连续授田"或者私人租佃制度对于经济的长期影响基本是相同的,或者说其影响也仅有数量上的差异,而不会产生实质性的后果? 为了回答这一问题,我们需要对两种制度及其经济后果进行更为细致的考察。

第三节　不同田制经济绩效的比较和解释

一、两种田制的经济绩效

为了便于表述,我们采用下标 o 和 s 分别表示自耕农经济和租佃经济。比较式(5.19)和式(5.14)容易发现, $c_o^{*} \geqslant c_s^{*}$,租佃经济下长期人均剩余水

---

① 由于两个相位图基本一致,因此此处没有展示根据式(5.17)和式(5.18)作出的相位图。

平低于自耕农经济。这是因为租佃经济中人口的稳态水平提高了,人均耕地的数量出现了下降。式(5.15)表示单个家庭的人口,依此进行加总,得到自耕农经济下的社会总人口为:

$$L_o^* = \sum_{i=1}^{H} l_{o,i}^* = \left\{ \frac{(1-r)[1-\varepsilon+(1-\alpha)(1-\theta)]A}{\rho\eta(1-\theta)} \right\}^{1/\alpha} \bar{x} \qquad (5.21)$$

不难发现,$L_s^* \geqslant L_o^*$。不过,就社会的财富总量而言,在租佃经济下,有:

$$M_s^* = c_s^* L_s^* = [(1-r)A]^{1/\alpha} \left[\frac{1-\varepsilon+(1-\alpha\beta)(1-\theta)}{\rho\eta(1-\theta)} \right]^{(1-\alpha)/\alpha} \bar{x}$$

$$(5.22)$$

对比式(5.16),容易发现 $M_s^* \geqslant M_o^*$,租佃经济下社会财富总量要大于自耕农经济。命题 5.1 总结了自耕农经济和租佃经济的绩效差异。

命题 5.1 租佃制度下的社会总人口要多于自耕农制度,社会财富总量要大于自耕农经济,而人均剩余却要低于后者。

所以,租佃制度在总量经济和规模效应上要比自耕农制度更为成功。这意味着,如果王朝政府偏好于社会财富总量和户口表征的繁荣昌盛,那么它就有激励实施一种租佃经济,而不是自耕农经济。从制度和政策的具体表现上来讲,中央政府有不断按人口"均田"的冲动。完全的均田不容易实现,但是相对于一次"授尽天下田",中央政府更偏好于"连续授田"。[①] 这种"连续授田"包括对新增人口的授田,持续的"计口授田",以"名田""请射"的形式对私人复垦无主荒田的肯定[②],以"假公田"的形式为无地、少地者配田,以及以"抑兼并"为代表的对土地的重新分配,如"限田"和"占田"等。这些"均田"的措施历来受到史学家的肯定或同情,但是其中隐藏的问题却不易被人们察觉。这种"求均"的过程中伴随着长期人均积累水平的整体下降。那么,这种下降是否有明显的经济或社会意义呢?

当经济处于均衡时,根据式(5.3)有 $w = c$。如果经济中家庭的数量足够多,此时 $\beta \approx 0$,则根据式(5.19)可得:

① 最典型的表现就是,大乱之后,历代开国之初都鼓励百姓复垦无主荒田,但是会对占田的数量进行限制。比如西汉武帝初董仲舒就有"限名田"的主张。明王朝在洪武年间以中原田多荒芜,"计民授田",规定"临濠之田,验其丁力,计亩给之","北方近城地多不治,召民耕,人给十五亩,蔬地二亩"(明史·食货志一)。

② 关于"名田"的性质和含义历来有争论。武建国认为汉代"名田"就是百姓垦占无主荒田。见武建国:《汉唐经济社会研究》,人民出版社 2010 年版,第 216—231 页。

$$w = c^* \simeq \frac{\rho\eta}{\varphi/(1-\theta)} \tag{5.23}$$

由于 $\varphi > 1-\theta$,且一般情况下 $\rho < 1$ 是比较合理的,因此根据式(5.23)可以得到 $w \simeq \eta$ 。据此,我们得到命题5.2。

命题5.2 在租佃经济下,稳态时佃农的人均收入水平接近于人口生产的成本。

这也是人口增长停滞的微观原因。η 实际上代表了维持生存的最低收入水平,因而式(5.23)的深刻意义在于表明有相当数量的农户其长期收入水平接近其生存水平。可叹的是,在微观层面已尽显破败的时候,宏观层面却还保持着繁荣景象。整个王朝"颇像一种玉制的装饰品",表象华丽而内部脆弱。① 此时,社会底层承受外部冲击,如灾害、临时性征发的能力已经非常微弱了。这个时候,且不要说临时性增税了,即使依照常例征收一个数量较小的税赋,恐怕也会遭到激烈的反抗。这也是盛世往往孕育着危机的根本原因。

二、绩效差异的解释

上面对于两种制度下的经济行为和绩效做了分析。直观地看,"一次授田"的自耕农经济的长期效果要优于"连续授田"的租佃经济。但是,这两种制度安排为什么会产生这样的差异,还需要仔细的考察。

(一) 耕地的分配:田制

稳态时,租佃经济下的总人口要多于完全的自耕农经济下的人口,是造成两种经济在宏观绩效以及微观福利上差异的主要原因。根据式(5.8),家庭新增一个人口的边际报酬为:

$$\frac{\partial y_i}{\partial l_i} = (1-r)A\big[\alpha x'(l_i)x_i^{\alpha-1}l_i^{1-\alpha} + (1-\alpha)x_i^{\alpha}l_i^{-\alpha}\big] \tag{5.24}$$

只要式(5.24)的值经过时间价值贴现以后大于 η ,家庭选择增加人口,直至边际报酬的现值等于人口生产的成本为止。这对于任何田制下的家庭都是一样的。所不同的是,自耕农经济下的家庭所能使用的土地是初始分配给定的,因此在式(5.24)中,$x'(l_i) = 0$ 。而租佃经济中家庭所能使用的耕地数量是其人口的增函数,即 $x'(l_i) > 0$,所以租佃经济中新增人口的边际报酬要大于自耕农经济。边际报酬上的这种差异来源于人口生产的外部性。在自耕农经济下,新增人口引起的边际报酬递减被单个家庭所完全承担;而在

① 黄仁宇:《中国大历史》,生活·读书·新知三联书店1997年版,第208页。

租佃经济下,新增人口不但对产出有直接贡献,而且还能为家庭带来额外的耕地。根据式(5.10),这些新增耕地来源于其他家庭耕地的减少。[①] 因此,在租佃经济下,单个家庭人口增加引起的边际报酬递减通过土地的重新分配被所有家庭共同承担了。这种外部性的产生正是两种"田制"下人口规模出现差异,进而导致不同经济绩效的根本原因。显然,这是一个典型的"哈丁悲剧"(Hardin,1968),只不过在这个故事中被过多供给的是"人"而已。

为了更为清楚地看到这一点,我们观察式(5.20)和式(5.21)。容易发现,当 β 趋近于 1 时,L_s^* 趋近于 L_o^*;当 $\beta = 1$ 时,两种经济下的总人口完全相等。β 趋近于 1,说明单个家庭的规模在扩张,这实际上是一个外部性不断内部化的过程;当 β 等于 1 时,经济中只有一个家庭,外部性被完全内部化了。相反,当 β 趋近于 0 时,经济中的决策日趋分散,外部性也越发严重,L_s^* 也就越来越偏离自耕农经济下的总人口水平了。

（二）产出的分配:价格

不但耕地如何分配会影响经济绩效,而且地租如何确定也是一个与效率直接相关的问题。假设有一个中央计划者,拥有全部的土地,它根据经济中的技术水平和资源禀赋确定社会的最优人口规模。这个计划者的问题可以表示为:

$$\max_c U(t) = \int_0^\infty L^{1-\varepsilon} \frac{C^{1-\theta}}{1-\theta} e^{-\rho t} \mathrm{d}t$$

$$\text{s.t.} \ C = Y - \eta n L$$

$$\dot{L} = nL = \frac{Y - C}{\eta}$$

$$Y = A\bar{X}^\alpha L^{1-\alpha}$$

其中,Y 表示社会总产出。如果对目标函数和约束条件中的方程等号两边都除以 L,并且令地租率 $r = 0$,则上述最优化问题就与自耕农经济下家庭的最优化问题具有相同的形式,只不过这里用 L 代替了 l 而已。求解该最优化问题,用下标 g 代表政府,可以得到:

$$L_g^* = \left[\frac{(1-\varepsilon+(1-\alpha)(1-\theta))A}{\rho\eta(1-\theta)} \right]^{1/\alpha} \cdot \bar{x} \tag{5.25}$$

用式(5.25)比式(5.20),并令 $\beta = 0$,有:

[①] 这种分配效应短期来看可能并不明显,但是长期来看,耕地(使用权)的分配必然是按照人口数量不断调整的,否则新增人口就无法获得维生所需的基本资源。

$$\frac{L_g^*}{L_s^*} = \left[\frac{1 - \varepsilon + (1 - \alpha)(1 - \theta)}{\varphi(1 - r)}\right]^{1/\alpha} \tag{5.26}$$

令式（5.26）等于1，从中可以解出：

$$r = \frac{1 - \theta}{\varphi}\alpha \tag{5.27}$$

由此可知，当式（5.27）成立时，租佃经济下的社会总人口与中央计划者确定的最优人口规模是一致的。也就是说，分成制的租佃经济也是有效的。为了说明式（5.27）的含义，我们令 $(1 - \theta)/\varphi \equiv \varphi(\varepsilon, \theta) \equiv \varphi$，对式（5.27）两边同时乘以 Y，得到：

$$rY = \varphi(\varepsilon, \theta)\alpha Y \tag{5.28}$$

式（5.28）的经济学含义是非常明确的。rY 表示地租；α 表示土地对产出的贡献份额，因此 αY 即代表了土地对产出的贡献；ε 决定了父母对后代的利他性程度，而 θ 反映了人们在时间上调整消费的偏好，二者都代表了决策者对未来的主观评价，因此 $\varphi(\varepsilon, \theta)$ 相当于一个反映时间价值的调整系数，因而式（5.28）的右边实际上表示土地的价值。式（5.28）的含义就是，当地租等于经过时间价值调整后的土地价值时，租佃经济下的社会人口规模与最优人口水平是一致的，租佃经济同样是有效率的。不难发现，当 $r < \varphi\alpha$ 时，租佃经济产生过剩人口；当 $r > \varphi\alpha$ 时，则导致人口短缺。可见，价格以何种形式出现并不重要，重要的是价格水平。同时，式（5.27）也说明，只要价格能完全反映要素的价值，田制也是不重要的。命题5.3很好地总结了地租率的重要意义。

命题5.3　当地租等于（经过时间贴现后的）土地价值时，租佃经济与自耕农经济的长期人口效应和经济效应是完全一致的，此时土地如何分配是不重要的。

那么与土地的价值相比，历史上的地租率水平如何呢？由于缺少良好的统计资料，我们只能根据有限的信息来进行推断。清代的包世臣曾讲道："凡治田无论水旱，加粪一遍，则溢谷二斗；加做一工，亦溢谷二斗。"许济新、吴承明推算加一工（增加一单位劳动投入）增产 1/30。[①] 可见，劳动的边际产出弹性是很小的。对应本章的柯布—道格拉斯生产函数，此即意味着 α 的值要大得多。历史上的田赋是很轻的，从最初的"十税一"到两汉的"十五税一""三十税一"，再到北魏、隋唐实施的租庸调中的田租，以及此后的地税，没有超过 1/10 的。当然，可能还有一些其他的赋役，但是并不清楚

---

① 许济新、吴承明：《中国资本主义发展史（第一卷）·中国资本主义的萌芽》，社会科学文献出版社2007年版，第152页。

这些赋役是否与耕地数量完全挂钩。历史上的民间地租率一般被认为是50%，但根据高王凌的研究，实收地租率大概只有总产量的30%多（高王凌，2005a）。梁庚尧对南宋时期定额地租的研究也支持这一点。① 无论是田赋还是地租应该都是小于土地对产出的贡献的，尤其是田赋。

在竞争性市场中，地租若是小于土地的价值，引起佃户"竞佃"，那么地租率就会上升，直至二者相等。但是，如果地租率是由市场之外的力量确定的，不能依据市场供需变化进行调整，那么佃户的"竞佃"行为会在一个较低的地租率水平上实现均衡，并引起"非生产性"的人口投入。其原理与"价格管制"带来"非生产性"资源投入的思想是一致的（Cheung，1974）。帝国时期的中国，官方租赋通过法令确定，其间有一套完整的政治伦理作为指导②，几乎没有给市场留下发挥的空间。民间私田的田租，也是由习惯法来确定的③，人地比例失调不但不能引起地租率的上升，反而在习惯法的支持下有诸多减免的举措。④ 整个帝国时期的田租，从上到下，实际上都受到伦理道德的强力干预，整个经济体系处在希克斯（1987）所讲的"习俗经济"的支配之下。

实际上，本书所讲的田制和田租之所以引起经济绩效上的诸多差异，首先是因为习俗经济这一机制主导着整个古代中国经济的运行。若不是习俗经济，而是在市场经济之下，区分各种田制、田租是没有太多的意义的。田制和田租容易被识别出来，因而受到了观察者和研究者的重视。相反，对于更为基础的制度，则很少受到关注。中国历史上的田制、田租一直在发生变化，并且被认为是朝着资本主义的方向演进（许济新和吴承明，2007）。但事实是，传统中国经济增长的基本特征，无论是宏观层面还是微观层面，长期以来并没有出现这些研究者预期的变化（黄宗智，2000a、2000b）。离开对经济运行机制的认识，就不可能很好地理解这一点。⑤

---

① 梁庚尧：《南宋的农村经济》，新星出版社 2006 年版，第 108—115 页。

② 关于中国古代田租的演变以及赋税思想的介绍见张守军：《中国古代的赋税与劳役》，商务印书馆 1998 年版。

③ 见赵冈、陈钟毅：《中国土地制度史》，新星出版社 2006 年版，第 266—287 页。

④ 高王凌在阐述佃农抗租行为时对此有较为详细的论述。见高王凌：《租佃关系新论》，上海书店出版社 2005 年版。

⑤ 关于市场和市场经济的区分，海尔布罗姆和米尔伯格做了特别的强调。他们指出，市场或商业很早就出现了，但市场经济却是近代以来才有的事情。见［美］罗伯特·L.海尔布罗姆、威廉·米尔伯格：《经济社会的起源》，李陈华、许敏兰译，上海格致出版社、上海人民出版社 2010 年版。市场经济的特征不在于是否有商业或者生产要素的交易，而在于价格（包括土地和资本的价格）主要是由市场供求决定的。因为没有将市场和市场经济区分开来，有些经济史学家，如赵冈和陈钟毅，认为中国历史上很早就出现了市场经济。见赵冈、陈钟毅：《中国经济制度史论》，新星出版社 2006 年版。

第六章 "两税法"前后的经济增长：税制变革的长期效应

第二章提到，"两税法"前后是中国人口增长史上的一个"分水岭"。该如何解释"两税"前后人口增长中表现出来的这种差异呢？首先可以排除生育技术和医疗卫生方面出现了进步，从而导致宋以后的人口增长能力有了明显提高这种可能性。因为人口史研究并不支持这一说法。秦汉以来历代的人口增长率峰值并未出现较大的变化，即便是人口规模连续扩大的清代亦是如此。[①] 本章将从社会制度变革的角度对这一问题进行探讨。我们试图证明，从"两税法"开始，历代的税制变革和税收水平的变化倾向于使社会释放更多的人口。这有助于获得一个较高水平的人口稳态，但不利于人均产出和家庭收入的增长。然而，更高的人口稳态水平意味着新王朝要达到其鼎盛状态需要更长的时间，而这恰好是王朝寿命延长的经济基础。因此，"两税法"的实施也有深刻的政治意义。

第一节 中国历史上税制的演变[②]

夏、商、周三代以及三代之前的税制由于没有可靠的文献传世，因此其确切情况已很难明了。根据《孟子·滕文公》中的记载并结合其他资料，历史学家只能推测三代的税制——贡、助、彻的基本情形。其中，"贡"是象征性的税赋，"助"是力役性质的，而"彻"很有可能是向井田制下的受田农夫征收的田赋——"什一税"。[③]

两汉的田租依据产量征收比例税，最初是"十五税一"，景帝改为"三十税一"。东汉光武初年，一度恢复"十税一"的古老传统，但不久即改为"三十税一"的"汉家经常之制"。两汉依据人口征收的"赋"有三种：（1）算赋，15—56 岁每人每年 1 算（120 钱），商人、奴婢加倍，女子年 15—30 岁不嫁，5 算；（2）口赋，7—14 岁每人每年 20 钱，从武帝朝开始增为 23 钱；（3）更赋，

---

① 曹树基：《中国人口史（第五卷）·清时期》，复旦大学出版社 2001 年版，第 835 页。

② 关于历史上赋役的具体内容，研究者之间可能也有一些争议。本节的论述主要参考了郑学檬：《中国赋役制度史》，上海人民出版社 2000 年版。

③ 赵冈、陈钟毅：《中国土地制度史》，新星出版社 2006 年版，第 10 页。

每年 300 钱,作为"过更"(每丁每年三日戍边之役)的代役钱。徭役主要也有三种:(1)更卒,民"傅籍"者,每人每年在郡县服役一个月;(2)正卒,民到"傅籍"年龄,先在郡县充当一年的"材官"(步兵)、"车骑"(骑兵)或"楼船"(水兵),后赴京师戍卫一年;(3)屯戍,在边境服役一年。除田租外,两汉的赋役都是依据人丁征派的。

从曹魏开始,田租和赋税逐渐向"户调"制演变。征税的对象由产量和人丁向"户"(资产)转变;与此同时,定额税代替了比例税。北魏太和十年(486 年),"户调"开始向"丁调"转变。隋开皇十年(590 年),丁五十岁"免役收庸"。到了唐代,即形成了完整的"租庸调制"。唐代规定,每丁每年的田租为粟二石,稻米之乡则为稻谷三斛(石);"户调"为绢二丈、棉三两,或是布二丈五尺、麻三斤;服"正役"20 日,不愿服役者,纳绢代役,以每日绢 3 尺计,这就是"庸"。正役之外有"杂徭",但是"正、杂不并征",岁服其一即可。在"租庸调"之外,每户依田亩缴纳地税(义仓),每亩二升。对于普通百姓来说,耕地数量有限,依据田亩征收的地税所占的份额并不大。因此到了唐代,田租和赋役基本上都以"丁身为本"。

"租庸调制"是建立在"均田制"基础之上的。安史之乱以后,"均田制"几近崩坏,"租庸调"已成无本之木。唐德宗建中元年(780 年),宰相杨炎推行"两税法",正式废除了"租庸调制"。此后,税收分夏、秋两次征收,征收的物品为钱、粮。"粮"计田亩而征,"钱"计"户等"而收。"户等"的评定依据为资产,资产包括土地、房屋、桑、牲畜和钱财等。但是对于大多数家庭而言,土地为资产中最为大宗者,且易于查验计数,因此核算资产首要的依据还是土地。到了北宋时期,"两税"明确为田亩税,国家依土地优劣分五等定税。"两税"施行于北宋、南宋/金,以及明、清。元代在北方恢复了丁税的征收,征收地税、丁税,但是在南方仍然推行"两税法"。从"两税"开始,历代赋税征收的依据主要转向了田亩。

宋代开国后中央集权加强,地方财政匮乏,致使地方公办多由百姓充任,徭役种类变得异常繁多。从王安石变法开始,税制改革的重心主要转向徭役的征发和摊派。明初的徭役实行"均工夫"的摊派办法,"田一顷出丁夫一人"。洪武十四年,推行黄册里甲制度,徭役分"里甲""杂泛"两种,后又从"杂泛"中演变出"均徭"一类。万历初年,张居正在全国推行"一条鞭法",取消"力役",将一众徭役并作一条,征收白银,由政府雇人应役,称为"役银"。"役银"多少以人丁、田亩为依据进行摊派。"力役"取消后,国家正式的赋税制度就以田亩和人丁作为征税对象,因此这一时期的赋役制度又被称为"地丁两税"。到了清康熙年间,颁布了"滋生人口,永不加赋"的诏令,以鼓励地方和基层如实申报户口。但是,"永不加赋"的诏令加剧了赋税摊派的不均,权贵或是富家往往借此将赋税转嫁给了普通百姓。雍正帝继位以后,采纳了"摊丁入亩"的建议,将丁税摊入田亩进行编派,以均赋税。至此,肇始于"两税法"的"摊丁入亩"终告完成。①

以上是对中国历史上赋役制度演进的一个简单介绍。虽然秦汉以来的税制变革比较复杂,但是历史学家还是向我们展示了一条极为清晰的路径。以"两税法"为界,此前赋役征派的依据主要是丁、户,并逐渐向"丁身"归并,以唐代的"租庸调"为高峰;"两税"以后各种赋役逐渐向田亩归并,以清代的"摊丁入亩"为大成。简言之就是,"两税"以前"丁税"重而"田税"轻,"两税"以后"田税"重而"丁税"轻(张桂萍,1988)。

赋役制度的这种变化对于人口增长会产生什么样的影响?首先,无论是依据人丁征税还是依据田亩征税,都会减少家庭的收入,而收入减少倾向于降低生育率。这是税额或者税收水平变化产生的收入效应。其次,依据什么征税影响生产要素的相对成本。依据人丁征税意味着在生产中使用劳动力的成本较高,而依据田亩征税则意味着土地使用成本的上升。因此,依据什么征税将决定人们在生产中的投入要素的组合。这是税收结构变化产生的价格效应。由于孩子只是未来的劳动力,所以家庭必须在当期消费和未来收入之间进行权衡,而这又涉及时间上的替代效应,该效应必定与税收(表现为劳动力的成本)和生产技术(决定着生育的收益)相关。因此,赋役的变化通过收入效应、价格效应和时间上的替代效应对生育率,进而是人口增长产生影响。下文将在一个迭代框架内对赋役制度与人口增长之间的关系进行分析。

第二节 税制与生育率:基本分析框架

导论部分指出,中国古代的经济增长与王朝的兴衰周期密切相关。历代开国伊始,经济由谷底开始复苏,到达其鼎盛时期以后开始衰落,直至王朝覆灭,又一次跌入谷底。为了简化分析,假定在一个朝代内,可耕地面积和技术水平以及税制被看作给定的,但是在朝代间,这些都是可变的,而且

---

① 葛金芳认为,从"两税法"开始,税制变革即启动了"摊丁入亩"的过程,见葛金芳:《两宋摊丁入亩趋势论析》,《中国经济史研究》1988年第3期。

本章将不再考虑田制的变化。由于对税制的人口效应的分析涉及资源和收入的跨期配置，因此使用离散时间的迭代模型是比较方便的。这是本章在研究方法上有别于其他各章的一个重要方面。本节构建一个基本模型用来刻画一个朝代的经济发展过程，下一节将在此基础上集中讨论税收变化对经济长期演进可能产生的影响。

一、家庭的生产和消费

古代中国以小农经济为基本特征。家庭是最重要的生产、消费和纳税单位。假设一个家庭由一个青年人和他的父母以及子女构成。每个青年人拥有一单位的劳动和一定数量的耕地，因此我们将青年人称为劳动力（也就是古代赋役制度下的"丁"）。采用柯布—道格拉斯形式的生产函数来描述古代的农业生产，且劳动的产出弹性为 α（$0 < \alpha < 1$），则潜在的家庭产出或者人均产出由式（6.1）给出：

$$y_t = Ak_t^{1-\alpha} \tag{6.1}$$

其中，y 表示家庭或人均产出，A 表示技术，k 表示一个劳动力拥有的耕地数量，t 表示时间。如果耕地来源于代代继承，那么一个人拥有的耕地将依赖于其先祖初始拥有的资源数量和其祖上直到自己这一代的人口繁衍情况。这就是时间 t 所包含的信息。式（6.1）并不代表每个劳动力的实际产出或家庭的实际收入，因为每个劳动力需要承担一定数量的劳役，家庭也需要交纳一部分产出作为租税。秦汉以来，历代按"丁口"课征的税赋大多征收货币。两汉的"口赋""算赋""更赋"征钱，明清的役、丁之税都缴纳白银。北魏到隋唐的"户调"征收绢帛，庸也以绢帛折纳，但绢帛在唐代是"十足的货币"。[①] 此外，历代田租的征收根据地域和出产的不同，或者出于其他原因，都存在"钱粮"之间的折纳；"两税"以后，田租更是有"夏税秋粮"（夏征钱、秋征粮）之说。假设政府确定的丁税和田亩税的名义税额为 d 和 e，t 期的物价为 p_t，则 $d_t = d/p_t$、$e_t = e/p_t$ 分别表示按人丁或按田亩征收的统一换算为产出物后的税收。由于折算受到物价变化的影响，因此即便名义税额是固定的，真实税赋也是时间的函数。税后收入用 w_t 表示，则：

$$w_t = (1-r)A(1-\pi)^\alpha k_t^{1-\alpha} - d_t - e_t k_t = \theta y_t - d_t - e_t k_t \tag{6.2}$$

在式（6.2）中，r 表示按产量征收的田租率，$0 \leq r \leq 1$；π 表示每个劳动力所要负担的劳役数量，$0 \leq \pi \leq 1$。如果劳役"不夺农时"，则 $\pi = 0$；若是

---

① 彭信威：《中国货币史》，上海人民出版社 2007 年版，第 232 页。

$\pi > 0$,由 $\theta = (1-r)(1-\pi)^{\alpha}$ 可以看出,徭役征发类似于征收某种性质的比例税。

假设每个人生存两期,第一期为青年时期,第二期为老年时期。在青年时期,他承担劳役,从事劳动,获得产出,缴纳赋税后将其收入用于消费、赡养老人和生育小孩;年老以后退出劳动,分家析产,将其拥有的土地分赠予子女,并从子女那里获得经济上的资助。终生效用函数如式(6.3)所示:

$$u_t = \log c_{1,t} + \frac{1}{1+\rho}\log c_{2,t+1} \tag{6.3}$$

在式(6.3)中, u_t 表示一个第 t 代青年人一生的效用, ρ 表示贴现率,且 $\rho > -1$。一个人第一期和第二期的消费分别由 $c_{1,t}$、$c_{2,t+1}$ 表示。式(6.4)和式(6.5)描述了其预算约束:

$$w_t = \ell w_t + \eta n_t + c_{1,t} \tag{6.4}$$

$$c_{2,t+1} = \ell w_{t+1} n_t \tag{6.5}$$

在上面的式子中, n_t 表示一个第 t 代人生育的子女数量, η($\eta > 0$)的含义与第五章相同,仍然表示养育一个小孩长大成人的成本。但需要指出的是,与人口相关的赋役性"成本",包括"算赋",已经计入了式(6.2)中,所以本章的 η 中并不包含根据人头征收的任何赋役,这是与第五章不同的地方。老年父母的消费依赖于子女的收入转移。考虑到儒家孝道对中国传统养老制度的塑造,我们假设子女至少应该与父母"同甘共苦"。ℓ 表示子女转移给父母的收入占其税后收入的比例,其大小由社会习俗决定,且有 $0 < \ell < 1$。

二、资源的动态和均衡

用 N_t 表示一个家族繁衍到第 t 代时的青年人的数量,式(6.6)给出了劳动人口的运动方程:

$$N_{t+1} = n_t N_t \tag{6.6}$$

假设每一个家族都由一个始祖繁衍而来, n_0 表示该始祖生育的孩子数量。用 k_0 表示家族初始拥有的耕地,则到第 $t+1$ 代时一个成年子孙所能获得的耕地为:

$$k_{t+1} = \frac{k_t}{n_t} = \frac{k_0}{N_t n_t} = \frac{k_0}{(n_0 n_1, \cdots, n_{t-1})n_t} \tag{6.7}$$

假设 $K = \sum k_0$,表示社会在一个朝代内所拥有的可耕地的总面积,是一个常数。但是允许 K 在历史上可变,并且 K 的增加依赖于技术进步,而

且 k_0 是 K 的增函数。式(6.7)表明,一个人可使用的资源依赖于其家族的历史。具体地说,下一代的"幸福"依赖于其祖上的生育行为。因此,父母的利他性对于经济的演进有重要影响。虽然没有对利他主义进行强调,但是由于模型将父母第二期的效用与子女的税后净收入"绑定",因此父母也会为了自己年老以后的处境而审慎考虑自己年轻时的生育行为。这与利他主义的结果是一致的。

单个家庭的最优化问题就是在式(6.4)和式(6.5)的约束下最大化其一生的效用。在第五章即已指出,处理该问题的具体方式依赖于对市场特征的假设,而在竞争性市场假设下求解该问题是不考虑当期决策对未来要素报酬率的影响的。但在传统经济中,生产所依赖的资源主要在家庭内获得,并不存在一个可以随时出清的要素市场。就式(6.4)而言,当 c_{1t} 被确定时,也就意味着 n_t 被决定,而父母很容易就可以预见孩子的数量将影响子女未来所能获得的资源数量,进而影响子女未来的收入水平和自己第二期的消费。因此 $c_{2,t+1}$ 是 c_{1t} 的函数。考虑到传统经济的这一特征,我们将问题最优化,在式(6.4)的约束下,确定一个最优的第一期消费与生育率的组合 $(c_{1,t}, n_t)$ 以最大化式(6.3)。将式(6.5)代入式(6.3),据此构建拉格朗日函数:

$$L = \log c_{1,t} + \frac{1}{1+\rho}\log(\ell w_{t+1} n_t) + \lambda\left[(1-\ell)w_t - \eta n_t - c_{1,t}\right]$$

考虑到 $w_{t+1} = \theta A k_t^{1-\alpha} n_t^{\alpha-1} - d_{t+1} - e_{t+1} k_t n_t^{-1}$,一阶条件为:

$$\frac{\partial L}{\partial c_{1,t}} = \frac{1}{c_{1,t}} - \lambda = 0$$

$$\frac{\partial L}{\partial n_t} = \frac{1}{1+\rho}\frac{\ell(\alpha\theta A k_t^{1-\alpha} n_t^{\alpha-1} - d_{t+1})}{c_{2,t+1}} - \lambda\eta = 0$$

通过上面的一阶条件,经过简单计算并重新整理后可以得到:

$$\frac{c_{2,t+1}}{c_{1,t}} = \frac{\ell(\alpha\theta A k_t^{1-\alpha} n_t^{\alpha-1} - d_{t+1})}{(1+\rho)\eta} \tag{6.8}$$

在式(6.8)中,η 的大小度量了生育的机会成本,即多生育一个孩子所放弃的消费;等号右边除 η 以外的部分恰好是生育的边际收益:多生育一个小孩在未来增加的消费的现值。式(6.8)表明,当生育的收益大于其机会成本时,未来的消费会增加。当然这依赖于边际收益为正,即 $\alpha\theta A k_t^{1-\alpha} n_t^{\alpha-1} > d_{t+1}$,也就是新增劳动力带来的额外产出大于由此引起的丁税的增加。

将式(6.4)、式(6.5)代入式(6.8),重新整理后可以得到:

$$\frac{(1+\rho)\eta}{(1-\ell)w_t - \eta n_t} = \frac{\alpha\theta A k_t^{1-\alpha} n_t^{\alpha-1} - d_{t+1}}{\theta A k_t^{1-\alpha} n_t^{\alpha} - d_{t+1}n_t - e_{t+1}k_t} \tag{6.9}$$

式(6.9)以隐函数的形式定义了最优生育率的时间路径。注意到 $k_t = k_0/N_t$,式(6.9)将最优生育率 n_t^* 的时间路径隐含地定义为劳动力 N_t 的函数,我们将其表述为:

$$n_t^* = \varphi(N_t) \tag{6.10}$$

式(6.10)与式(6.6)共同构成了一个动态系统。如果这个动态系统均衡,那么该均衡由定义6.1给出。

定义 6.1 给定初始条件 k_0、n_0 ,由式(6.10)与式(6.6)构成的动态系统的均衡 (k^*, n^*) 满足静态约束式(6.4)、式(6.5)和动态方程式(6.6)、式(6.7),并最大化效用函数式(6.3)。

第三节 税制变革的长期效应分析

一、模型的简化

虽然无法直接从式(6.9)得到 n_t^* 的解析解,但是依据历史信息对模型进行适当的变换有助于我们简化该式。首先,对式(6.9)进行重新整理,得到:

$$\frac{(1+\rho)\eta}{(1-\ell)w_t - \eta n_t} = \frac{\alpha\theta y_{t+1} - d_{t+1}}{(\theta y_{t+1} - d_{t+1} - e_{t+1}k_{t+1})n_t}$$

上面式子中的赋税 d_t 和 e_t 是统一折算为产出物后的实际税负,包含物价的信息。那么历史上的物价又具有怎样的特征呢?历代物价的短期波动非常大。除了一些诸如收成、战争等冲击性因素的影响外,货币自身的质量和供给的变化也是物价波动的重要原因。对此,彭信威(2007)有比较详细的论述。但是从一个朝代来看,钱粮之间的变化趋势还是比较明显的。图6.1展示了西汉、唐、明、清四个朝代的物价变化。从中可以发现,除去开国之初的一小段时期,各代的粮食价格是随着时间上涨的。如果历代的人均耕地面积随着时间递减,进而人均产出逐渐下降,那么粮价与人均产出呈现出一种反比关系。这在图6.1中是非常明显的。

根据图6.1,假设 $p_t = \sigma/y_t$ (其中 $\sigma > 0$,是一个比例系数),则真实税负可以表示为: $d_t = dy_t/\sigma$, $e_t = ey_t/\sigma$ 。依据真实税负的表达式对上式进行化

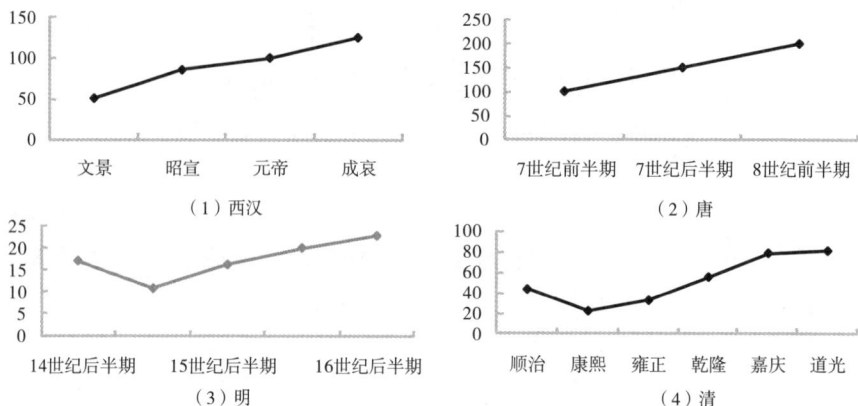

图 6.1　西汉、唐、明、清时期的粮食价格变化

资料来源:彭信威:《中国货币史》,上海人民出版社 2007 年版。其中,汉代的物价来自第 133—135 页,唐代的物价来自第 264 页,明代的物价来自第 518 页,清代的物价来自第 631 页;汉代粮食为粟,唐代为米,价格单位为钱/石,明代、清代为米,单位为公分银/石。

简,可以得到:

$$\frac{(1+\rho)\eta}{(1-\ell)w_t - \eta n_t} = \frac{\alpha\theta\sigma - d}{(\theta\sigma - d - ek_{t+1})n_t} = \frac{\alpha\theta\sigma - s_t g_t}{(\theta\sigma - g_{t+1})n_t} \tag{6.11}$$

在式(6.11)中,$g_t = d + ek_t$ 表示家庭缴纳的名义税负总额,$s_t = d/g_t$ 表示丁税占赋税总额的比例,都是时间的函数。这是因为随着人口的增殖,人均耕地面积会下降,因而家庭的税负以及税收结构都会随时间发生变化。显然,s_t 会随时间增长,但这不是税制变革引起的。税制变革的效应将通过稳态税收结构的变化得到反映。

在式(6.11)中存在三种不同性质的税负,除了丁税和田亩税以外,还有按产量征收的比例税(其中包含劳役)。实际上,比例税兼有依人丁和耕地征收的性质,因为任何要素投入的增加都会引起税收的上升。"两税"以前,劳役以及以比例税征收的田租逐渐向以"丁身为本"的"租庸调"归并,丁税的比重因而逐渐上升;而"两税"以后,各种租税和徭役逐渐都并入了田亩税,田亩税的比重越来越大。因此,我们将税负简化为两种,即依据人丁征收的丁税和依据耕地征收的田亩税,并通过税收结构的长期变化来反映税制的变革。如此则有 $\theta = 1$。根据赋税不可能大于收入的原则,根据式(6.11),可以得到两个不等式:$\alpha\sigma > s_t g_t$,$\sigma > g_t$。从式(6.11)中可以解出:

$$n_t^* = \frac{(1-\ell)(\alpha\sigma - s_t g_t)(1 - g_t/\sigma)Ak_0^{1-\alpha}}{[(1+\alpha+\rho)\sigma - (1+\rho)g_{t+1} - s_t g_t]\eta}N_t^{\alpha-1} \tag{6.12}$$

式(6.12)定义了生育率的最优时间路径。显然，n_t^* 是 N_t 的减函数。这表明在一个朝代之内，随着人口的增殖，生育率会下降。将其代入式(6.6)，可得：

$$N_{t+1} = \frac{(1-\ell)(\alpha\sigma - s_t g_t)(1 - g_t/\sigma) A k_0^{1-\alpha}}{[(1+\alpha+\rho)\sigma - (1+\rho)g_{t+1} - s_t g_t]\eta} N_t^{\alpha} \quad (6.13)$$

式(6.13)表示的差分方程有两个解，其中一个是零解，该解代表的均衡是非稳定的。因此，除了 $N = 0$ 外，经济有唯一的均衡解：

$$\bar{N} = \left\{ \frac{(1-\ell)(\alpha\sigma - \bar{s}\,\bar{g})(1 - \bar{g}/\sigma) A}{[(1+\alpha+\rho)\sigma - (1+\rho+\bar{s})\bar{g}]\eta} \right\}^{1/1-\alpha} k_0 \quad (6.14)$$

式(6.14)表示的均衡是全局稳定的：只要人口为正，无论初始水平如何，经济都将收敛于唯一的稳态。由式(6.6)可知，稳态生育率为 $\bar{n}_t = 1$。因而当经济达到稳态时，$k_t = \bar{K}$，$g_t = \bar{g}$，$s_t = \bar{s}$。据此，我们可以得到稳态时的人均产出和家庭收入：

$$\bar{Y} = \frac{[(1+\alpha+\rho)\sigma - (1+\rho+\bar{s})\bar{g}]\eta}{(1-\ell)(\alpha\sigma - \bar{s}\,\bar{g})(1 - \bar{g}/\sigma)} \quad (6.15)$$

$$\bar{W} = \frac{[(1+\alpha+\rho)\sigma - (1+\rho+\bar{s})\bar{g}]\eta}{(1-\ell)(\alpha\sigma - \bar{s}\,\bar{g})} \quad (6.16)$$

二、税制变革的经济效应

从式(6.14)、式(6.15)和式(6.16)中可以明显观察到的是，代际转移水平 ℓ 的上升将降低稳态人口水平，提高人均产出和家庭收入。这是容易理解的。根据式(6.4)，ℓ 的提高意味着第一期用于生育和消费的收入减少了，收入效应意味着生育率会下降；同时未来收入却增加了，在平滑消费的动机的作用下，人们会将第二期的收入向第一期转移，而这只能通过降低生育率来实现。因此，较高的代际转移水平对应一个较低的稳态人口水平，而较低的人口水平决定了一个较高的人均资源拥有水平，人均产出和家庭收入因而都会有所提高。事实上，代际转移相当于社会(而非政府)通过习俗(而非法律)向个体以比例税的形式征收了一笔收入税，并在每个人的第二期以投资报酬的形式返还给个人。由于受到信贷约束(假设不存在信贷市场)，个人无法通过市场平滑其消费，因此这种税收对人们的经济决策具有实质性的影响。这也说明，随着信贷约束的减弱，代际转移支付的变化对于经济行为的实际影响会降低。由于代际转移支付水平反映了社会孝道水平,因此在传统社会,较高的孝道水平对应较高的人均产出和社会福利水平。[1] 然而,此处较高的孝道水平对应较低的生育数量,这似乎与传统的生育—孝道伦理有所冲突。在古代中国,生育行为本身就被赋予了孝道含义。所谓"不孝有三,无后为大",传宗接代、开枝散叶本身就是孝道的第一要义。但是,给定土地的面积,"枝繁叶茂"却削弱了未来子女赡养父母的经济能力。由此看来,受到资源约束的"多子多福"实际上只是一种美好的愿望,或者只是富裕家庭的一种"特权"。

与代际转移不同,税收结构和税额的变化对经济的长期效应并不容易被观察到。对式(6.14)分别求 $\bar{s}$ 和 $\bar{g}$ 的偏导数,整理后有:

$$\frac{\partial \bar{n}}{\partial \bar{s}} = -\frac{k_0}{1-\alpha}\left(\frac{a}{\eta}\right)^{1/1-\alpha}\left(\frac{\alpha\sigma - \bar{s}\,\bar{g}}{b}\right)^{\alpha/1-\alpha}\frac{(1+\rho)(\sigma - \bar{g})\bar{g}}{b^2} < 0$$

$$(6.17)$$

$$\frac{\partial \bar{n}}{\partial \bar{g}} = -k_0\left[\frac{(1-\ell)A}{\eta}\right]^{1/1-\alpha}\frac{\bar{s}(1+\rho)(\rho - \bar{g})^2 + (\alpha\sigma - \bar{s}\,\bar{g})^2}{\sigma b^2} < 0$$

$$(6.18)$$

其中,$a \equiv (1-\ell)(1-\bar{g}/\sigma)A$,$b \equiv (1+\alpha+\rho)\sigma - (1+\rho+\bar{s})\bar{g}$。式(6.17)和式(6.18)表明,稳态人口是丁税占比和税额的减函数。可见,当政府向家庭征收的税额不变时,丁税占比越高,稳态人口水平越低;当税收结构给定时,税额的上升倾向于降低稳态人口水平。因为较低的人口对应一个较大的人均耕地面积,因而人均产出应该是税额和丁税占比的增函数。这一点通过对式(6.15)求 $\bar{s}$ 和 $\bar{g}$ 的一阶偏导数得到了证实:

$$\frac{\partial \bar{y}}{\partial \bar{s}} = \frac{\eta}{(1-\ell)(1-\bar{g}/\sigma)}\frac{(1+\rho)(\sigma - \bar{g})\bar{g}}{(\alpha\sigma - \bar{s}\,\bar{g})^2} > 0 \qquad (6.19)$$

$$\frac{\partial \bar{y}}{\partial \bar{g}} = \frac{\eta}{1-\ell}\frac{\bar{s}(1+\rho)(\sigma - \bar{g})^2 + (\alpha\sigma - \bar{s}\,\bar{g})^2}{\sigma[(\alpha\sigma - \bar{s}\,\bar{g})(1-\bar{g}/\sigma)]^2} > 0 \qquad (6.20)$$

然而,税收结构和税额发生作用的机制可能有所不同。税收结构的变

---

[1] 李金波和聂辉华已经注意到了孝道水平对于中国传统经济的影响,但是就孝道影响经济增长的机制而言,他们更重视孝道对于储蓄率的影响。见李金波、聂辉华:《儒家孝道、经济增长与文明分岔》,《中国社会科学》2011 年第 6 期。本书主要集中于孝道对生育率作用的考察。

化更多地反映了税收对生育行为的价格效应,税额的调整则主要是通过约束变化或者收入效应起作用的。这种区别对微观家庭的福利有重要影响。依据式(6.16)得到:

$$\frac{\partial \bar{w}}{\partial \bar{s}} = \frac{\eta}{1-\ell} \frac{(1+\rho)(\sigma - \bar{g})\bar{g}}{(\alpha\sigma - \bar{s}\,\bar{g})^2} > 0 \tag{6.21}$$

$$\frac{\partial \bar{w}}{\partial \bar{g}} = \frac{\eta}{1-\ell} \frac{\sigma(1+\rho)(\bar{s}-\alpha)}{(\alpha\sigma - \bar{s}\,\bar{g})^2} \tag{6.22}$$

式(6.21)表明,如果只是税收结构有所变化,那么丁税占比的提高有助于获得一个较高的家庭收入水平。这完全是由于家庭稳态人口水平下降,进而人均耕面积和人均产出上升引起的。但是,税额的变化对于家庭收入的长期影响就不明确了。如果 $\bar{s} > \alpha$,式(6.22)意味着,长期来看,较高的税额对应一个较高的收入水平;但是当 $\bar{s} < \alpha$ 时,式(6.22)表明稳态家庭收入是税额的减函数。考虑到 s 和 α 的经济含义,我们可以将这一结论重新表述为,当 $1-s < 1-\alpha$,即田亩税占比小于人均耕地的产出弹性时,税额的上升将引起稳态家庭收入水平的提高;反之较高的税额将不利于微观家庭的长期收入。实际上,税额的增加总是意味着家庭从产出中分配到的份额减少了。然而,如果 $1-s < 1-\alpha$,人口下降引起的人均耕地的增加带来的田亩税上升的比例将小于产出增加的比例,因此税额上升时家庭选择降低人口将是有利的。也就是说,在 $1-s < 1-\alpha$ 的条件下,税额的上升引起的人口下降带来的人均产出的提高将超过税收的收入效应,因而较高的税额反而有利于家庭获得一个较高的长期稳态收入水平。但是,如果 $\bar{s} < \alpha$,家庭通过降低人口来应对税额上升的策略将不再是有效的。

综上,我们能得到以下命题:

命题 6.1 当税额给定时,丁税占比与长期人口水平负相关,与稳态人均产出以及稳态家庭收入正相关。

命题 6.2 在给定的税收结构下,税额与长期人口水平负相关,与稳态人均产出正相关。

命题 6.3 在给定的税收结构下,当 $\bar{s} > \alpha$ 时,税额与稳态家庭收入正相关;当 $\bar{s} < \alpha$ 时,税额与稳态家庭收入负相关。

前文中多次提到,"两税"以前,丁税重而田税轻,"两税"以后田税重而丁税轻,丁税占比在"两税"后显著降低是极为肯定的。因为 α 为劳动份额,第五章已经论及 α 至少在 0.6 以上,而"两税"后的丁税占比无论如何也不会超过这一数值。因此,只要税额在"两税"以后没有上升,"两税"开始的税制变革对人口增长以及经济长期演进的意义就是非常明确的。表 6.1 展示了宋代以来赋税的变化情况,从中可以看出,税收下降的趋势是明显的。[①] 关键是有关"两税"前后,即唐宋之间的税额大小还需要估算。

表 6.1　宋代以来赋税的数量变化

时期	总税额 (单位:石)	人均田亩税	人均间接税	人均税负	指数(1085=100)
宋(1085)	72102000	0.26	0.54	0.8	100
明(1407)	47657000	0.54—0.75	0.02—0.03	0.56—0.79	70—98
明(1577)	42185000	0.21	0.03	0.24	30
清(1685)	38044444	0.18	0.04	0.22	28
清(1776)	36620000	0.09	0.03	0.12	15

资料来源:Liu, Guanglin, Wrestling for Power: *The State and Economy in Later Imperial China*, 1000-1770, Harvard University Doctoral Dissertation, 2005.

"两税"以前唐代的人均税赋主要包括"租""庸""调"和地税。其中,田租每丁 2 石,地税每亩 2 升,以人均授田 30 亩计,地税为 0.6 石,两项合

[①] 当然,关于"两税"以后历代税额的变化趋势是有争议的。自从黄宗羲将"两税"以来历代的税制变革描述为一种"新税不断合并旧税"的加法以后,许多史学家,例如王家范和谢天佑,相信北宋以来的税负是越来越重的。不过这一点也遭到了有力的质疑。如杜恂诚就认为历代税负是动态变化的,没有证据表明税制改革一定会增加老百姓的税负。王家范对相关质疑作出了回应,但只是从江南经济获得了发展,因而能够负担得起高额税负的角度给出了一个解释,并未提供任何数据用以直接说明赋税逐渐加重的"事实"。实际上,历代的"并税式"改革的确是合并了以前的许多苛捐杂税,但是税种的合并并不等于税额的加总,其间税额是否有过调整更值得得到重视。比如"两税法"颁行的时候是否就是把此前的各种税负加总计算后摊派的,元代的税额是否就简单等于宋代的税额,明代与前代相比又如何,这些首先应予以澄清。郑学檬先生就明确提到,清代推行"摊丁入亩"的时候就大范围地降低过丁银税额。秦晖曾将黄宗羲总结的"并税说"称为"黄宗羲定律"。但究其本意,秦晖旨在提醒人们注意并税式改革可能会引起税收反弹,而这恰恰说明并税式改革往往在一开始会降低税额。至于反弹是否会引起税收逐代上升,这是需要数据支撑的。鉴于主张"税负加重说"的文献未能提供有力的实证分析,本书采用了刘光临的研究结果。相关的文献见王家范、谢天佑:《中国封建社会农业结构试析——兼论中国封建社会长期停滞问题》,见中国农民战争史研究会编:《中国农民战争史研究集刊第 3 辑》,上海人民出版社 1983 年版;杜恂诚:《"黄宗羲定律"是否能够成立?》,《中国经济史研究》2009 年第 1 期;王家范:《复杂的历史,需要复杂的头脑——从"黄宗羲定律"说开去》,《探索与争鸣》2010 年第 1 期;郑学檬:《中国赋役制度史》,上海人民出版社 2000 年版,第 598—599 页;秦晖:《并税式改革与"黄宗羲定律"》,《农村合作经济经营管理》2002 年第 3 期。

计 2.6 石粟,每石粟折粟米 6 斗①,计粟米 1.56 石,若以粟米每石折稻米 0.8 石计,可折稻米 1.25 石;"庸""调"合计绢二匹②,每匹折钱 550 文,米价每石以 200 文计③(取唐立国百年后的 8 世纪前半期米价,以与表 6.1 中宋代时相对应),折米 2.75 石;"租庸调"加地税合计米 4 石,1 唐石折 0.59 市石④,折算后唐代人均赋税 2.36 市石,大于宋代的 0.8 石。由此看来,宋以后的税制变革及税额的变化确实有助于社会释放更多的人口。因此,即便没有经历技术进步和经济发展,"两税"以后的税制变革也倾向于增加人口。这一部分新增人口并非技术进步和经济发展带来的,因而对技术和经济发展的成果产生了纯粹的稀释作用,人均产出和家庭收入的增长就与此前有了很大不同。相对于"两税法"之前的税制和税收对人口增长的抑制,这种效应体现得就更为明显了。

三、税制变革的政治意义

传统史学以及深受儒家教义影响的人们将赋税与王朝的长治久安直接联系了起来。轻徭薄赋往往对应于"治世",横征暴敛则与"乱世"为伍。但是这种传统的认识可能夸大了赋税对于治世的作用,也未能正确揭示出税收与王朝国祚之间的联系。我们在这里对这一问题进行一个简单的分析。

对式(6.13)在点 $N_t = \bar{N}$ 处进行一阶泰勒展开,有:

$$N_{t+1} \simeq \bar{N} + \left(\frac{\mathrm{d}N_{t+1}}{\mathrm{d}N_t}\bigg|_{N_t = \bar{N}}\right)(N_t - \bar{N}) \equiv \bar{N} + \gamma(N_t - \bar{N}) \qquad (6.23)$$

经过变换,式(6.23)可以写为 $N_{t+1} - \bar{N} \simeq \gamma(N_t - \bar{N})$。假设 N_0 表示初始人口,这意味着 $N_{t+1} - \bar{N} \simeq \gamma^t(N_0 - \bar{N})$。该式描述了经济趋向于均衡的路径,其性状由 γ 决定。根据式(6.13)和式(6.14),我们可以求得 γ 的具体值:

---

① 郑学檬:《中国赋役制度史》,上海人民出版社 2000 年版,第 189 页。

② 每丁每年的"调绢"是二丈,服役 20 日,不服役则纳绢代替,每日三尺,共计应收"庸"60 尺,合六丈,"庸""调"合计为八丈。唐制绢四丈为匹,因此"庸""调"合计为二匹。有唐一代,以"庸"代"役"十分普遍,因此"租""庸调"常并称,史家论及唐代的"庸调"也常以"丁每岁绢二匹"合计叙述。见郑学檬:《中国赋役制度史》,上海人民出版社 2000 年版,第 202—206 页。

③ 彭信威:《中国货币史》,上海人民出版社 2007 年版,第 245—246 页。

④ 吴慧:《中国历代粮食亩产研究》,农业出版社 1985 年版,第 235 页。

$$\gamma \equiv \left. \frac{dN_{t+1}}{dN_t} \right|_{N_t = \overline{N}} = \alpha \tag{6.24}$$

因为 $0 < \alpha < 1$，因此经济收敛于稳态的过程是平稳的，并且 N_t 以每期缩短 $1 - \alpha$ 倍距离的速度向其稳态 $\overline{N}$ 趋近。显然，收敛速度与赋税没有关系。这意味着，历代经大乱之后恢复时期的经济发展并不受其税制结构和税额高低的影响。假设 α 取 2/3①，每一期的时间为 35 年，图 6.2 展示了根据两汉、唐、明、清五个统一王朝的人口数据(见表 6.2)进行的数值模拟的结果。

表 6.2　五个统一王朝的寿命和人口

朝代	寿命(年)	初始人口(千万人)	人口峰值(千万人)	数据来源
西汉	211	1.5—1.8	6	葛剑雄(2002),第 375 页
东汉	195	3	6	葛剑雄（2002），第 411、420 页
唐	289	1.5	7.4	路遇和滕泽之(1999),第 404 页
明	276	6	16	路遇和滕泽之(1999),第 705、715 页
清	268	8	43	路遇和滕泽之(1999),第 837、844 页

可以发现，历代在最初的两个时期，即 70 年内都会出现一个明显的上升期。历史上的治世，如西汉之"文景"、东汉之"光武""明章"、唐代之"贞观""永徽"、赵宋之"咸平"、朱明之"洪武""仁宣"、清朝之"康熙"等都对应于这一时期。税制和税额之间的明显差异并没有影响治世"如约而至"，尤其是所谓的"康熙盛世"更是建立在高额税赋之上。② 当然，我们说治世的到来不受税赋的影响，暗含着税赋的高低都在一个可以接受的范围之内，不会引起社会骚动。如隋炀帝那样大动干戈，致使秩序崩溃的征发自然会

---

① 汉森和普雷斯科特曾设定，在传统经济中，劳动的份额取 0.6，资本的份额为 0.1。见 Hansen, G.D., and Prescott, E.C., "Malthus to Solow", *American Economic Review*, Vol.92, No.4, 2002, pp.1205-1217。本书没有考虑资本，因此 α 的取值应该更高一些。再加上中国自秦汉以来已经形成了精耕细作的农业，劳动的份额应比依据西方经验作出的估计要略大。

② 清初编制《赋役全书》以万历末年的则例和旧额为定税依据，但是直到康熙末年，清代的垦田总额未超过明万历年间的水平，政府课征的人丁约为万历时的 1/3，所以清代前期的赋税是严重脱离实际人丁和田亩的。参见何平：《清代赋税政策研究：1644—1840 年》，中国社会科学出版社 1998 年版，第 99 页。所以，姚念慈认为所谓的"康乾盛世"正是建立在高额税负基础之上的。姚念慈：《"康乾盛世"与历史意义的采择》，见中国社会科学院历史研究所清史研究室编：《清史论丛(2011 年号)》，中国广播电视出版社 2011 年版。

影响到历史的走向。

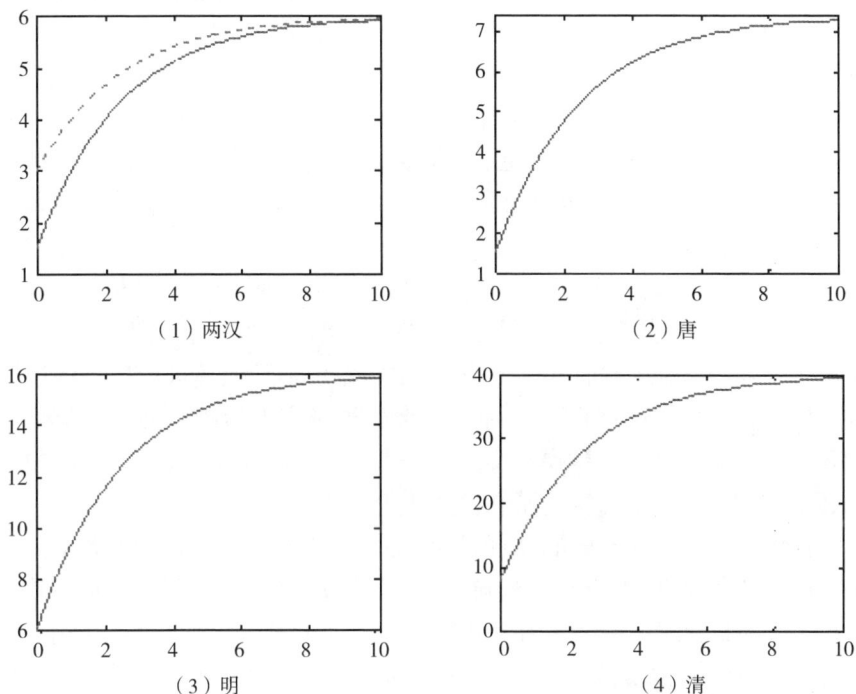

图 6.2 汉、唐、明、清的人口模拟结果

不过,由于税额与税收结构对 $\bar{N}$ 有影响,因此赋税在某种程度上决定了初始值与稳态之间的距离。如果这个距离增加,经济趋于稳态所需要的时间就会更长。例如,图 6.2 表明,两汉经过 5 个时期即 175 年人口分别达到 5400 万人和 5600 万人以后增长乏力,开始趋于稳定;但是明、清两个王朝要在经过 7 个时期即 245 年,人口分别达到 1.54 亿人和 4 亿人后才会趋于稳定。这为王朝寿命的延长提供了经济基础。如前文所述,"两税"以后的税制变革以及税额的变化都有助于获得一个更高的人口稳态,因此北宋以后的王朝国祚延长在经济上至少是可能的。从这个角度讲,"两税"以来的税制变革的确有利于王朝的"长治久安"。当然,所谓"长治久安"也只是相对于前代而言的。需要指出的是,技术进步和耕地面积的扩大对历代人口峰值的上升也有很大贡献,因此依据赋税变化解释图 6.2 需要十分谨慎,将王朝寿命的延长完全归功于税收变化是不恰当的。

本章对中国历史上的赋役制度的人口效应及其深远影响进行了分析。分析得出的结论与人们传统的认识有一些明显的偏差。例如,深受儒家思想影响的人们普遍坚持这样一个观点,即较轻的赋税对老百姓是有好处的,而且这一思想至今在学术界仍有广泛影响。黄仁宇从政府职能的丧失和官员的腐败两个角度对这一传统教义提出了批评。[①] 但是,如果在一个动态的框架下思考会发现问题还远不止于此。丁税以及税额的下降尽管在短期内提高了人们的收入,长期来看却引起了人口的永久性增加,最终导致一个更低水平的人均产出。以"两税法"为界,此前的税赋具有明显的人口抑制特征,此后的税赋变革一再弱化税收对人口的抑制效应。从政治伦理和社会伦理出发,人们给予了"摊丁入亩"很高的评价。但是,如果仅从经济福利角度讲,这并不是一个有利于福利增进的举措。而且从长期发展的视角来看,"两税"以来的税制变革诱使小农家庭相对更为密集地使用劳动力,引起了人均产出和家庭收入的下降,对中国经济的长期演进产生了深远影响。但是,就政治意义而言,"两税"以来的税制变革的确有利于王朝国祚的延长。因为税收变化释放的人口提高了经济的稳态水平,经历大乱之后的新王朝在达到其稳态的过程中需要更多的时间。

儒家治世对人口增长有特别的偏好,从顶层政治到基层治理的各个方面都提出了许多鼓励人口增长的措施和思想。因此,中国古代历史上从不缺乏人口生产的激励,而丁税恰好在一定程度上起到了削弱这种激励的作用。汉代对未婚成年女子的重赋(女子 15—30 岁不嫁,五算)就含有促进人口增长的意图。第五章对田制的分析也表明均田制倾向于刺激人口增长。但是从汉到唐,人口虽有增长,但并未抵消掉技术进步和经济发展的成果,人均产出和家庭收入都随着亩产量的提高而有较大增长。"两税"以后,丁税式微,社会实际上失去了一个调节人口的重要工具。在儒家治世的鼓励下,人口大量增长,最终吞噬掉了技术进步和经济发展的所有成果。即便是在朝野切实感受到了人口压力的有清一代,也没有提出过任何控制人口的举措和主张,反而出台了"滋生人丁,永不加赋"的诏令和"摊丁入亩"的税制改革,以及为新生人口寻找出路的经济政策(高王凌,2005b)。清王朝的积极行动并没有抑制住百姓日益贫困的趋势,在人口增长史上留下了浓墨重彩的一笔后,将人口控制的任务留给了其身后 70 年的一个新政府。针对人口实施的累进税制以行政处罚的形式被重新启用,社会对此褒贬不一。从一个大历史的视角下重新审视中国历史上的税制变革与人口增长,着实让人唏嘘不已。

---

① [美]黄仁宇:《十六世纪明代中国之财政与税收》,阿风等译,生活·读书·新知三联书店 2001 年版,第 62—63 页。

第七章 "农业合作化时期"的生育行为

第五章和第六章分别分析了中国历史上的土地分配制度和税收(赋役)制度的人口效应及其对经济增长的长期影响。这些讨论都是定性的。由于缺少历史数据,无法对其中的假设和结论进行检验,这多少有些遗憾。本章以新中国成立后农业合作化时期的生育行为为研究对象,提供了一个有关制度安排与人口行为关系的经验研究的例子。尽管在合作化时期,中国发生了巨大的变化,但是整个社会,尤其是广大农村仍保留着浓厚的传统社会的特征。同时,新中国成立以后建立起了系统的统计体系,留下了大量可用于研究的数据。因此,合作化时期的中国为研究中国传统社会提供了一个较好的"近似"样本。

第一节 农业合作化时期的经济制度与生育环境

相对于前文涉及的历史时期,合作化时期是一个非常特殊的时期。从经济角度来讲,当时建立了高度集中的计划经济体制,人们的日常所需、所用都依赖于各种组织;从政治角度来讲,政府权力深入基层,政治行为对人们工作、生活的干预涉及方方面面;从社会发展的角度讲,当时的中国已经接触了各种现代文明,并在半个多世纪的时间里经历了多次思想解放和革命,新的技术、新的思想、新的社会组织、新的教育已经覆盖了全社会。所以,合作化时期似乎完全不同于中国历史上此前的时期,人们的生育行为应该有较大的变化。然而,就占中国人口80%左右的农村而言,人们的生育偏好和所面临的约束却没有发生根本性的变化。

一、农业合作化时期的分配

中国的农业合作化开始于1952年年底政府对粮食实行"统销统购"以后,结束于20世纪80年代初。这一时期的土地制度从所有权上来讲比较单一,即由此前的"耕者有其田"迅速转变为此后的公有制(集体所有制)。

就农村的土地而言,主要是归集体所有。[1] 但是,在此期间,土地的使用权有过多次调整,而且地区间的差异也很大。不过,总的来讲,当时实行的主要是一种集体劳动制度,农民自己耕种的土地(例如自留地)是非常有限的。

由于土地公有,又采用集体劳动的组织方式,因此分配就显得非常重要。参与农业产出分配的主体有三个:国家、集体和农民(农户)。分配的优先顺序是,首先按照"征购"程序,国家征收一部分,然后是集体留存,最后将剩余部分分配给社员。国家征购的比例并非法定不变,而是根据中央政府编制的年度计划征收总额,以任务的形式自上到下逐渐分解到基层组织的。由于中央政府是根据年度预算制定征收总额的,其时只能参考逐级上报的粮食产量,在信息不对称的条件下,上下级组织之间往往缺乏信任,最终的征收比例实际上由一个讨价还价过程决定(徐勇,2008;葛玲,2010;徐进和钟徐楼芳,2014)。对农民而言,未来的粮食征购率是不确定的,所以即便粮食产量可以预期,自己来年所能分配到的粮食数量仍然具有较大的不确定性。

农民对粮食征购本身不可能有特别的抵触或不理解,毕竟"皇粮""租赋"征收了几千年,可以说已经是"深入人心"(徐勇,2008)。当然,征购的比例或数量则是农民不得不关注的事情,但这也是农民无法选择的。除此之外,农民能盯着的只有生产队内部的分配了。

集体内部的分配方式显然与效率相关,计件分配还是计时分配对生产率的影响是至关重要的。虽然当时从制度上确立了"按劳分配"的基本原则和按"工分"分配的基本方式,希望建立起"多劳多得、少劳少得"的激励机制,但在具体的实施中,则衍生出了各种分配方式,实际的分配过程与分配结果与制度规定相差很大。工种之间的折算和劳动质量的度量,都没有统一的、可执行的标准,再加上监督成本高昂,管理者存在偷懒的动机(李怀印,2010;林刚,2010),最终往往演变成了按劳动者性别、年龄、身体健康程度分配。[2] 更为重要的是,分配首先必须保证每个人的口粮,而合作化时

---

[1]　当时的集体并非一个确定的不变的单位,从早期的初级社、高级社到人民公社,其含义和对资源的控制是不同的。但是,总的来讲,在集体化时期,生产小队是最基本的经济单位。在后面的叙述中,如果没有特殊强调,生产队指的就是这种生产小队。当然,生产小队可能不具有法律意义上的土地所有权。

[2]　见郑卫东:《村落社会变迁与生育文化:山东东村调查》,上海人民出版社2007年版;钟霞:《集体化与东邵疃村经济社会变迁》,合肥工业大学出版社2007年版;李怀印:《乡村中国纪事:集体化和改革的微观历程》,法律出版社2010年版;林刚:《李集村:农民生产和生活的60年变迁》,中国社会科学出版社2010年版。

期农业生产率并不高,生产队所能分配的粮食在扣除口粮后往往所剩不多,因此依据"工分"分配的粮食并不多,出工多与出工少的家庭在粮食分配中的差异并不明显。① 总的来看,合作化时期的分配更偏向于人口,这一分配制度使得"家大业大""多子多福"的说法在经济上具有了一定的合理性。②

二、农业合作化时期的生育行为与生育环境

如果说1953—1978年的中国仍然是传统中国,估计很多人对此会有怀疑。但是,就当时的生产、生活方式而言,如果说占人口绝大多数的广大农村仍然保留着浓厚的传统中国的特征,相信这一点没有人会否认。

尽管经济制度上的变化完全改变了人们获取食物的直接方式,并且这种方式鼓励人们生育更多的孩子③,但这只是强化了而非弱化了生育的传统经济动机。在这一时期,妇女得到解放,现代教育迅速普及,新的生育观念和节育技术被大规模地推广,但是人们的生育态度和性别偏好一如从前④,"养儿防老"依然是生育的主要目的,农民的生育行为依然带有浓厚的父系祖先崇拜色彩和村落文化特征。⑤

从新中国成立到1978年,家庭和家族依然是日常生活以及文化传承的基本单位。新的组织方式、资本和现代技术虽然被大规模地引入工农业生产,然而绝大部分地区依然保留着传统农业经济的基本特征。⑥ 虽然工业总产值和粮食总产出在这期间有了很大增长,但是在特定的粮食征购体系下,人们的生活长期处在维生的水平,同时市场和商业受到了极大的压制,收入并不能直接转化为食物,在遇到粮食短缺时更是如此(范子英和孟令杰,2006),因而粮食对普通人的重要性依然像自然经济中那样直接。尽管公共卫生事业获得了很大发展,传染病和地方病得到了有效控制,死亡率大幅度下降,但是就个体层面而言,小城镇和广大农村仍然是水平低下、设备简陋的"赤脚医生"的天下,迷信和传统风俗仍然在人们求医问诊中扮演着

---

① 见钟霞:《集体化与东邵疃村经济社会变迁》,合肥工业大学出版社2007年版,第96页。
② 见郑卫东:《村落社会变迁与生育文化:山东东村调查》,上海人民出版社2007年版,第110—112页。
③ 见郑卫东:《村落社会变迁与生育文化:山东东村调查》,上海人民出版社2007年版,第110—112页。
④ 见郑卫东:《村落社会变迁与生育文化:山东东村调查》,上海人民出版社2007年版,第109页。
⑤ 见郑卫东:《村落社会变迁与生育文化:山东东村调查》,上海人民出版社2007年版,第59—60页;李银河:《生育与村落文化》,内蒙古大学出版社2009年版。
⑥ 黄宗智:《中国的隐性农业革命》,法律出版社2010年版,第5页。

至关重要的角色。①

由此来看,合作化时期,中国的生育偏好可能没有发生根本性的变化,虽然外部环境有了很大的差异,但是就广大农村而言,生育的社会环境和节育技术可能没有实质性的变化。但是,与此相关的是,当时的经济制度却发生了翻天覆地的变化,土地被收归集体所有,劳动力参加集体劳动,产出几近按照人口分配。这种经济制度对人们的生育行为和人口增长会有什么样的影响呢?

第二节　农业合作化时期的生育行为机制

1953—1978 年,新的生产组织方式、分配方式和现代生产要素被引入了农业生产,但是诚如黄宗智所言,直到 20 世纪 80 年代,中国的农业仍然具有传统农业的基本特征。② 同时,广大农村依然处在"养儿防老"的发展阶段,生育行为具有明显的传统社会的特征。

合作化时期的经济制度纷繁复杂,该如何分析合作化时期的经济制度对人们生育行为的影响呢? 事实上,从家庭的视角看待生育问题,其中的逻辑和影响因素还是很清晰的。对农民而言,粮食的重要性怎么强调都不为过,生育数量总是与粮食的获得直接相关。合作化时期的制度无论如何抽象统一,抑或是具体多样,对农民来说,能分到多少粮食决定了能养活多少孩子,也决定了生育的收益有多大。而在这其中,粮食征购率是给定土地产出之后极为重要的决定因素。下面从粮食征购会直接影响家庭当期可获得的食物数量和生育的预期收益的典型事实出发,构建理论模型刻画当时的经济制度对生育行为的影响。

一、生产和分配

在中国近三十年的集体化历程中,基本生产单位发生过许多变化,由最初的互助组发展为高级社,而后又调整为以生产队为单位的初级社,并一直保持到改革开放初期。考虑到现实情形,我们将生产队作为基本的生产单位。假设生产函数为:

$$Y_t = A\bar{K}_t^\alpha N_t^{1-\alpha} = A\bar{K}^\alpha N_t^{1-\alpha} , \ 0 < \alpha < 1 \tag{7.1}$$

---

① 李德成:《创造与重构——集体化时期农村合作医疗制度和赤脚医生现象研究》,中国书籍出版社 2012 年版,第 154、159 页。

② 黄宗智:《中国的隐性农业革命》,法律出版社 2010 年版,第 5 页。

其中，$\bar{K}_t$ 表示一个生产队拥有的耕地，其数量是不变的；N_t 表示 t 时生产队拥有的劳动力，A 表示生产技术。k_t 表示 t 期人均耕地面积，则人均产出为：

$$y_t = A\left(\frac{\bar{K}}{N_t}\right)^\alpha = Ak_t^\alpha \tag{7.2}$$

耕地不一定都用来生产粮食，经济作物和饲料、肥料的生产都需要占用一定的耕地。国家在进行征购时，对不同的作物产出都有一定的折算比例。用 s_t 表示统一折算为粮食后的征购率，则生产队的剩余为 $(1 - s_t)Y_t$。[①] 不考虑储蓄（种子、积累基金等的留存），且生产队按成年人口（劳动人口）平均分配产出[②]，则每个成年人可得：

$$\pi_t = (1 - s_t)y_t = (1 - s_t)Ak_t^\alpha \tag{7.3}$$

其中，$0 < s_t < 1$，π_t 表示一个成年人所能分配到的粮食，即劳动所得。

二、消费、生育与最优化问题

假设每个家庭由一个成年人与他的父母子女组成。每个人的一生分为两期，第一期为成年期，拥有 1 单位劳动，劳动所得用于自己消费、生育子女和赡养老人，第二期为老年期，失去劳动力，其消费依赖于子女的收入转移。一个人的终生效用函数为：

$$u_t = \frac{c_{1,t}^{1-\theta} - 1}{1 - \theta} + \frac{1}{1 + \rho}\frac{c_{2,t+1}^{1-\theta} - 1}{1 - \theta} \tag{7.4}$$

其中，u_t 表示 t 期一个成年人的终生效用，$c_{1,t}$ 表示该成年人第一期的消费，$c_{2,t+1}$ 表示其第二期的消费。第一期和第二期的预算约束分别如式（7.5）和式（7.6）所示：

---

① "征"和"购"是有区别的。"征"是无偿征走的，"购"则是生产队按一定的价格出售指定数量的粮食给国家。但是由于当时实行"统购统销"，粮食交易是被严格限制的，再加上"剪刀差"的存在，出售粮食给国家得到的收入是不能变为同等数量的粮食的。通过"影子价格"，国家购买的部分可以折算为一定数量的无偿征收。本书的粮食征购率 s 可以看作通过"影子价格"折算，剔除国家补偿后的粮食征购比例。

② 集体化时期的农村分配是很复杂的。从制度规定上看，"按劳分配"作为当时分配的基本原则在很长一段时期内被普遍遵循，但是实际的分配过程和结果则与制度规定相差甚大。由于劳动的质量很难度量，再加上乡土社会中监督的成本较高，因而生产队的管理者在监督中存在"偷懒"的动机，按劳分配往往演变为按性别、年龄、身体健康程度分配。见李怀印：《乡村中国纪事：集体化和改革的微观历程》，法律出版社 2010 年版；林刚：《李集村：农民生产和生活的 60 年变迁》，中国社会科学出版社 2010 年版。本书假设劳动人口同质，因而按劳分配与按人分配是一致的。

$$\pi_t = \ell\pi_t + \bar{c}\,n_t + c_{1,t} = \ell(1 - s_t)Ak_t^\alpha + \bar{c}\,n_t + c_{1,t} \tag{7.5}$$

$$c_{2,t} = \ell\pi_{t+1}n_t = \ell(1 - s_{t+1})y_t n_t^{1-\alpha} = \ell(1 - s_{t+1})Ak_{t+1}^\alpha n_t \tag{7.6}$$

在式(7.5)、式(7.6)中，$\ell > 0$，表示代际转移的比例；$\bar{c} > 0$，表示生育一个子女的投入；$n_t \geq \bar{n}_t \geq 0$，表示生育的孩子数量[①]，则 $N_{t+1} = n_t N_t$。显然，式(7.5)显示了生育孩子的成本，即减少的当期消费 $\bar{c}\,n$。为了保证成年人的当期消费为正，即 $c_{1,t} > 0$，式(7.5)意味着 $(1 - \pi)(1 - \ell)y_t > \bar{c}\,n_t$。式(7.6)刻画了生育孩子的收益。简单来看，好像孩子越多，未来收益越大，但是考虑到未来人均耕地面积 k_{t+1} 是 n_t 的减函数，式(7.6)所表示的生育的经济后果就不是很确定了。由于 s_{t+1} 发生在未来，人们在当期只能基于过去的信息(经验)对未来进行预期，并且假设这种预期是适应性预期性质的，因而 s_{t+1} 是过去信息的函数，即 $s_{t+1} \equiv e_t = e(s_t)$，且有 $\partial e_t / \partial s_t > 0$，但无论如何有 $0 < e_t < 1$。如此，第二期的预算约束可表示为：

$$c_{2,t} = \ell(1 - e_t)Ak_{t+1}^\alpha n_t = \ell(1 - e_t)y_t n_t^{1-\alpha} \tag{7.7}$$

如果父母不具有前瞻性，即生育时并未考虑未来收入的变化(这相当于父母有一个无限大的贴现率 ρ)，只考虑了眼前的"负担"，那么最优化问题就是在 $\rho \to +\infty$ 与当期预算式(7.5)约束下最大化式(7.4)。这意味着生育率只与当期粮食征购率相关，而与未来粮食征购率没有关系，即 $n_t^{pos} = \varphi(s_t, \Re)$，其中 $\Re$ 表示人均产出等其他变量。我们将粮食征购率只通过当期预算约束影响生育率的机制称为"预算机制"(记为 mech-b)。

相反，如果父母预期到自己当前的生育行为会影响到未来的消费水平，那么第二期的消费就是当前决策的函数，最优化问题是在式(7.5)和式(7.7)约束下最大化式(7.4)。此时，粮食征购率不仅通过当期预算约束起作用，还通过未来收入对生育决策产生影响。将式(7.7)代入式(7.4)，构建拉格朗日函数，结合式(7.3)可得：

[①] 我们对生育数量施加一个最低限制 $\bar{n}_t$ 是为了避免在刻画"预算机制"时生育数量为 0 的情况出现。这一点将在下面有关现实性抑制机制的定义中得到明显的体现。如果在给定的某个时期 $\bar{n}_t = 0$，人们完全出于个体理性自由地选择生育数量，那么这意味着 $\bar{n} = 0$。然而，在很长历史时期内，人们似乎很难完全理性地选择生育数量，至少在马尔萨斯模型中，人们被描述为总是在生活允许的情况下尽可能地生育多于某一个数量的孩子。就如郑卫东所言，乡土中国的生育中有一些神秘色彩，而且总被赋予意识形态上的特殊意义，并不是个体可以自由选择的。郑卫东：《村落社会变迁与生育文化：山东东村调查》，上海人民出版社 2007 年版，第 59—60 页。

$$L = \frac{c_{1,t}^{1-\theta} - 1}{1 - \theta} + \frac{1}{1 + \rho} \frac{\left[\ell(1 - e_t)y_t n_t^{1-\alpha}\right]^{1-\theta} - 1}{1 - \theta} +$$

$$\lambda\left[(1 - \ell)(1 - s_t)y_t - \bar{c}\,n_t - c_{1,t}\right] \qquad (7.8)$$

一阶条件为:

$$c_{1,t}^{-\theta} - \lambda = 0$$

$$\frac{1 - \alpha}{1 + \rho}\left[\ell(1 - e_t)y_t\right]^{1-\theta} n_t^{(1-\alpha)(1-\theta)-1} - \lambda\bar{c} = 0$$

$$(1 - \ell)(1 - s_t)y_t - \bar{c}\,n_t - c_{1,t} = 0$$

根据一阶条件整理后可得:

$$\frac{1 - \alpha}{1 + \rho}\left[\ell(1 - e_t)y_t\right]^{1-\theta} n_t^{(1-\alpha)(1-\theta)-1} - \bar{c}\left[(1 - \ell)(1 - s_t)y_t - \bar{c}\,n_t\right]^{-\theta} = 0$$

$$(7.9)$$

式(7.9)以隐函数的形式定义了最优生育率 n_t^*。根据式(7.9),由隐函数求导法则,可以得到以下定理:

定理: 当 $0 < s_t < 1$, $0 < e_t < 1$,且 $\partial e_t/\partial s_t > 0$, $(1 - \ell)(1 - s_t)y_t - \bar{c}\,n_t > 0$ 时,有 $\partial n_t^*/\partial s_t < 0$。

证明: 令 $F = \frac{1 - \alpha}{1 + \rho}\left[\ell(1 - e_t)y_t\right]^{1-\theta} n_t^{(1-\alpha)(1-\theta)-1} - \bar{c}\left[(1 - \ell)(1 - s_t)y_t - \bar{c}\,n_t\right]^{-\theta}$,

分别对 F 求 s_t 和 n_t 的偏导数,可得:

$$F_{s_t} = -\frac{\ell(1 - \alpha)(1 - \theta)}{1 + \rho}\left[\ell(1 - e_t)y_t\right]^{-\theta} y_t e_{s_t} n_t^{(1-\alpha)(1-\theta)-1} - \bar{c}\theta$$

$$\left[\chi - \bar{c}\,n_t\right]^{-\theta-1}(1 - \ell)y_t$$

$$F_{n_t} = \frac{(1 - \alpha)\left[(1 - \alpha)(1 - \theta) - 1\right]}{1 + \rho}\left[\ell(1 - e_t)y_t\right]^{1-\theta} n_t^{(1-\alpha)(1-\theta)-2} - \bar{c}^2\theta$$

$$\left[\chi - \bar{c}\,n_t\right]^{-\theta-1}$$

其中, $F_{s_t} = \partial F/\partial s_t$, $F_{n_t} = \partial F/\partial n_t$, $e_{s_t} = \partial e_t/\partial s_t$, $\chi = (1 - \ell)(1 - s_t)y_t$。由于 $(1 - \alpha)(1 - \theta) - 1 < 0$,因此当 $0 < s_t < 1$, $0 < e_t < 1$,且 $e_{s_t} > 0$, $(1 - \ell)(1 - s_t)y_t - \bar{c}\,n_t > 0$ 时,有 $F_{s_t} < 0$, $F_{n_t} < 0$。由此可知, $\partial n_t^*/\partial s_t = -F_{s_t}/F_{n_t} < 0$。证毕。

据此,我们得到假说1:

假说1: 无论人们的生育决策是否具有前瞻性,家庭最优生育率都与粮食征购率成反比。

　　假说 1 似乎是显而易见的,然而这仅仅是理论上的预测,事实可能并非如此。粮食征购行为是否影响了中国集体化时期的生育行为,还需要更为仔细的经验分析来验证。而识别粮食征购率影响生育行为的机制则是本书经验研究部分的一个重点。式(7.9)以隐函数的形式将 t 期最优生育率定义为当期粮食征购率 s_t、预期粮食征购率 e_t 以及人均产出等变量的函数: $n_t^{pre} = \varphi(s_t, e_t, \Re)$。我们将这种机制称为粮食征购率对生育率的"激励机制"(记为 mech-i)。据此,我们提出假说 2:

　　假说 2:如果人们的生育行为具有充分的前瞻性,粮食征购率不但通过当期预算约束影响生育决策(mech-b),而且还会通过预期对生育率产生作用(mech-i)。

　　现在的问题是,如果假说 1 得到了经验分析结果的支持,那么粮食征购率影响人们生育行为的机制到底是什么? 因为有一些研究表明,在合作化时期,人们的生育行为确实表现出了某种程度的前瞻性。例如郑卫东就指出,当时的人们将生育行为与未来的预期收入联系了起来。[①] 而在粮食增产长期没有大的突破的前提下,未来的预期收入很大程度上取决于粮食征购率。假说 2 表明,粮食征购率是否通过预期对生育率产生影响是判断"激励机制"是否存在的必要条件。这为我们在下面的实证分析中识别粮食征购率影响生育行为的机制提供了一种思路。

第三节　农业合作化时期生育行为的实证分析

一、计量模型设定、变量选择与数据来源

（一）模型的设定

　　我们使用统计资料和人口普查数据构建了一个包含 28 个省级地区人口、经济和社会发展的面板数据,时间期限为 1953—1978 年。[②] 被解释变量为生育率,核心解释变量为粮食征购率。由于生育行为的结果与生育决策之间一般存在 10 个月的时滞,所以当期的粮食征购率以及其他一些变量往往不能解释当期的生育率。因此,我们将包括粮食征购率在内的解释变量滞后一期,以便更为准确地反映这些变量对生育决策的真实影响。为了

---

① 郑卫东:《村落社会变迁与生育文化:山东东村调查》,上海人民出版社 2007 年版,第112 页。

② 28 个省级地区中不包括台湾、西藏、重庆、海南、香港和澳门。

同时捕捉到个体固定效应与时间固定效应,我们使用了双向固定效应模型:

$$br_{it} = \beta glr_{i,t-1} + \sum_{k=1} \gamma_k control_{ki,t-1} + \lambda_t + u_i + \varepsilon_{it}$$

其中,br_{it}、glr_{it} 分别表示第 i 个省在第 t 年的生育率和粮食征购率,$control_{ki,t-1}$ 表示第 k 个控制变量,而 γ_k 表示第 k 个控制变量的边际效应,λ_t 和 u_i 分别用来捕捉时间固定效应和个体固定效应。显然,如果假说 1 成立,则可以观察到系数 β 显著为负。

由于存在组间异方差和组内同期相关,在估计中,我们分别采用了"OLS+面板校正标准误"与广义可行最小二乘法(FGLS)的估计策略。此外,生育行为可能具有相互模仿性或传递性(Montgomery 和 Casterline,1993;Li 和 Zhang,2009;韦艳,2007),这意味着已经发生的生育行为可能对人们的生育决策存在着某种影响,这种影响往往被赋予文化或传统的含义,在理解生育行为时常常被人们提及。为了控制这一动态效应对实证结果的影响,我们还采用系统广义矩方法(System GMM)估计了一个动态面板模型:

$$br_{it} = \alpha br_{i,t-1} + \beta glr_{it} + \sum_{k=1} \gamma_k control_{ki,t-1} + \lambda_t + u_i + \varepsilon_{it}$$

显然,如果实证结果具有稳健性,那么在上述模型和估计中,glr_{it} 的系数都应该是显著为负的。

(二) 变量的选择

被解释变量使用"每千人出生率"(br)来度量。为了准确估计其他解释变量对 br 的效应,首先应该控制各省每年育龄妇女的数量差异。理论上,15—49 岁的妇女都可以计入育龄妇女之列,但是根据中国第三次人口普查数据所做的分析发现,1981 年分年龄段的妇女生育胎次数据表明 20—34 岁是当时妇女生育的主要时段(如图 7.1 所示)。所以,我们使用"20—34 岁妇女数"代表育龄妇女数(wom)。

在前现代社会或发展中国家,婴儿死亡率是影响生育数量的一个重要因素(Eswaran,1998)。所以,在控制变量中,我们希望找到一个能反映婴儿死亡率的指标,但是统计资料中分省年度婴儿死亡率数据严重缺失。不过,贫困、低水平的医疗卫生和性别选择是造成传统中国婴儿死亡最为重要的原因(郭松义,2006),因此我们引入了"人均原粮产量"(pcg)、"每万人医生数"(doc)和"出生性别比"(srb)三个变量来间接反映年度省际婴儿死亡率的差异。srb 不但是对婴儿死亡率的一个度量,而且通过父母的性别偏好对生育行为也有直接的影响(陈卫,2002)。

一个人所接受的知识和其所处社会的文化被认为是影响生育行为的一

（单位：人）

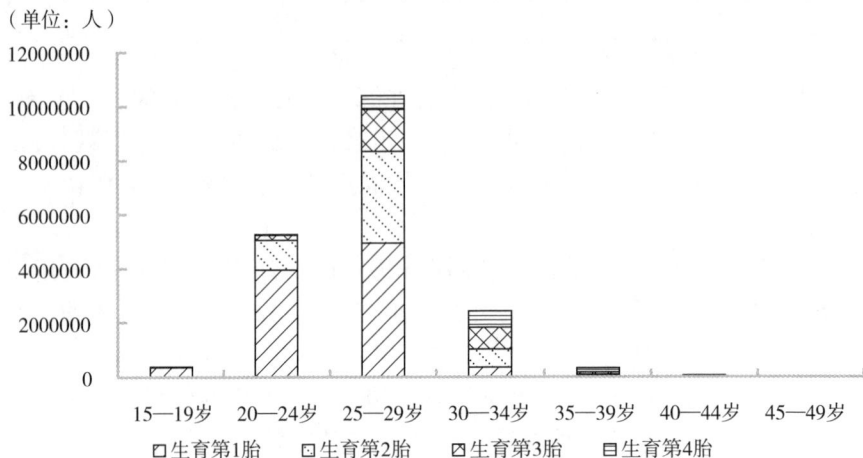

图 7.1　1981 年中国育龄妇女分年龄段生育胎次分布

资料来源：笔者根据第三次人口普查数据整理所得。

个重要因素（李银河，2009）。由于教育不但影响个体，而且现代教育的引入和发展对改变一个地区的生育文化有着非常重要的作用，因此我们采用"每万人中小学专任教师数"（*teac*）来度量省际个体知识和社会文化变迁的差异。同时，有许多研究表明，新中国成立后少数民族的生育率普遍高于汉族（熊郁和杨扬，1988；李伯华和朱钢，1988；张天路和黄荣清，1996），因此一个地区人口的民族构成对其整体的生育率也有重要影响，尤其是对少数民族占比较高的省级地区而言更是如此。所以，我们采用"汉族人口占比"（*hpp*）来捕捉地区间的民族人口分布差异。

　　塔勒姆等（Talhelm 等，2014）发现，水稻和小麦种植的地理分布可以解释中国人生活和组织行为模式上的南北差异，尽管这一研究遭到了阮建青、谢传和张晓波（Ruan、Xie 和 Zhang，2015）的质疑，但是不同作物劳动投入以及产出回报（统一折算为粮食）之间的差异可能会对人们的生产和生活安排产生影响，而且作物种类上的差异在很大程度上也是对人们生存条件的反映。基于这样的考虑，我们在控制变量中引入"粮食种植面积占比"（*gr*）来体现这一因素的影响。

　　除了人口学和社会学因素外，经济因素也是影响生育率的一个重要原因。在上述变量中，*pcg* 不仅通过影响死亡率而具有人口学上的意义，而且很大程度上通过收入直接影响人们的生育数量。这是 *pcg* 的另外一个含义。此外，城市的生育水平普遍低于农村，因此城市化率（*urbr*）也是决定一个地区整体生育率的重要变量。最后，在机制识别部分，为了检验 *glr* 与其滞后期均值的相关性,还用到了"原粮亩产量"(ypm)。

（三）数据来源

作为核心解释变量,粮食征购率根据原农牧渔业部计划司编著的《农业经济资料(1949—1983)》中提供的有关各省年度粮食产出、征购数据计算得到。这一数据来源最近几年受到了许多研究者的重视,如龚启圣和陈硕(Kung 和 Chen,2011)、范子英和石慧(2013)等。出生率、城市化率、人均原粮产量、原粮亩产量、每万人中小学专任教师数、每万人医生数、粮食种植面积占比等变量的基础数据来源于国家统计局国民经济综合统计司编著的《新中国六十年统计资料汇编》《新中国五十五年统计资料汇编》以及《新中国五十年统计资料汇编》(统一简称为《统计资料汇编》)。其中,以《新中国六十年统计资料汇编》为主,缺失的数据从其他两种资料中补充,但是后两种资料的数据如果与前一种有出入,则选择空缺,不作补充。

通过年龄回溯推算的方法,我们根据第三次人口普查数据得出了1953—1978 年省级地区处于统计上生育旺盛期的育龄妇女数,即 20—34 岁妇女数,以及出生性别比。由于无法重构各省级地区民族人口的历史数据,我们使用 1981 年各省汉族人口占比作为代理变量。表 7.1 对实证部分所涉及的变量进行了汇总说明。

表 7.1　变量与数据汇总说明

变量	指标	数据来源
每千人出生率 br	出生人口/总人口（千）	《统计资料汇编》
人均原粮产量 pcg	原粮总产量/总人口	
原粮亩产量	原粮总产量/粮食种植面积	
每万人中小学专任教师数 $teac$	中小学专任教师数/总人口（万）	
每万人医生数 doc	医生数/总人口（万）	
粮食种植面积占比 gr	粮食种植面积/农作物种植面积	
城市化率 $urbr$	城市人口/总人口	
粮食征购率 glr	粮食征购量/原粮总产量	《农业经济资料(1949—1983)》
育龄妇女数 wom	20—34 岁妇女数	第三次人口普查数据
出生性别比 srb	—	
汉族人口占比 hpp	1981 年汉族人口占比	

表 7.2 给出了所有变量的一个整体性(overall)统计描述。粮食征购

率、城市化率、粮食种植面积、汉族人口占比都取百分数,出生性别比以"女性=100"为基准。表 7.2 中,各个变量的标准误以及最小值和最大值之间的差距都较大,这一方面反映了 1953—1978 年中国社会所发生的巨大变化,另一方面也反映了国内地区间严重的不平衡性。然而,如果报告更为完整的统计性描述,就会发现各个变量的组内或组间的标准误以及最值之间的差距相对要小一些。汉族人口占比的均值为 89.38%,最小的是新疆,只有 40.39%,标准误为 15.42%。因而,就全国范围来说,汉族人口占比在数据上具有充分的变异性,满足计量分析的数据要求。出生性别比亦是如此。

表 7.2　各变量的统计性描述

变量	均值	标准误	最小值	最大值	样本量
br	30.82	8.92	9.06	58.80	725
glr	21.28	8.09	2.52	58.57	728
pcg	557.34	159.26	148.73	1228.29	728
urbr	21.35	16.00	3.85	93.48	690
gr	83.11	7.84	48.21	93.49	728
teac	55.82	23.26	3.88	120.52	695
hpp	89.38	15.42	40.39	99.93	728
wom	99.91	13.56	73.17	165.46	728
srb	105.12	3.51	90.70	123.73	728
doc	9.66	3.20	0.28	33.50	631
ypm	367.00	158.98	120.70	980.82	728

二、粮食征购率对生育率的影响:实证检验

在进行回归之前,我们对数据进行了检验,发现面板数据存在组间异方差与组内同期相关。因而,我们同时报告了采用"OLS+面板校正标准误"策略(估计结果记为 OLS)以及可行广义最小二乘法(FGLS)估计的结果。在采用 FGLS 估计时,我们对两种情形,即每个个体的自回归系数均相等与每个个体的自回归系数不同,都进行了回归,结果分别记为 FGLS-ar1 与 FGLS-par1。

同时,如前文所述,为了控制生育行为的传递性效应(动态效应),我们还建立了一个动态面板模型,并采用系统广义矩方法进行了估计,其结果记为 GMM-system。在该估计中,我们使用 br_{it} 的二阶滞后项作为工具变量,并

允许最多使用三阶滞后。但是,由于模型中存在不随时间变化的解释变量 hpp_i,被解释变量的滞后项与 hpp_i 都存在相关性,这意味着 $br_{i,t-1}$、$br_{i,t-2}$ 与扰动项 ε_{it} 相关,所以 $br_{i,t-1}$、$br_{i,t-2}$ 是内生变量。此外,尽管去年的粮食征购率($glr_{i,t-1}$)、出生性别比($srb_{i,t-1}$)与当年的出生率不相关,然而使用系统广义矩差分时,$glr_{i,t-1}$、$srb_{i,t-1}$ 可能与 $br_{i,t-1}$ 相关,因此 $glr_{i,t-1}$ 与 $srb_{i,t-1}$ 具有前定变量的特征。最后,为了检验系统广义矩方法的适用性和工具变量的有效性,我们使用 Arellano-Bond test 对扰动项 ε_{it} 的一阶和二阶序列相关性进行了检验,使用 Sargan test 对工具变量进行了过度识别检验。

表 7.3 表明,在控制了育龄妇女数量差异以及其他变量后,粮食征购率与出生率均存在显著的负相关关系。无论是采用"OLS+稳健标准误"的估计策略还是采用不同情形下的 FGLS 回归,回归结果都是稳健的。在动态模型中,出生率的一期滞后项系数为正,且在 1% 的置信水平上显著。这说明,生育行为的确存在传递性,也就是说人们的生育决策对社会中已经发生的生育行为具有某种程度的依赖性。在控制住该动态效应后,粮食征购率对出生率的边际效应有所上升,但仍然在 1% 的置信水平上显著。

表 7.3　粮食征购率对出生率影响分析:全样本回归结果

模型	(1)	(2)	(3)	(4)
	OLS	FGLS_ar1	FGLS_psar1	GMM_system
L.glr	−0.211*** (0.066)	−0.158*** (0.051)	−0.163*** (0.045)	−0.317*** (0.107)
L.urbr	0.489*** (0.089)	0.408*** (0.086)	0.422*** (0.071)	−0.075 (0.227)
L.pcg	−0.006** (0.003)	0.002 (0.003)	0.003 (0.002)	0.007** (0.003)
L.teac	−0.194*** (0.039)	−0.137*** (0.030)	−0.120*** (0.025)	−0.179*** (0.036)
L.doc	0.304*** (0.102)	0.208* (0.110)	0.193** (0.094)	0.325 (0.323)
L.hpp	−0.462*** (0.070)	0.628*** (0.113)	0.551*** (0.094)	0.173 (2.868)
L.gr	−0.148 (0.090)	−0.132 (0.102)	−0.120 (0.084)	0.051 (0.243)

续表

模型	（1）	（2）	（3）	（4）
	OLS	FGLS_ar1	FGLS_psar1	GMM_system
L.*wom*	0.144*** （0.043）	0.135*** （0.039）	0.153*** （0.032）	−0.033 （0.121）
L.*srb*	−0.613*** （0.093）	−0.429*** （0.064）	−0.404*** （0.055）	−1.190*** （0.280）
L.*br*	—	—	—	0.325*** （0.113）
L2.*br*	—	—	—	0.043 （0.125）
_cons	125.753*** （12.132）	0.000 （.）	0.000 （.）	138.420 （279.068）
地区虚拟变量	是	是	是	—
时间虚拟变量	是	是	是	—
Arellano-Bond test-AR（1）	—	—	—	−2.706***
Arellano-Bond test-AR（2）	—	—	—	−0.892
Sargan test	—	—	—	23.007
N	571	571	571	547
R^2	0.829	0.841	0.917	—

注：***、**、*分别表示在1%、5%、10%的置信水平上显著；系数下方括号里的数字表示标准误；L.variable和L2.variable分别表示variable的一阶与二阶滞后，下同。

　　在表7.3中，每万人中小学专任教师数与出生性别比的系数都显著为负。这意味着一个地区的现代教育越普及，出生性别比越高（男孩越多），当地的人们倾向于生育更少的孩子。城市化率、每万人医生数、育龄妇女数与汉族人口占比在静态模型（前三个回归）中都是比较显著的，在动态模型中却不显著。这说明在控制了生育行为的传递性后，这些变量在统计上的意义被显著弱化了。但是，*glr*的系数依然是显著的，这也从侧面表明了粮食征购率对出生率效应的稳健性。此外，城市化率在静态模型中的系数为正，与通常的预期不符，因为人们更倾向于认为城市化水平上升会降低生育率。之所以出现这种情况，有可能是因为在当时严格的户籍政策和人口迁移政策下，城乡相对独立，削弱了城市化对整个社会生育行为的影响，再加上城市化率更多地反映了一个地区的国民收入与经济发展水平，因而与生育率存在某种正相关关系。

为了检验稳健性,我们尝试改变样本或模型的变量设定,以观察 glr 系数在统计上的变化。首先,由于城市化的效应为正,并不符合人们一般的认识,而且城市人口的粮食供应也与农村存在很大的不同,因此我们考虑将城市化率水平较高的地区从样本中删去。具体地,以 1953 年城市化率超过 20% 为标准,我们从样本中剔除了包括京、津、沪,以及东北三省在内的六个省级地区。作为城市主导的直辖市,京、津、沪城市人口占比高自不必说,而东北三省作为新中国最早的工业基地,其城市化率也高于全国其他地区,尤其是吉林和黑龙江两省 1953 年的城市化率都在 40% 以上。表 7.4 报告了调整样本后的回归结果。从中可以发现,剔除了城市化率较高的地区后,FGLS 估计中的 $urbr$ 系数不再显著了,但是 gr 系数的显著性有了明显提升。在这个子样本回归中,$teac$ 对生育率的效应以及系统广义矩估计中的动态效应在统计上都削弱甚至消失了,但 glr 的系数仍然是显著为负的。

表 7.4　粮食征购率对出生率影响分析:子样本回归结果($urbr_{1953}<20$)

模型	(1) OLS	(2) FGLS_ar1	(3) FGLS_psar1	(4) GMM_system
L.glr	-0.146^{***} (0.052)	-0.101^{**} (0.046)	-0.109^{**} (0.044)	-0.601^{***} (0.208)
L.$urbr$	0.134 (0.105)	0.053 (0.125)	0.050 (0.120)	0.249 (0.648)
L.pcg	-0.008^{***} (0.003)	0.004 (0.003)	0.004^{*} (0.002)	-0.004 (0.008)
L.$teac$	-0.041^{*} (0.023)	-0.033 (0.025)	-0.041^{*} (0.024)	-0.133 (0.105)
L.doc	0.493^{***} (0.097)	0.458^{***} (0.118)	0.516^{***} (0.111)	0.007 (0.994)
L.hpp	-0.126^{***} (0.023)	0.493^{***} (0.093)	0.491^{***} (0.084)	0.082 (0.914)
L.gr	0.163^{***} (0.058)	0.186^{**} (0.090)	0.192^{**} (0.083)	0.191 (0.468)
L.wom	0.094^{**} (0.037)	0.069^{*} (0.037)	0.079^{**} (0.032)	-0.025 (0.345)
L.srb	-0.440^{***} (0.067)	-0.394^{***} (0.055)	-0.409^{***} (0.051)	-1.074^{*} (0.549)

续表

模型	（1）	（2）	（3）	（4）
	OLS	FGLS_ar1	FGLS_psar1	GMM_system
L.*br*	—	—	—	0.274 （0.182）
L2.*br*	—	—	—	0.119 （0.125）
_cons	71.235*** （8.213）	0.000 （.）	0.000 （.）	129.113 （139.212）
地区虚拟变量	是	是	是	—
时间虚拟变量	是	是	是	—
Arellano-Bond test-AR(1)	—	—	—	−2.446**
Arellano-Bond test-AR(2)	—	—	—	−0.670
Sargan test	—	—	—	18.154
N	441	441	441	422
R^2	0.843	0.852	0.924	—

根据埃斯瓦兰（Eswaran,1998）的研究,我们预期更好的医疗卫生会降低婴儿死亡率,从而带来生育率的下降。所以我们在回归中引入的是 *doc* 的滞后期,希望以此捕捉过去的死亡率对出生率的影响。在全样本回归中, *doc* 的效应在静态回归模型中具有一定的显著性,但是其系数为正,与我们的预期并不一致。下面考虑另外一种机制,即医疗卫生通过降低妇女怀孕及生产期间的死亡率来影响出生率。可以预期这种影响将是积极的,即通过提高产妇顺利生产活婴的概率来提高出生率。所以,在接下来的回归中,将使用全样本以及 *doc* 的当期值来进行回归。*urbr* 也不再滞后,而是以当期值进入模型。此外,将引入一个时间趋势项,代替此前回归中的时间虚拟变量。我们想观察这样的调整是否会对估计结果产生重要的影响。表 7.5 报告了部分滞后回归的结果。

表 7.5　粮食征购率对出生率影响分析:部分滞后回归结果

模型	（1）	（2）	（3）	（4）
	OLS	FGLS_ar1	FGLS_psar1	GMM_system
L.*glr*	−0.524*** （0.074）	−0.399*** （0.070）	−0.420*** （0.064）	−0.338*** （0.122）

续表

模型	（1）	（2）	（3）	（4）
	OLS	FGLS_ar1	FGLS_psar1	GMM_system
urbr	0.447 *** （0.109）	0.295 ** （0.117）	0.272 *** （0.105）	−0.066 （0.164）
L.*pcg*	0.000 （0.004）	0.005 （0.004）	0.005 （0.004）	0.006 （0.004）
L.*teac*	−0.289 *** （0.049）	−0.199 *** （0.043）	−0.208 *** （0.040）	−0.174 *** （0.046）
doc	−0.149 （0.136）	−0.265 （0.162）	−0.248 （0.153）	−0.084 （0.828）
L.*hpp*	−0.380 *** （0.074）	2.761 （2.919）	3.353 （2.676）	0.173 （1.084）
L.*gr*	0.286 *** （0.086）	0.405 *** （0.110）	0.379 *** （0.109）	−0.000 （0.318）
L.*wom*	0.094 ** （0.042）	0.101 ** （0.045）	0.101 ** （0.040）	−0.002 （0.142）
L.*srb*	−1.001 *** （0.118）	−0.943 *** （0.123）	−0.949 *** （0.108）	−1.238 *** （0.327）
L.*br*	—	—	—	0.317 *** （0.102）
L2.*br*	—	—	—	0.058 （0.119）
year	0.142 （0.149）	−0.092 （0.145）	−0.118 （0.133）	—
_cons	−138.814 （292.252）	0.000 （.）	0.000 （.）	148.856 （106.664）
地区虚拟变量	是	是	是	—
Arellano-Bond test-AR(1)	—	—	—	−3.017 ***
Arellano-Bond test-AR(2)	—	—	—	−0.870
Sargan test				23.470
N	574	574	574	551
R^2	0.686	0.700	0.806	—

表 7.5 报告的结果中,在前三个回归中,*doc* 的系数不再显著了;与表 7.3 相同,城市化水平对出生率的影响显著为正。在四个回归中,粮食征购率 (*glr*)的系数值均为负,且在 1% 的置信水平上显著。

三、粮食征购率对生育率的影响:机制识别

从上面的分析可以看出,无论是采用不同的模型和估计策略,还是调整样本,或是改变变量的设定,粮食征购率都对出生率具有显著的负效应,这一结果在统计上是稳健的。假说 1 得到了计量分析结果的支持。但这种效应的机制究竟是预算机制 *mech-b* 还是激励机制 *mech-i*,并不清楚。从总体效应中分离出激励机制 *mech-i* 似乎是比较困难的,不过理论分析为我们检验粮食征购率影响生育率的机制提供了一些启示。

在理论分析部分,我们指出,在 *mech-b* 中,粮食征购率仅通过预算约束对生育行为发挥作用,但是在 *mech-i* 中,理性的父母具有充分的前瞻性,粮食征购率不仅通过当期的预算约束影响生育率,而且会通过未来收入预期作用于人们的生育决策。但是,当前的人们无法知晓未来发生的事情,所以会根据当期以及此前发生的粮食征购行为对未来的粮食征购率进行预期。这意味着,如果 *mech-i* 是存在的,那么我们就应该观察到当期以及前期的粮食征购率对人们生育决策的显著影响。否则,即可说明 *mech-i* 是不存在的。基于这样的认识,我们将过去的粮食征购信息引入模型中,以检验粮食征购率对生育率的影响机制。

在适应性预期下,人们将过去信息的简单加总作为信息处理的基本方式。具体地,我们定义一个新的变量 *aglr*,表示第 $t-1$ 期前三年粮食征购率的均值,即:

$$aglr_{i,t-1} = (\mathrm{L}.glr_{t-1} + \mathrm{L2}.glr_{t-1} + \mathrm{L2}.glr_{t-1})/3$$

根据上面的论述,如果生育行为是 *mech-i* 的,那么在控制了 *glr* 的滞后项($\mathrm{L}.glr$)后,*aglr* 的系数应该显著为负。同样,我们采用与此前相同的 OLS、FGLS 与系统广义矩来进行估计,结果见表 7.6。

表 7.6　粮食征购率影响生育率的机制分析:回归结果

模型	(1) OLS	(2) FGLS_ar1	(3) FGLS_psar1	(4) GMM_system
$\mathrm{L}.glr$	-0.208^{***} (0.064)	-0.190^{***} (0.054)	-0.193^{***} (0.049)	-0.529^{***} (0.166)

续表

模型	（1）	（2）	（3）	（4）
	OLS	FGLS_ar1	FGLS_psar1	GMM_system
aglr4	−0.124 （0.083）	−0.094 （0.080）	−0.118 （0.075）	0.282 （0.257）
L.urbr	0.509*** （0.092）	0.404*** （0.089）	0.369*** （0.077）	−0.021 （0.283）
L.pcg	−0.010*** （0.004）	−0.002 （0.003）	−0.000 （0.003）	0.006 （0.004）
L.teac	−0.183*** （0.038）	−0.135*** （0.031）	−0.117*** （0.027）	−0.152*** （0.055）
L.doc	0.056 （0.124）	0.016 （0.126）	0.018 （0.110）	0.104 （0.615）
L.hpp	−0.537*** （0.080）	0.586*** （0.110）	0.552*** （0.092）	−0.127 （0.298）
L.gr	−0.069 （0.094）	−0.051 （0.093）	−0.046 （0.074）	−0.018 （0.384）
L.wom	0.147*** （0.044）	0.137*** （0.042）	0.151*** （0.033）	−0.021 （0.154）
L.srb	−0.633*** （0.101）	−0.457*** （0.071）	−0.433*** （0.065）	−1.045** （0.479）
L.br	—	—	—	0.312** （0.137）
L.br2	—	—	—	0.097 （0.121）
_cons	127.040*** （13.377）	0.000 （.）	0.000 （.）	152.514 （99.491）
地区虚拟变量	是	是	是	—
时间虚拟变量	是	是	是	—
Arellano-Bond test-AR（1）	—	—	—	−2.573***
Arellano-Bond test-AR（2）	—	—	—	−0.943
Sargan test	—	—	—	21.639
N	507	507	507	507
R^2	0.852	0.854	0.924	—

表 7.6 报告了在全样本回归中引入 aglr 后的估计结果，从中可以发现，粮食征购率对出生率的效应显著为负，但是 aglr 的系数并不显著。然而，

不能据此就断定 *aglr* 对出生率没有影响，因为变量 *glr* 可能存在自相关，这样一来 *aglr* 与 *glr* 的滞后项（L.*glr*）存在较强的相关性，此时在控制了 L.*glr* 后，*aglr* 的系数不再显著也就是极为正常的了。为了验证这一点，我们对 *glr* 与 *aglr* 的相关性进行检验。定义 $glr1_{it} = L.glr_{it}$，采用动态面板模型进行估计，具体的回归模型为：

$$glr1_{it} = \sum_{j=1} \sigma_j L_j.glr1_{it} + \theta aglr_{i,t-1} + \sum_{q=1} \tau_q control_{qi,t-1} + \lambda_{t-1} + u_i + \varepsilon_{i,t-1}$$

其中，$L_j.glr1_{it}$ 表示 $glr1_{it}$ 的 j 阶滞后项，$contral_{qi,t-1}$ 表示第 q 个控制变量，σ_j、τ_q 及 θ 表示对应变量的系数。控制变量包括城市化率（*urbr*）、每万人中小学专任教师数（*teac*）、每万人医生数（*doc*），这些变量代表了影响粮食征购率的需求侧因素，此外人均原粮产量（*pcg*）、原粮亩产量（*ypm*）则代表了粮食征购率的供给侧因素。

在确定解释变量 *glr*1 的滞后阶数时，我们采用了"从大到小的序贯 *t* 规则"检验了 *glr* 的自相关，发现 *glr* 只存在一阶自相关，所以选择了 *glr*1 的一阶滞后项作为解释变量，并允许最多使用三阶滞后作为工具变量。*aglr* 虽然与 *glr*1 不相关，但与 *glr*1 的滞后项相关，因此 *aglr* 作为前定变量进入模型。城市化率不仅影响粮食征购率，而且粮食征购情况也决定了所能供养的城市人口数量，因此 *urbr* 被设定为内生变量。我们采用差分广义矩（Difference GMM）和系统广义矩两种方法对上述模型进行了估计，结果如表 7.7 所示。

表 7.7　*glr*1 与 *aglr* 相关性分析

模型	（1） GMM_difference	（2） GMM_system
L.*glr*1	0.802 ** （0.331）	0.908 *** （0.187）
*aglr*4	−0.403 （0.582）	−0.320 （0.273）
L.*urbr*	0.365 （1.269）	0.141 （0.0918）
L.*doc*	0.0663 （1.704）	−0.240 （0.806）
L.*teac*	−0.0867 （0.192）	−0.0526 （0.0799）
L.*ypm*	0.0161 （0.0794）	−0.00671 （0.0119）

续表

模型	（1）	（2）
	GMM_difference	GMM_system
L.*pcg*	−0.00331 （0.0294）	0.0152* （0.00890）
_cons	3.742 （50.46）	5.170 （9.926）
Arellano-Bond test-AR（1）	−1.9576**	−2.9808***
Arellano-Bond test-AR（2）	−0.03215	−0.14492
Sargan test	23.23163	23.34046
N	456	507

表 7.7 表明，粮食征购率只与其一阶滞后项相关，与 *aglr* 以及所有控制变量均不相关。我们修改模型设定，比如引入城市化率的二阶滞后项，或者在模型中去掉 *teac* 与 *doc*，只保留城市化率作为唯一的影响粮食征购的需求侧因素，抑或是不将 *urbr* 作为内生变量，结果均是如此。我们无法得知有关粮食征购的决策是如何作出的，不过根据粮食征购任务是自上而下分配确定的事实可以推测，在信息缺失的情况下，去年的粮食征购数据在很大程度上成为确定今年粮食征购任务的主要依据。但无论如何，尽管 *glr*1 与其一阶滞后相关，却与 *aglr* 不相关。

由此来看，表 7.6 中 *aglr* 系数的不显著性是不能用其与 L.*glr* 相关来解释的。这意味着，作为过往信息的代表，*aglr* 并不影响人们的生育决策。因此，激励机制（*mech-i*）无法得到经验分析的支持。出现这种结果的原因或许是人们的理性不足，或许是节育手段的缺失，抑或是制度上对人口生产的鼓励。但不管怎样，当时的人们在生育时即便考虑到了将来，粮食征购行为也未能通过预期影响到当时人们的生育决策。

许多时候，人们认为合作化时期的制度对人口生产具有正向的激励作用，这只是从当时特殊的分配方式出发来考虑的。然而，一旦考察到分配的数量，即考虑到粮食征购的比例，就会发现合作化时期的粮食征购制度对人口增长产生了强有力的约束。这也是本书富有启发性的一点发现。

不过，本书得到的结论依然是初步的，而且对于实证分析结果的解读也应当非常谨慎，因为历史的复杂性和社会的多样性总是为实证分析设下许多阻碍。粮食征购率对生育率影响的激励机制在统计上不显著，并不意味着这种机制在事实上不存在。或许只是由于数据上或统计上的偏离，这种效应被淹没了,或许是由于这种效应非常微弱,并不足以成为解释人口行为的一个重要因素。所以,对本项研究结论更为准确的阐述是,即便当时的人们在进行生育决策时对未来有所设想,这种预期也未能得到宏观数据上的支持。事实上,由于合作化时期乡村家庭的收入具有明显的人口年龄结构周期①,人们总是能观察到成年子女多的家庭拥有更高的收入,所以即便普遍贫困,许多父母仍然将子女长大成人看成未来的希望。② 所以,"向前看"的利益考量总是存在的,关键不在于有没有,而在于这种因素在解释人口行为上到底有多重要。

---

① 李怀印:《乡村中国纪事:集体化和改革的微观历程》,法律出版社 2010 年版,第 186—195 页;黄英伟、陈永伟、李军:《集体化时期的农户收入:生命周期的影响——以河北省北街队为例》,《中国经济史研究》2013 年第 2 期。
② 郑卫东:《村落社会变迁与生育文化:山东东村调查》,上海人民出版社 2007 年版,第 112 页。

第八章 总结和启示

第一节 本书的总结

历代的发展,无论是源于技术上的改进,还是得益于土地垦殖引起的耕地面积的增加,都首先表现为人口的增长和经济总量的扩张。从人均收入来看,两千多年里没有大的改善。因为历朝历代发展到了其停滞状态时,老百姓的生活水平基本上都处在马尔萨斯压力之下,长期发生的技术进步以及持续不断的土地垦殖和制度变革的努力对改变此种状态没有任何实质性的作用。所以就稳态水平来讲,技术进步和资源的开发以及重新配置对人均收入和人均消费几乎没有影响。以此而论,说整个经济处于一种高度稳定之即便不准确,也基本描述了事实。但这种马尔萨斯经济并非中国所特有。在历史学家看来,真正让中国有别于其他前现代经济体的一个重要特征是,中国传统经济的发展在经济总量、商业规模和技术水平上达到了一个相当高的程度,而这是历史上的西方世界所无法企及的。这种"高水平均衡陷阱"虽然仍具有马尔萨斯经济的一般特征,但其形成也让历史学家以及其他学者困惑不已。

本书考察了中国的地理环境以及历史上的技术进步与制度变革对人口增长的影响,分析了这些因素对人口增长所产生的效应及其长期经济后果。正是这些因素产生的人口效应,或多或少侵蚀了技术进步、土地垦殖和制度变革的增长效应,在为中国带来一种长期的,规模上的繁荣之后,也将中国带入了一种"高水平均衡陷阱"之中。

具体来讲,农业文明时期,相对于欧洲,中国传统农耕区的气候和土壤等初始地理条件要优越得多。一方面,中国农耕区的积温较高,生长期长,为多熟种植技术的发展提供了基础条件。欧洲(主要是西北欧)虽然降水充沛,且全年分布也较为均匀,但是气温较低,植物生长期短,适宜种植的作物品种较少,发展旨在提高复种指数的技术存在先天性的不足。这是欧洲的亩产量在很长时期里落后于中国的一个重要原因。另一方面,中国传统农耕区(尤其是北方黄土区域)土壤松散易耕,依靠人力和木制农具即可翻种。而欧洲的土壤潮湿而黏重,需要依靠大量畜力和铁制农具才能开垦和耕种,因此欧洲对大型牲畜的需要长期存在。为了畜养耕种所需的牛、马,欧洲不得不采用"三圃制"这种较为粗放的耕作方式。这意味着,在相同面积的土地上,中国可用来种植粮食的部分要大得多。气候和土壤差异产生的一个重要后果就是中国的人口长期多于欧洲,因而人均耕地面积和人均资本量较小,经济活动中劳动密集程度较高,亩产量大而人均产出小。更为重要的是,在经验性技术进步机制下,中国在劳动密集型技术的发展上成就显著,但在资本使用上,与西方的差距越来越大。中西方在技术进步路径上的差异直接导致了经济演进路径上的差异,为近代以来东西方"大分流"的发生埋下了伏笔。

在当代人看来,历史上传统社会的技术进步和以人均收入衡量的经济增长几乎可以忽略不计。然而,当我们以数百年或者千年为单位审视历史时,技术进步和宏观上的发展还是显而易见的。从秦汉到晚清,中国的耕地面积和人口都有巨大的增长,不能说这其中没有技术进步的功劳。相反,技术进步的贡献应当是很大的。尤其是当我们将技术进步的范畴从器物改进扩展至生产知识积累、耕作方式革新、作物品种改良以及肥料使用等层面以后,这一结论就变得极为肯定了。问题在于,如果中国古代历史上确有长期的技术进步,为什么这种技术进步带来的只是大规模的人口扩张,以人均收入衡量的经济增长缘何没有大的变化? 事实上,对比西方的经济史不难发现,这并非中国所特有的现象。在第二次工业革命之前,西方世界的技术进步首先带来的也都是人口的大规模增长,人均收入的变化并不显著,只有在19世纪发生了人口转变以后,技术进步的成果才主要表现为人均收入的增长。其中的原因在于技术进步具有异质性。古代中国(包括19世纪以前的欧洲)的技术进步以效率型技术进步为主,缺乏有效的产品创新。这种性质的技术进步在提高家庭产出和收入的同时倾向于提高人口增长率,技术进步的增长效应因而被削弱了。这是中国历史上有技术进步而无经济增长的一个重要原因。

在中国历史上,很长一段时期内,儒家和为政者有均田的偏好和冲动,所以设想和设计了许多土地制度来均平土地。儒家的政治目标是长治久安,但是根据人口增长不断均田的制度却无助于这一目标的实现。因为,根据人口不断调整土地的分配将使所有家庭共同为单个家庭的生育行为"买单",因而人口生产存在外部性,微观家庭的生育决策会引起宏观意义上人口的过多供给,导致一个更低的人均产出和人均收入水平。当然,较大的人口规模对应着一个较大的经济总量。对于特别看重户口和宏观上的繁荣气象的为政者来说,不断均田的确有助于这一目标的实现,因而均田的主张和实践在经济上也有其合理的一面。

不过,均田制既然对人口增长有特别的激励作用,那么根据预测,实行均田制的隋唐就应该有一个更低的人均产出水平,但是历史上的隋唐时期却是中华文明的一个高峰,丝毫未显露出任何衰退的迹象。这是因为隋唐的税制——"租庸调制"——恰好又对人口增长有较强的抑制效应。依据产量征税还是依据人丁征税,抑或是依据田亩征税,对于微观人口行为和宏观人口增长都有重要意义。在既定的税额下,丁税占比越高,由微观生育决策决定的人口总量越小,人均产出和人均收入越高。隋唐的"租庸调制"以丁身为本,因而对人口增长有较大的抑制作用。所以,当税赋结构由丁税主导转变为田税主导后,税制变革本身就会释放一部分人口。由此新增的人口会减少人均耕地面积,引起人均产出的下降。但是,由于更高的人口稳态意味着一个王朝要达到其稳态水平需要更多的时间,因此"两税法"开启的税制变革的确有利于王朝寿命的延长。

本书从地理环境、技术进步和制度变革的人口效应出发,对中国传统经济的长期演进进行了一些试探性的讨论。这些研究向我们展示了认识和理解中国人口史和经济史的一个新视角。它揭示了技术进步在经济长期演进中的主导性力量,但是技术进步的成果却依赖于具体制度的人口效应,而技术进步本身(特别是技术进步的要素偏向)又受到地理环境及其人口效应的影响。需要指出的是,这些分析和解释都是针对一些具体的与人口相关的历史现象的。这在第二章中有详细的阐述。

第二节　历史的启示

虽然我们反对人口决定论,但不可否认的是,中国历史上的人口行为一方面构成了中国历史演进的一个重要内容,另一方面代表了影响中国历史演进的一个重要因素。这一点对于经济史而言尤为明显。其中的道理颇为直观。毕竟在传统经济中,技术变迁非常有限,资本积累水平较低,最活跃的生产要素就是人口了。经济总量的成长和变化很大程度上由人口规模及其变化决定。一个经济体的繁荣程度既可通过人口规模来反映,其未来的发展潜力也受制于人口与资源的比例。更为重要的是,人口行为也是理解经济长期演进的一把钥匙。在西方世界的兴起中,宏观人口行为不但是推动技术革新的动力,而且也是理解制度变迁的一个重要因素。[1] 而在统一

---

① [美]道格拉斯·诺斯、罗伯特·托马斯:《西方世界的兴起》,厉以平、蔡磊译,华夏出版社2009年版,第13页。

增长理论中,微观人口行为的转变被看作经济由马尔萨斯停滞状态转入持续增长路径的关键性因素(Galor 和 Weil,2000)。人们的生育偏好由"数量"转变为"质量"是人力资本不断积累,进而推动经济持续增长的重要动力,正是现代经济的一个重要特征。

　　然而,人口与经济系统的关系并非简单的线性关系,而是相互作用的。人口行为本身也是诸多因素共同作用的结果。地理环境的差异造就了经济体之间人口承载力的差异,但容易被忽略的是,地理环境的差异同时也决定着初始生产技术和生产方式的差异,而这些差异与人口行为相互作用最终衍生出了不同的经济发展路径。注意到了地理环境的差异,并正确认识到了其在技术选择和生产组织方面的意义,就不会武断地认为古代中国的"精耕细作"农业要比欧洲中世纪的"休耕制"或"轮耕制"农业先进。毕竟,技术根植于其"土壤"。在历史上经过反复"试错"后形成的技术体系和生产方式自有其合理性,因此脱离对资源禀赋差异的考察就无法准确评价一个地区的生产组织方式和经济发展模式。同样,技术受限于其"需求"。技术的使用往往都是有成本的,即便技术本身是免费的。在人口较多,农业剩余较小且分散,同时又缺少有效资本市场的经济体中,人们更可能选择"投入"较小的技术,而不是"收益"最大的技术。不是人们不偏好于收益最大的技术,而是这种技术人们"支付不起"。清代晚期的农民以及社会精英就面临这样的选择。当优良的种子出现在眼前时,他们采用新品种的态度并无半点迟疑,但面对各种节省人力的机械时,他们表现得却颇为犹豫(魏露玲,2007a、2007b)。尽管时人留下的文献资料中或许充斥着对这种技术的"鄙弃"和不信任,但当代人据此就认为新技术遭到抵制仅是由于时人的保守和愚昧却也有失偏颇,甚至未及根本。

　　虽然将近代出现的"大分流"归因于初始土壤和气候的差异多少让人有些怀疑,但是地理环境上的差异确实在两个经济体之间造就了不同的农业生产技术和生产方式。此后,人口行为与技术演进之间的持续互动就是对各自资源禀赋的不断响应,最终诱使东西方走上了不同的发展路径。当然,现代技术的产生不仅依赖于与之对应的"需求",而且在莫基尔看来,更重要的是要有新科学知识的"供给"。① 古代中国既未能衍生出现代科学,到了帝国晚期,也缺少足够的大规模推广现代技术的资本,尤其是在农业生产中。这些问题只有在新中国成立以后才逐步得到了解决。

---

① [美]莫基尔:《富裕的杠杆:技术革新与经济进步》,陈小白译,华夏出版社 2008 年版,第123 页。

成体系地引进西方现代科学从晚清就开始了。这是知识的供给端。然而,引入新技术和发展现代工业所需的资本却需要长期的积累。新中国成立后,在"赶超"战略支配下,将分散的、有限的农业剩余集中起来转化为资本变得极为迫切。在缺少高效的资本市场的前提下,"统购统销"的农产品征购体系作为资本集中的手段可能就是相对有效的了。事实上,在很长一段时期内,如何高效地集中和分配分散在农民手中的资本都是发展经济学的一个重要内容。然而,传统发展经济学从一开始就遭到了严重质疑。坚信新古典理论的经济学家对发展经济学家的理论和政策颇为怀疑。以"剩余劳动力"这一概念遭到的反对为例,即可看出新古典经济学家对发展经济学家不满的原因。

刘易斯(Lewis,1954)提出的"剩余劳动力"在经济学说史上具有重要意义,但在很长一段时期内它无法得到坚定秉持新古典主义的经济学家的支持。像维纳这样习惯了理性分析框架和边际分析方法的主流学者很难相信真实世界中会普遍存在剩余的劳动力(Viner,1957)。舒尔茨在他那本为其赢得巨大声誉的著作中,不但从理论上驳斥了剩余劳动力的存在,而且试图通过经验研究来否定刘易斯的这一重要发现(舒尔茨,2006)。之所以会这样,一个很重要的原因就是刘易斯未能为剩余劳动力的普遍存在提供一个可信的经济学解释。在他的著作中,刘易斯对此言之甚少,只是简单地指出那些上层人士出于道德和声望的考虑雇佣过多的工人和佣人(Lewis,1954)。[1] 显然,这样的解释是无法令人满意的。

事实上,剩余劳动力的存在是完全可以在新古典经济学框架内得到解释的。因为刘易斯提出的剩余劳动力是一个社会现象,而从个体理性决策出发得到的结果完全可能偏离社会最优水平,即个体理性与集体理性不一致,此时非合意的结果就可能出现。因此,新古典理论与剩余劳动力是可以兼容的,其中的关键在于找出引起个体理性与集体理性不一致的条件。本书的研究为此提供了一些思路。

第五章对田制的分析表明,根据人口不断均田的制度安排对人口生产具有额外的激励,很有可能引起过剩人口的出现。将模型中的土地换作任何一种生产要素,该结论也是成立的。所以,更为一般地讲,只要一个社会中存在扭曲的资源配置机制,就会使一部分租金落入公共域中,当人口被用来竞争公共域中的租金时,过多的人口就有可能被"供给"出来。高王凌(2005b)对

---

① 见[英]阿瑟·刘易斯:《经济增长理论》,周师铭、沈丙杰、沈伯根译,商务印书馆1983年版,第401—402页。

清代经济政策的论述清楚地表明,政府在很多时候为人口生产提供了特别的激励,引导甚至鼓励人们不断突破既有资源的约束去生产人口。新中国成立以后开始了长达近三十年的合作化运动,以充分就业和集体劳动为特征的制度安排造就了一个类似于"哈丁公地"的场景,过多的人口被单个家庭当作"劳力"生产出来去竞争落在公共域中的土地(资本)使用权。

然而,无论是土地制度还是税收制度,其人口效应还依赖于要素的价格。当地租率完全反映了土地(使用权)的价值时,任何形式的土地分配都不会引起人口(劳动力)的过多供给。因而,剩余劳动力的出现还有赖于经济机制的支持。在竞争性市场假设下,具体的土地制度安排并不重要。但是在习俗经济或指令经济中,土地的价格具有黏性,不能随着供需调整,其效果类似于价格管制。当土地的(使用)价格低于土地的价值时,家庭通过投入资源(这里主要是劳动力)去竞争落在公共域中的土地价值,导致了过剩人口的出现。这是剩余劳动力产生的根源。

这意味着,如果一个社会中存在产生过剩人口的机制,那么在经济或社会运行机制没有发生大的变化的情况下,剩余劳动力是无法通过劳动力转移来消除的。因为不恰当的激励会持续生产出"剩余"人口。因此,许多旨在转移剩余劳动力的措施很有可能强化了人口生产的激励,引起更为积极的生育反应。所以只有从制度上消除了扭曲性的激励,使人口生产的私人成本与社会成本相一致,才能通过转移的方式来解决存量的剩余劳动力。从这个意义上讲,中国在解决剩余劳动力方面取得的成功首先源于市场化改革,其次才是工业化。[1] 这应该是值得重视的一条宝贵经验。

鲍默尔(Baumol,1990)分析了不恰当的机制将企业家才能配置到非生产性领域对长期增长造成的危害。事实上,不恰当的机制也会将人口分配到非生产性领域,引起宏观层面上人口(劳动力)的过多供给和人均收入稳态水平的下降。更进一步,当实物资本或其他某种要素的价值由于某种扭曲被低估时,有可能引起人力资本对要素使用权的竞争,导致非生产性的人力资本投入的出现。[2] 由此带来的人力资本过剩有可能将经济带入另一种

---

① 但这并不意味着其他政策和机制在中国剩余劳动力的消失过程中没有发挥任何作用。人口控制政策肯定加速了这一过程的完成,微观生育行为的变化也彻底改变了中国的宏观人口行为模式。这些都对中国剩余劳动力的彻底解决有重要贡献。

② 里斯和塞奎拉提供了一个类似的研究。他们发现当技术革新或专业化对人力资本的价值存在负的外部性时,研发中就会出现过剩的人力资本投资。见 Reis,A.B.,and Sequeira,T.N.,"Human Capital and Overinvestment in R&D",*Scandinavian Journal of Economics*,Vol. 109,No.3,2007,pp.573-591。

"高水平陷阱",即较高的人力资本水平对应一个较低的人均收入水平。这在社会层面的表现有两个:一是教育更多地扮演了信号传递的角色,而不是发挥了生产人力资本的功能;二是在人力资本相对稀缺的情况下,相当一部分拥有较高人力资本的人并不比普通劳动者的收入高。此时,我们是否要提出一个新的概念,即"剩余人力资本"呢?

当然,剩余劳动力只是中国及其他发展中国家面对的一个问题。事实上,更让发展中国家沮丧的是"马尔萨斯幽灵"的长期困扰:人口的大规模增长抵消掉了人们为提高收入水平而付出的诸多努力。因而,控制人口增长,实现人均收入的持续上升成为发展中国家的普遍国策。到1990年,全世界范围内85%的发展中国家居民面对不同形式的人口控制政策的约束(Bongaarts,1994)。中国过去七十多年来经济发展的实践只是广大发展中国家力图摆脱贫困、实现经济转型的一个缩影。

新中国成立以来,尤其是改革开放前三十年的人口增长是足够令人惊异的。主要表现为两点:一是2%左右的年均增长率发生在已经相当高的人口基数之上;二是在此前的几百年里,中国的人口增长率已经出现了缓慢下降的趋势,新中国成立以后这种趋势在很短的时间内被逆转。[1] 1949—1978年,在资本积累和技术革新上,新中国作出了极大的努力,也取得了巨大的成果,在经济总量和经济结构方面发生的变化令人瞩目。但是,在这三十年里,中国各经济变量人均层面上的变化远不如总量成绩那样耀眼。一个不容否认的事实是,直到改革开放前夕,人们的生活水平依然处在一个较低的水平上。[2]

图8.1显示,1954—1978年,中国的粮食总产量增长了1.8倍,但是人均可分配到的粮食产量基本维持在1954年的水平上。其中的原因很明显,那就是中国的人口在此期间基本保持了与粮食总产量相同的增长速度,新增的粮食都被新增的人口"吞噬"掉了。事实上,人口快速增长带来的严重问题早在此前就已经被中国当时的领导人认识到了。毛泽东同志在1957年3月的最高国务会议上指出:"一九四九年,人民政府成立的那一年,我们只有二千二百亿斤粮食,去年我们就有三千六百多亿斤粮食,增加了一千

---

① 葛剑雄:《中国人口史(第一卷)·导论、先秦至南北朝时期》,复旦大学出版社2002年版,第154—156页。

② 见郑卫东:《村落社会变迁与生育文化:山东东村调查》,上海人民出版社2007年版,第77—89页;钟霞:《集体化时期基层社队农业经济效益分析——对山东日照东邵疃村的考察》,《社会科学研究》2009年第4期;光梅红:《集体化时期农民生活水平研究——以昔阳大寨村为例》,《中国农业大学学报(社会科学版)》2011年第2期。

四百多亿斤。……一九四九年缺少粮食,现在还是不够。"①

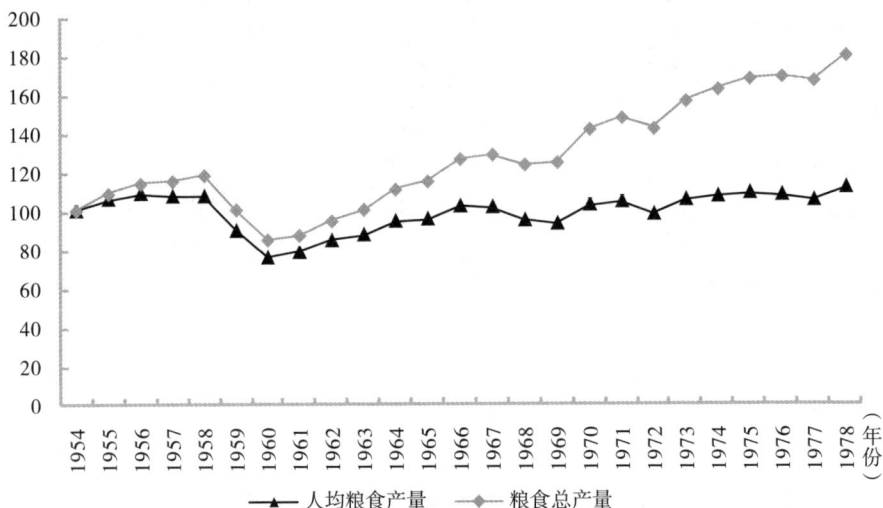

图 8.1　1954—1978 年中国粮食产量和人均粮食产量增长指数

资料来源:笔者根据统计资料计算所得。基础数据来源于原农牧渔业部计划司:《农业经济资料
　　　　(1949—1983)》,1983 年,第 109、143 页。

　　因此,控制人口的想法和政策早在 20 世纪 50 年代就被提出来了,并且
成为中国政府人口政策的一条主线。② 但是从实际执行的实践来看,至少
在改革开放以前,中国的人口控制政策并不成功。这其中的一个很重要的
原因是,人们并没有意识到当时的经济制度对微观家庭生育行为产生的不
恰当的激励作用。例如,马寅初(1957)在《新人口论》中论及合作化与人口
增长的关系时只是说:"合作化以后,人民生活改善,老年人尚有旧思想的
残余,希望多寿多福,什么五世其昌,儿孙满堂,……只要经济上许可,就忙
着为儿子娶媳妇,成家立业。"然而,更为根本的原因是,合作化时期的经济
制度造就了一个类似于"哈丁公地"的场景,单个家庭的生育行为所产生的
成本被所有相关的家庭共同承担了。人口生产的外部性必将导致过剩人口

---

①　转引自彭珮云:《中国计划生育全书》,中国人口出版社 1997 年版,第 131 页。

②　从 20 世纪 70 年代开始,中国政府执行的是控制人口的政策,只是方式方法有差异而已,
　　关于这一点学术界并没有异议。然而,就此前的人口政策,研究者之间存在较大分歧。翟
　　振武对 20 世纪五六十年代中国政府的人口政策进行了仔细的梳理和回顾,认为控制人口
　　是政府人口政策的主线,并且基本上是一贯的。在该文中,作者进一步澄清了批判马寅初
　　与中国人口政策之间的关系。见翟振武:《20 世纪 50 年代中国人口政策的回顾与再评
　　价》,《中国人口科学》2000 年第 1 期。

的出现,直到增加一个人口的边际收益接近其私人成本时为止。虽然没有充分的证据可以证明合作化时期的人口增长达到了这样的水平,但这种现象至少说明那一时期的人口增长的确抵消掉了经济发展带来的成果,人们的生活始终被限制在一个较低的水平上。这一事实与理论预测的结果是一致的。第七章提供了一个研究,对合作化时期集体劳动制度的生育效应进行了理论上的分解。

黄宗智将改革开放前的中国农业称为传统农业①,不是因为他没有看到新中国成立到改革开放之前这30年间农田水利事业的普遍发展、育种技术的巨大进步、化肥和农业机械的大量引进,而是因为以人均产出和人均收入来衡量,这30年来的辛苦努力并没有获得应有的回报。实际上,改革开放前30年的发展与此前几千年的经济发展存在某种程度的相似性:从总量上看,成就巨大;从人均上看,变化很小。

合作化时期的经济制度对人口增长有特别的激励,1978年后开始的农村改革也具有类似的效应。家庭联产承包责任制类似于"均田制",但其土地使用权的稳定性在一段时期内比古代的均田制还要弱一些。第六章的分析表明,这种土地(使用权)分配制度类似于租佃制,在人口生产中可能存在较大的外部性,对人们的生育行为产生额外的激励。这在一定程度上解释了实施"一孩政策"初期的生育反弹现象。

图8.2表明,在实施了极为严格的生育政策后,20世纪80年代的出生率不但没有降下来,反而出现了较大的反弹,而在基层政府的行为趋于规范、政策强制性逐渐淡化的20世纪90年代,出生率却出现了持续下降。对此,曾毅和舒尔茨(1998)给出的解释是,开始于1980年的农村改革削弱了基层组织对农民家庭的干预能力,因此尽管颁布了严格的计划生育政策,改革之初生育率还是出现了上升的趋势;至于从20世纪80年代后期开始生育率出现了长期下降,则是生育的机会成本上升、父母对孩子"质量"的重视以及基层组织恢复等原因共同造成的。

与合作化时期相比,以家庭联产承包责任制为代表的农村改革的确削弱了基层组织对农户行为的干预能力。然而,需要注意的是,合作化时期的生育控制政策是劝诫性的,而改革时期的生育政策具有制度刚性,且在初期对党政干部和各级组织的考核十分严厉,因此改革前后生育政策的实施力度是不能同日而语的。因此,很难说基层组织干预能力的下降是20世纪80年代出生率出现反弹的一个重要原因。

---

① 黄宗智:《中国的隐性农业革命》,法律出版社2010年版,第5页。

（单位：‰）

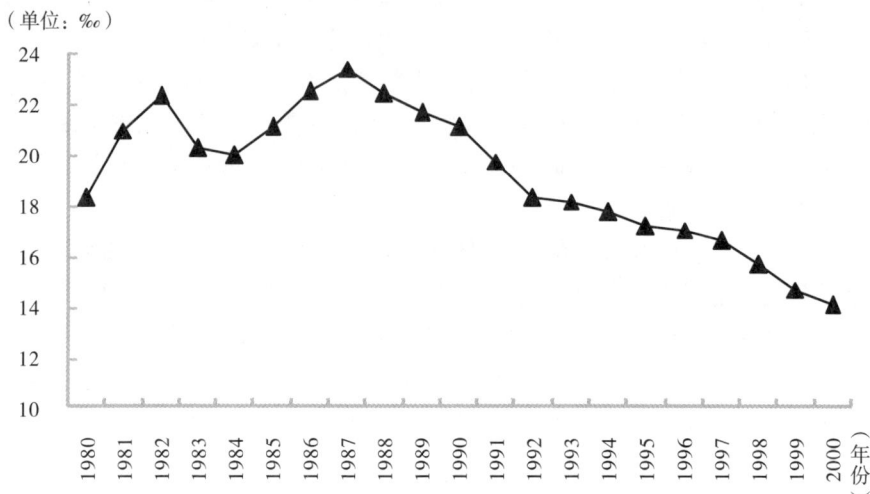

图8.2　1980—2000年中国的人口出生率

资料来源：国家统计局网站，见 https://data.stats.gov.cn/easyquery.htm? cn＝C01。

　　事实上，以"包产到户"为主要内容的家庭联产承包责任制极大地释放了农民的劳动积极性和土地的生产力，从而提高了土地的价值，而按人头分配耕地将单个农民家庭拥有的土地数量和其人口联系了起来，人多则地多。在这种制度安排下，从合作化中走出来的数亿农民强烈地感知到了生育子女所蕴含的巨大经济机会，因此有足够的激励早生、多生。但是从20世纪80年代后期开始，发生了几个重要的变化影响了农民的生育行为。[①] 一是地权开始趋于稳定，许多地方开始实行30年、50年不变的土地承包制，一些地方甚至实行了"减人不减地，增人不增地"的政策[②]，家庭联产承包责任制对生育的激励作用被削弱了。二是非农就业和非农收入开始增加，土地的价值相对下降了；同时，在这个过程中，孩子的"质量"比孩子的数量也变得更为重要了。三是生育的机会成本和养育孩子的直接成本有了很大上升，并且这一方面的因素在生育决策中的地位日益突出（郑真真，2011）。此外，全社会受教育程度的普遍提高也

[①]　关于中国近期的生育率下降，存在着人口学和经济学两种解释。本书主要关注经济学方面的解释。一个较有代表性的人口学解释见郭志刚：《中国的低生育水平及其影响因素》，见顾宝昌、李建新主编：《21世纪中国生育政策论争》，社会科学文献出版社2011年版。

[②]　关于20世纪80年代和90年代各地土地承包政策的变化和形式，见毕宝德：《土地经济学》，中国人民大学出版社2001年版，第364—371页。

对生育率起到了抑制作用。① 在这些因素的共同作用下，反弹的生育率迅速下降，中国的人口转变也越来越多地由家庭的微观决策来驱动和主导。

制度变革、经济变迁以及工业化在中国过去七十多年的人口增长过程中发挥了十分重要的作用。但是，不应忽视的是产品多样化在生育率下降中所具有的特殊意义。从 20 世纪 50 年代开始，中国的经济，无论是农业还是工业都有了很大的发展，许多产品从无到有，其产出成倍增长。但是对于占人口绝大多数的农民来说，其消费集几乎没有什么变化。在这种情况下，人口随着产出的增加而增长，这是马尔萨斯经济的基本特征，也是中国 1978 年前的真实写照。改革开放后的四十多年，生产率快速提高，而且在这期间，消费多样化方面所取得的成就丝毫不亚于生产效率的提高。消费多样化扩大了人们的消费集，使得新增收入更有价值，从而提高了"消费"孩子的机会成本。由此导致的生育行为的变化显示（塑造）了一种新的生育观念。所以，与其说新的观念影响了人们的生育行为，不如说当面对新的消费机会时，人们作出了新的反应。

此外，多样化也是促进生育成本上升的主要力量，其中的原因我们在第四章中详细地讨论过。在那一章，我们指出，生育一个子女并将其抚养成人的直接成本是许多年轻家庭对生育二胎望而却步的重要原因。但是目前还缺少较为可靠的经验研究来支撑我们的观点，因而这也只是一个猜想。但即便如此，将多样化引入生育模型对解释近代以后发生的人口转变仍具有十分重要的意义。因为在解释近代以来的人口转变时，人口学家和经济学家特别看重效率型技术进步引起的生育的机会成本上升对父母决策的作用，很少关注多样化对于生育行为的根本性影响。实际上，如果没有有效的产品创新扩展人们的消费集，持续的技术进步带来的劳动生产率的不断提高，只会降低人们对工作时间的评价。这一点在转型期的中国有明显的表现。或许我们可以这样反问：如果没有多样化，只有生产效率的提高，我们只是生产了越来越多的粮食和布匹，人口增长率能降下来吗？ 而且更为重要的是，人口增长率为什么要降下来？

---

① 教育对生育率的影响有多个途径，除了通过改变生育偏好影响个体生育决策外，经济学家更强调教育通过促进人力资本积累、增加父母生育的机会成本，以及推迟结婚年龄等渠道对生育率产生的影响。相关文献分别见 Becker, G.S., and Lewis, H.G., "On the Interaction between Quantity and Quality of Children", *Journal of Political Economy*, Vol.81, No.2, 1973, pp.S279-S288; Becker, G.S., "A Theory of the Allocation of Time", *Economic Journal*, Vol.75, No.299, 1965, pp.493-517; Ali, F.R.M., and Gurmu, S., "The Impact of Female Education on Fertility: A Natural Experiment from Egypt", *Review of Economics of the Household*, Vol.16, No.3, 2018, pp.681-712。

在本书的结尾,我们想再次强调市场化改革在中国人口转变中的重要性。市场化改革不但消除了此前存在的一些对人口生产的激励,提高了人力资本的价值,而且为产品多样化提供了制度基础。由于信息成本的存在,计划经济与多样化并不兼容。市场化改革不但释放了消费潜力和创造活力,更重要的是释放了信息,这为多样化的持续发展提供了必要条件。在中国过去四十多年人口行为的变化中,人口政策起到了一部分作用,但是使人口行为发生不可逆变化的原因主要是工业化和市场化。因此,工业化和市场化所起到的作用是任何政策都不能替代的。准确认识这一点,对预测人口政策调整后的生育行为变化有极为重要的指导意义。

参 考 文 献

[1][英]阿瑟·刘易斯:《经济增长理论》,周师铭、沈丙杰、沈伯根译,商务印书馆1983年版。

[2][法]埃德蒙·波尼翁:《公元1000年的欧洲》,席继权译,山东画报出版社2005年版。

[3]艾德荣:《职权结构、产权和经济停滞:中国的案例》,《经济学(季刊)》2005年第2期。

[4][美]安德鲁·肖特:《社会制度的经济理论》,陆铭、陈钊译,上海财经大学出版社2003年版。

[5][英]安格森·麦迪森:《世界经济千年史》,伍晓鹰等译,北京大学出版社2003年版。

[6][英]安格斯·麦迪森:《中国经济的长期表现:公元960—2030年》,伍晓鹰、马德斌译,上海人民出版社2011年版。

[7]毕宝德:《土地经济学》,中国人民大学出版社2001年版。

[8][英]波斯坦:《剑桥欧洲经济史(第一卷):中世纪的农业生活》,王春法等译,经济科学出版社2002年版。

[9][英]波斯坦、哈巴库克:《剑桥欧洲经济史(第六卷):工业革命及其以后的经济发展》,王春法等译,经济科学出版社2002年版。

[10][英]布朗:《吉尼斯发明史》,王前等译,辽宁教育出版社1999年版。

[11]曹树基:《中国人口史(第四卷)·明时期》,复旦大学出版社2000年版。

[12]曹树基:《中国人口史(第五卷)·清时期》,复旦大学出版社2001年版。

[13]曹树基、陈意新:《马尔萨斯理论和清代以来的中国人口——评美国学者近年来的相关研究》,《历史研究》2002年第1期。

[14][英]查尔斯·辛格等:《技术史(第5卷)》,远德玉、于云龙译,上海科技教育出版社2004年版。

[15]陈卫:《性别偏好与中国妇女生育行为》,《人口研究》2002年第2期。

[16]程念祺:《试论中国古代土地制度的公有、私有与国有问题》,《史林》1997年第3期。

[17]陈旭麓:《农民起义与人口问题》,见中国农民战争史研究会编:《中国农民战争史研究集刊》(第1辑),上海人民出版社1979年版。

[18]陈意新、曹树基:《尊重中国人口史的真实——对〈摘掉人口决定论的光环〉一文之回应》,《学术界》2003年第3期。

[19]陈志武:《量化历史研究的过去与未来》,《清史研究》2016年第4期。

［20］代谦、李唐：《技术传承方式与长期增长：对传统中国增长停滞的一个解释》，《经济研究》2010 年第 6 期。

［21］［美］戴维·S.兰德斯：《国富国穷》，门洪华等译，新华出版社 2010 年版。

［22］［美］道格拉斯·诺斯、罗伯特·托马斯：《西方世界的兴起》，厉以平、蔡磊译，华夏出版社 2009 年版。

［23］［法］德尼兹·加亚尔、贝尔纳代特·德尚、J.阿尔德伯特等：《欧洲史》，蔡鸿宾、桂裕芳等译，人民出版社 2010 年版。

［24］杜恂诚：《"黄宗羲定律"是否能够成立？》，《中国经济史研究》2009 年第 1 期。

［25］杜恂诚、李晋：《中国经济史"GDP"研究之误区》，《学术月刊》2011 年第 10 期。

［26］范岱年：《关于中国近代科学落后原因的讨论》，见刘纯、王扬宗主编：《中国科学与科学革命：李约瑟难题及其相关问题研究论著选》，辽宁教育出版社 2002 年版。

［27］范子英、孟令杰：《对阿玛蒂亚森的饥荒理论的理解及验证：来自中国的数据》，《经济研究》2006 年第 8 期。

［28］范子英、石慧：《为何大饥荒发生在粮食主产区？》，《经济学（季刊）》2013 年第 2 期。

［29］方行：《清代江南农民的消费》，《中国经济史研究》1996 年第 3 期。

［30］冯国栋：《中国人口史（第二卷）·隋唐五代时期》，复旦大学出版社 2002 年版。

［31］傅筑夫：《人口因素对中国社会经济结构的形成和发展所产生的重大影响》，《中国社会经济史研究》1982 年第 3 期。

［32］高王凌：《租佃关系新论》，上海书店出版社 2005 年版。

［33］高王凌：《活着的传统——十八世纪中国的经济发展和政府政策》，北京大学出版社 2005 年版。

［34］葛剑雄：《中国移民史》（第二卷），福建人民出版社 1997 年版。

［35］葛剑雄：《中国人口史（第一卷）·导论、先秦至南北朝时期》，复旦大学出版社 2002 年版。

［36］葛金芳：《两宋摊丁入亩趋势论析》，《中国经济史研究》1988 年第 3 期。

［37］葛金芳：《中国近世农村经济制度史论》，商务印书馆 2013 年版。

［38］葛玲：《统购统销体制的地方实践——以安徽省为中心的考察》，《中共党史研究》2010 年第 4 期。

［39］［美］格罗斯曼、赫尔普曼：《全球经济中的创新与增长》，何帆译，中国人民大学出版社 2009 年版。

［40］管汉晖、李稻葵：《明代 GDP 及结构试探》，《经济学（季刊）》2010 年第 3 期。

［41］光梅红：《集体化时期农民生活水平研究——以昔阳大寨村为例》，《中国农业大学学报（社会科学版）》2011 年第 2 期。

［42］［德］贡德·弗兰克：《白银资本：重视经济全球化中的东方》，刘北成译，中央编译出版社 2008 年版。

[43]国家统计局国民经济综合统计司:《新中国五十年统计资料汇编》,中国统计出版社 1999 年版。

[44]国家统计局国民经济综合统计司:《新中国五十五年统计资料汇编》,中国统计出版社 2005 年版。

[45]国家统计局国民经济综合统计司:《新中国六十年统计资料汇编》,中国统计出版社 2010 年版。

[46]郭松义:《明清时期的粮食生产与农民生活水平》,见中国社会科学院历史研究所学刊编委会编:《中国社会科学院历史研究所学刊》(第 1 集),社会科学文献出版社 2001 年版。

[47]郭志刚:《中国的低生育水平及其影响因素》,见顾宝昌、李建新主编:《21 世纪中国生育政策论争》,社会科学文献出版社 2011 年版。

[48]郭志刚:《六普结果表明以往人口估计和预测严重失误》,《中国人口科学》2011 年第 6 期。

[49]郭志刚:《中国人口生育水平低在何处——基于六普数据的分析》,《中国人口科学》2013 年第 2 期。

[50]韩茂莉:《中国历史农业地理》,北京大学出版社 2012 年版。

[51]何炳棣:《华北古环境述评》,《农业考古》1991 年第 3 期。

[52][美]何炳棣:《明初以降人口及其相关问题:1368—1953》,葛剑雄译,生活·读书·新知三联书店 2000 年版。

[53]何炳棣:《黄土与中国农业的起源》,中华书局 2017 年版。

[54]何平:《清代赋税政策研究:1644—1840 年》,中国社会科学出版社 1998 年版。

[55]侯建新:《工业革命前英国农业生产与消费再评析》,《世界历史》2006 年第 4 期。

[56]侯建新:《富裕佃农:英国现代化的最早领头羊》,《史学集刊》2006 年第 4 期。

[57]侯建新:《新视角:资本主义起源再探讨》,《史学理论研究》2013 年第 3 期。

[58]侯杨方:《明清江南地区两个家族人口的生育控制》,《中国人口科学》1998 年第 4 期。

[59][美]黄仁宇:《十六世纪明代中国之财政与税收》,阿风等译,生活·读书·新知三联书店 2001 年版。

[60]黄仁宇:《中国大历史》,生活·读书·新知三联书店 1997 年版。

[61]黄英伟、陈永伟、李军:《集体化时期的农户收入:生命周期的影响——以河北省北街队为例》,《中国经济史研究》2013 年第 2 期。

[62]黄宗智:《华北的小农经济与社会变迁》,中华书局 2000 年版。

[63]黄宗智:《长江三角洲小农家庭与乡村发展》,中华书局 2000 年版。

[64]黄宗智:《发展还是内卷? 十八世纪英国与中国——评彭慕兰〈大分岔:欧洲,中国及现代世界经济的发展〉》,《历史研究》2002 年第 4 期。

[65]黄宗智:《再论 18 世纪的英国与中国——答彭慕兰之反驳》,《中国经济史研

究》2004 年第 2 期。

　　[66]黄宗智:《中国的隐性农业革命》,法律出版社 2010 年版。

　　[67]黄宗智:《明清以来的乡村社会经济变迁:历史、理论与现实(第三卷·超越左右:从实践历史探寻中国农村发展出路)》,法律出版社 2013 年版(2017 年重印)。

　　[68]冀朝鼎:《中国历史上的基本经济区》,朱诗鳌译,商务印书馆 2014 年版。

　　[69][美]贾雷德·戴蒙德:《枪炮、病菌与钢铁》,谢延光译,上海译文出版社 2000 年版。

　　[70][美]加里·斯坦利·贝克尔:《家庭论》,王献生、王宇译,商务印书馆 1988 版。

　　[71][意]卡洛·M.奇波拉:《欧洲经济史(第三卷):工业革命》,徐璇等译,商务印书馆 1989 年版。

　　[72][苏]坎托罗维亚:《前资本主义时代的中国社会关系体系》,见郝振华主编:《外国学者论亚细亚生产方式》,中国社会科学出版社 1981 年版。

　　[73][英]科林·麦克伊韦迪、理查德·琼斯:《世界人口历史图集》,陈海宏、刘文涛译,东方出版社 1992 年版。

　　[74]孔庆峰:《简论中唐以来传统农业的要素生产率》,《文史哲》2002 年第 6 期。

　　[75]李秉成:《黄土高原植被与再造山川秀美》,《地球科学与环境学报》2004 年第 1 期。

　　[76]李伯华、朱钢:《农村少数民族妇女总和生育率的变化(1964—1981)》,《中国人口科学》1988 年第 3 期。

　　[77]李伯重:《理论、方法、发展趋势:中国经济史研究新探》,清华大学出版社 2002 年版。

　　[78]李伯重:《多视角看江南经济史(1250～1850)》,生活·读书·新知三联书店 2003 年版。

　　[79]李伯重:《唐代江南农业的发展》,北京大学出版社 2009 年版。

　　[80]李伯重:《江南的早期工业化(1550—1850)》(修订版),中国人民大学出版社 2010 年版。

　　[81]李伯重:《中国的早期近代经济——1820 年代华亭—娄县地区 GDP 研究》,中华书局 2010 年版。

　　[82]李伯重:《"大分流"之后:"加州学派"的二十年》,《读书》2018 年第 1 期。

　　[83]李稻葵、金星晔、管汉晖:《中国历史 GDP 核算及国际比较:文献综述》,《经济学报》2017 年第 2 期。

　　[84]李德成:《创造与重构——集体化时期农村合作医疗制度和赤脚医生现象研究》,中国书籍出版社 2012 年版。

　　[85]李飞跃:《技术选择与经济发展》,《世界经济》2012 年第 2 期。

　　[86]李根蟠:《农业实践与"三才"理论的形成》,《农业考古》1997 年第 1 期。

　　[87]李根蟠:《"天人合一"与"三才"理论——为什么要讨论中国经济史上的"天

人关系"》,《中国经济史研究》2000 年第 3 期。

[88]李根蟠:《中国古代农业》,中国国际广播出版社 2010 年版。

[89]李根蟠:《农业科技史话》,社会科学文献出版社 2011 年版。

[90]李根蟠:《官田民田并立,公权私权叠压——简论秦汉以后封建土地制度的形成及特点》,《中国经济史研究》2014 年第 2 期。

[91]李怀印:《乡村中国纪事:集体化和改革的微观历程》,法律出版社 2010 年版。

[92]李金波、聂辉华:《儒家孝道、经济增长与文明分岔》,《中国社会科学》2011 年第 6 期。

[93]李维才:《唐代粮食问题研究》,山东大学 2011 年博士学位论文。

[94]李银河:《生育与村落文化》,内蒙古大学出版社 2009 年版。

[95][英]李约瑟:《东西方的科学与社会》,见潘吉星主编:《李约瑟集》,天津人民出版社 1998 年版。

[96][美]李中清、王丰:《人类的四分之一:马尔萨斯的神话与中国的现实》,陈卫、姚远译,生活·读书·新知三联书店 2000 年版。

[97]梁柏力:《被误解的中国:看明清时代和今天》,中信出版社 2010 年版。

[98]梁庚尧:《南宋的农村经济》,新星出版社 2006 年版。

[99]梁小民:《明清中国"市场经济"赶上英国了吗?》,《经济观察报》2014 年 11 月 3 日。

[100]林壁属:《试论汉至清初的人口过剩》,《中国社会经济史研究》1995 年第 3 期。

[101]林刚:《李集村:农民生产和生活的 60 年变迁》,中国社会科学出版社 2010 年版。

[102]林毅夫:《李约瑟之谜、韦伯疑问和中国的奇迹——自宋以来的长期经济发展》,《北京大学学报(哲学社会科学版)》2007 年第 4 期。

[103]林毅夫、潘士远、刘明兴:《技术选择、制度与经济发展》,《经济学(季刊)》2006 年第 3 期。

[104]刘逖:《前近代中国总量经济研究:1600—1840:兼论安格斯·麦迪森对明清 GDP 的估算》,上海人民出版社 2010 年版。

[105]龙登高:《中西经济史比较的新探索——兼谈加州学派在研究范式上的创新》,《江西师范大学学报(哲学社会科学版)》2004 年第 1 期。

[106][美]龙多·卡梅伦、拉里·尼尔:《世界经济简史:从旧石器时代到 20 世纪末》,潘宁等译,上海译文出版社 2009 年版。

[107]路遇、滕泽之:《中国人口通史》,山东人民出版社 1999 年版。

[108][英]罗伯特·艾伦:《近代英国工业革命揭秘:放眼全球的深度透视》,毛立坤译,浙江大学出版社 2012 年版。

[109][美]罗伯特·巴罗、夏威尔·萨拉-伊-马丁:《经济增长》,夏俊译,格致出版社、上海人民出版社 2010 年版。

［110］［美］罗伯特·L.海尔布罗姆、威廉·米尔伯格：《经济社会的起源》，李陈华、许敏兰译，上海格致出版社、上海人民出版社 2010 年版。

［111］［英］玛丽·伊万丝：《社会简史：现代世界的诞生》，曹德俊等译，复旦大学出版社 2010 年版。

［112］［意］马西姆·利维巴茨：《繁衍：世界人口简史》，郭峰、庄谨译，北京大学出版社 2005 年版。

［113］马寅初：《新人口论——在第一届全国人民代表大会第四次会议上的书面发言》，《人民日报》1957 年 7 月 5 日。

［114］孟庆延：《"生存伦理"与集体逻辑——农业集体化时期"倒欠户"现象的社会学考察》，《社会学研究》2012 年第 6 期。

［115］蒙文通：《中国历代农产量的扩大和赋役制度及学术思想的演变》，《四川大学学报》1957 年第 2 期。

［116］孟祥才：《深入探索封建社会产生农民起义和农民战争的历史必然性》，《文史哲》1994 年第 5 期。

［117］［美］莫基尔：《富裕的杠杆：技术革新与经济进步》，陈小白译，华夏出版社 2008 年版。

［118］倪根金、魏露苓：《甲午战争前中国人对西方农业机械的认识与思考》，《中国农史》2008 年第 4 期。

［119］农牧渔业部计划司：《农业经济资料（1949—1983）》，1983 年。

［120］［美］彭慕兰：《大分流：欧洲、中国及现代世界经济的发展》，史建云译，江苏人民出版社 2003 年版。

［121］彭慕兰：《世界经济史中的近世江南：比较与综合观察——回应黄宗智先生》，《历史研究》2003 年第 4 期。

［122］彭珮云：《中国计划生育全书》，中国人口出版社 1997 年版。

［123］彭信威：《中国货币史》，上海人民出版社 2007 年版。

［124］［美］珀金斯：《中国农业的发展（1368—1968 年）》，宋海文等译，上海译文出版社 1984 年版。

［125］漆侠：《中国经济通史·宋代经济卷》，经济日报出版社 1999 年版。

［126］启循：《关于中国封建土地所有制问题的讨论综述》，《历史教学》1979 年第 6 期。

［127］钱穆：《中国历代政治得失》，九州出版社 2012 年版。

［128］秦晖：《并税式改革与"黄宗羲定律"》，《农村合作经济经营管理》2002 年第 3 期。

［129］盛邦和：《中国历史运行与"人口—土地"》，《上海财经大学学报》2010 年第 2 期。

［130］［美］史蒂文·瓦戈：《社会变迁》（第 5 版），王晓黎等译，北京大学出版社 2000 年版。

［131］史念海：《黄土高原历史地理研究》，黄河水利出版社 2001 年版。

［132］宋立中：《闲雅与浮华：明清江南日常生活与消费文化》，中国社会科学出版社 2010 年版。

［133］［美］苏里文、谢尔曼、哈里森：《西方文明史》，赵宇峰、赵伯炜译，海南出版社 2009 年版。

［134］孙洪涛：《专制政治与农民起义——中国古代农民起义原因再探》，《河北大学学报》1993 年增刊。

［135］孙竞昊：《明清江南商品经济与消费结构关系探析》，《齐鲁学刊》1995 年第 4 期。

［136］童恩正：《中国南方农业的起源及其特征》，《农业考古》1989 年第 2 期。

［137］童恩正：《中国北方与南方古代文明发展轨迹之异同》，《中国社会科学》1994 年第 5 期。

［138］童恩正、魏启鹏、范勇：《〈中原找锡论〉质疑》，《四川大学学报（哲学社会科学版）》1984 年第 4 期。

［139］［美］W.W.罗斯托：《这一切是怎么开始的：现代经济的起源》，黄其祥、纪坚博译，商务印书馆 1995 年版。

［140］［美］万志英：《剑桥中国经济史：古代到 19 世纪》，崔传刚译，中国人民大学出版社 2018 年版。

［141］［美］王国斌：《转变的中国：历史变迁与欧洲经验的局限》，李伯重、连玲玲译，江苏人民出版社 2005 年版。

［142］王家范：《明清江南消费性质与消费效果解析——明清江南消费经济探测之二》，《上海社会科学院学术季刊》1988 年第 2 期。

［143］王家范：《中国传统社会农业产权辨析》，《史林》1999 年第 4 期。

［144］王家范：《复杂的历史，需要复杂的头脑——从"黄宗羲定律"说开去》，《探索与争鸣》2010 年第 1 期。

［145］王家范：《中国历史通论》（增订本），生活·读书·新知三联书店 2012 年版。

［146］王家范、谢天佑：《中国封建社会农业结构试析——兼论中国封建社会长期停滞问题》，见中国农民战争史研究会编：《中国农民战争研究集刊第 3 辑》，上海人民出版社 1983 年版。

［147］汪润元、勾利军：《试论中国封建社会周期性动乱与人口运动的关系》，《求索》1985 年第 4 期。

［148］王思明：《如何看待明清时期的中国农业》，《中国农史》2014 年第 1 期。

［149］王星光、张新斌：《黄河与科技文明》，黄河水利出版社 2000 年版。

［150］［美］威廉·麦克尼尔：《世界史》，施诚、赵靖译，中信出版社 2013 年版。

［151］魏露苓：《中土难长西方苗——略论晚清西方近代化农业科技在中国引进和推广成效不足的原因》，《哈尔滨工业大学学报（社会科学版）》2007 年第 5 期。

［152］魏露苓：《晚清西方近代农业科技在基层的推广活动》，《学术研究》2007 年

第 4 期。

[153]魏天安：《从模糊到明晰：中国古代土地产权制度之变迁》，《中国农史》2003年第 4 期。

[154]韦艳：《中国生育率下降中的扩散效应：基于省级时序数据的研究》，《人口研究》2007 年第 4 期。

[155]文贯中：《中国的疆域变化与走出农本社会的冲动——李约瑟之谜的经济地理学解析》，《经济学（季刊）》2005 年第 2 期。

[156]吴承明：《经济史理论与实证》，浙江大学出版社 2012 年版。

[157]吴慧：《中国历代粮食亩产研究》，农业出版社 1985 年版。

[158]武建国：《汉唐经济社会研究》，人民出版社 2010 年版。

[159]巫仁恕：《品味奢华：晚明的消费社会与士大夫》，中华书局 2008 年版。

[160]吴松弟：《中国人口史（第三卷）·辽宋金元时期》，复旦大学出版社 2000年版。

[161]吴松弟：《从人口为主要动力看宋代经济发展的限度兼论中西生产力的主要差距》，《人文杂志》2010 年第 6 期。

[162]谢丰斋：《宋元时期中西方的耕作农业——比较同时期中西农书》，《中国农史》2001 年第 3 期。

[163]熊郁、杨扬：《我国少数民族的婚姻制度与生育行为》，《中国人口科学》1988年第 5 期。

[164]许济新、吴承明：《中国资本主义发展史（第一卷）·中国资本主义的萌芽》，社会科学文献出版社 2007 年版。

[165]徐进、钟徐楼芳：《粮食征购与地方政治：1957—1958 年安徽省无为县粮食的统购统销》，《史学月刊》2014 年第 5 期。

[166]徐平华：《中国封建社会周期波动与人口关系初探》，《南昌大学学报（社会科学版）》1996 年第 1 期。

[167]徐勇：《论农产品的国家性建构及其成效——国家整合视角下的"统购统销"与"瞒产私分"》，《中共党史研究》2008 年第 1 期。

[168][美]许倬云：《汉代农业：中国农业经济的起源及特性》，王勇译，广西师范大学出版社 2005 年版。

[169][荷]扬·卢滕·范赞登：《通往工业革命的漫长道路：全球视野下的欧洲经济，1000—1800 年》，隋福民译，浙江大学出版社 2016 年版。

[170]姚念慈：《"康乾盛世"与历史意义的采择》，中国社会科学院历史研究所清史研究室编，《清史论丛（2011 年号）》，中国广播电视出版社 2011 年版。

[171]姚洋：《高水平陷阱——李约瑟之谜再考察》，《经济研究》2003 年第 1 期。

[172]游欢孙、曹树基：《清中叶以来的江南市镇人口——以吴江县为例》，《中国经济史研究》2006 年第 3 期。

[173]于琨奇：《战国秦汉小农经济研究》，商务印书馆 2012 年版。

［174］［美］约翰·巴克勒、贝内特·希尔、约翰·麦凯：《西方社会史》(第三卷)，霍文利等译，广西师范大学出版社 2005 年版。

［175］［英］约翰·柯特兰·赖特：《欧洲历史的地理基础》，中国人民大学历史系中国古代史教研室译，1980 年版。

［176］［英］约翰·希克斯：《经济史理论》，厉以平译，商务印书馆 1987 年版。

［177］曾毅、舒尔茨：《农村家庭承包责任制对生育率的影响》，《中国社会科学》1998 年第 1 期。

［178］翟振武：《20 世纪 50 年代中国人口政策的回顾与再评价》，《中国人口科学》2000 年第 1 期。

［179］［美］詹姆斯·E.麦克莱伦第三、哈罗德·多恩：《世界科学技术通史》，王鸣阳译，上海科技教育出版社 2007 年版。

［180］张德二、李红春、顾德隆、陆龙骅：《从降水的时空特征检证季风与中国朝代更替之关联》，《科学通报》2010 年第 1 期。

［181］张桂萍：《试述唐代两税法的历史地位》，《历史教学》1988 年第 7 期。

［182］张国雄：《长江人口发展史论》，湖北教育出版社 2006 年版。

［183］张仁杰：《汉唐粮食亩产反映的度量衡问题》，《古今农业》2009 年第 2 期。

［184］张善余：《中国人口地理》，科学出版社 2003 年版。

［185］张守军：《中国古代的赋税与劳役》，商务印书馆 1998 年版。

［186］张天路、黄荣清：《中国少数民族人口调查研究》，高等教育出版社 1996 年版。

［187］张卫良：《英国社会的商业化历史进程》，人民出版社 2004 年版。

［188］赵鼎新：《加州学派与工业资本主义的兴起》，《学术月刊》2014 年第 7 期。

［189］赵冈、陈钟毅：《中国土地制度史》，新星出版社 2006 年版。

［190］赵冈、陈钟毅：《中国经济制度史论》，新星出版社 2006 年版。

［191］赵红军：《李约瑟之谜：经济学家应接受旧解还是新解?》，《经济学(季刊)》2009 年第 4 期。

［192］郑卫东：《村落社会变迁与生育文化：山东东村调查》，上海人民出版社 2007 年版。

［193］郑学檬：《中国赋役制度史》，上海人民出版社 2000 年版。

［194］郑学檬：《中国古代经济重心南移和唐宋江南经济研究》，岳麓书社 2003 年版。

［195］郑学檬、徐东升：《唐宋科学技术与经济发展的关系研究》，厦门大学出版社 2013 年版。

［196］郑真真：《低生育率和生育意愿——江苏调查的启示》，见王丰、彭希哲、顾宝昌等编：《全球化与低生育率：中国的选择》，复旦大学出版社 2011 年版。

［197］钟霞：《集体化与东邵疃村经济社会变迁》，合肥工业大学出版社 2007 年版。

［198］钟霞：《集体化时期基层社队农业经济效益分析——对山东日照东邵疃村的

考察》,《社会科学研究》2009 年第 4 期。

［199］周鲲鹏:《王朝更替背后的人口原因》,《宁夏社会科学》1998 年第 3 期。

［200］周琳:《书写什么样的中国历史?——"加州学派"中国社会经济史研究述评》,《清华大学学报(哲学社会科学版)》2010 年第 1 期。

［201］周荣:《清代前期耕地面积的综合考察和重新估算》,《江汉论坛》2011 年第 9 期。

［202］周祝伟:《中国封建社会的人口周期消长与皇朝周期循环关系之探讨》,《杭州大学学报》1997 年第 27 卷增刊。

［203］朱国宏:《中国历史人口增长再认识:公元 2—1949》,《人口研究》1998 年第 3 期。

［204］竺可桢:《中国近五千年来气候变迁的初步研究》,《中国科学》1973 年第 2 期。

［205］邹逸麟:《中国历史地理概述》,上海教育出版社 2007 年版。

［206］左云鹏:《明末农民战争的历史根源》,见中国社会科学院历史研究所明史研究室编:《明史研究论丛》(第 2 辑),江苏人民出版社 1983 年版。

［207］Acemoglu, D., "Why Do New Technologies Complement Skills? Directed Technical Change and Wage Inequality", *Quarterly Journal of Economics*, Vol. 113, No.4, 1998.

［208］Acemoglu, D., Johnson, S., and Robinson, J. A., "The Colonial Origins of Comparative Development: An Empirical Investigation", *American Economic Review*, Vol.91, No.5, 2001.

［209］Acemoglu, D., "Directed Technical Change", *Review of Economic Studies*, Vol.69, No.4, 2002.

［210］Ali, F. R. M., and Gurmu, S., "The Impact of Female Education on Fertility: A Natural Experiment from Egypt", *Review of Economics of the Household*, Vol.16, No.3, 2018.

［211］Allen, R. C., "The Great Divergence in European Wages and Prices from the Middle Ages to The First World War", *Explorations in Economic History*, Vol.38, No.4, 2001.

［212］Allen, R.C., "Agricultural Productivity and Rural Incomes in England and Yangtze Delta, c.1620−c.1820", *Economic History Review*, Vol.62, No.3, 2009.

［213］Allen, R. C., "Engels'pause: Technical Change, Capital Accumulation, and Inequality in The British Industrial Revolution", *Explorations in Economic History*, Vol.46, No.4, 2009.

［214］Allen, R.C., and Weisdorf, J.E., "Was There an 'Industrious Revolution' Before the Industrial Revolution? An Empirical Exercise for England, c. 1300 – 1380", *Economic History Review*, Vol.64, No.3, 2011.

［215］Allen, R.C., Bassino, J., Ma, D., Moll-Murata, C., and Van Zanden, J.L., "Wages, Prices, and Living Standards in China, 1738 – 1925: in Comparison with Europe, Japan, and

India",*Economic History Review*,Vol.64,No.S1,2011.

［216］Baten,J.,and Hippe,R.,"Geography,Land Inequality and Regional Numeracy in Europe in Historical Perspective",*Journal of Economic Growth*,Vol.23,No.1,2018.

［217］Baten,J.Ma,D.,Morgan,S.,and Wang,Q.,"Evolution of Living Standards and Human Capital in China in The 18 – 20th Centuries: Evidences from Real Wages, Age-Heaping,and Anthropometrics",*Explorations in Economic History*,Vol.47,No.3,2010.

［218］Baumol,W.J.,"Entrepreneurship: Productive,Unproductive and Destructive", *Journal of Political Economy*,Vol.98,No.5,1990.

［219］Becker,G.S.,"A Theory of the Allocation of Time",*Economic Journal*,Vol.75, No.299,1965.

［220］Becker,G.S.,and Barro,R.J.,"A Reformulation of the Economic Theory of Fertility",*Quarterly Journal of Economics*,Vol.103,No.1,1988.

［221］Becker,G.S.,and Lewis,H.G.,"On the Interaction between Quantity and Quality of Children",*Journal of Political Economy*,Vol.81,No.2,1973.

［222］Blackburn,K.,and Cipriani,G.P.,"Intergenerational Transfers and Demographic Transition",*Journal of Development Economics*,Vol.78,No.1,2005.

［223］Bolt,J.,Inklaar,R.,de Jong,H.,and van Zanden,J.L.,"Rebasing 'Maddison': New Income Comparisons and the Shape of Long-run Economic Development",Maddison Project Working Paper 10,2018.

［224］Bongaarts,J.,"Population Policy Options in the Developing World",*Science*, Vol.263,1994.

［225］Boserup,E.,*The Conditions of Agricultural Growth: The Economics of Agrarian Change under Population Pressure*,Chicago: Aldine,1965.

［226］Bosker,M.,and Buring,E.,"City Seeds: Geography and the Origins of the European City System",*Journal of Urban Economics*,Vol.98,2017.

［227］Boucekkine,R.,de la Croix,D.,and Licandro,O.,"Vintage Human Capital, Demographic Trends,and Endogenous Growth",*Journal of Economic Theory*,Vol. 104, No.2,2002.

［228］Brandt,L.,Debin Ma,Rawski,T. G.,"From Divergence to Convergence: Reevaluating the History behind China's Economic Boom",*Journal of Economic Literature*, Vol.11,No.1,2014.

［229］Brée,S.,and de laCroix,D.,"Key Forces behind the Decline of Fertility: Lessons from Childlessness in Rouen before the Industrial Revolution",*Cliometrica*,Vol. 13, No.1,2019.

［230］Brezis,E.S.,"Social Classes,Demographic Transition and Economic Growth", *European Economic Review*,Vol.45,No.4-6,2001.

［231］Brezis E.S.,"Can Demographic Transition Only Be Explained by Altruistic and

Neo-Malthusian Models", *Journal of Socio-Economics*, Vol.39, No.2, 2010.

[232] Broadberry, S., Campbell, B.S., Klein, A., and Van Leeuwen, B., "Clark's Malthus Delusion: Response to 'Farming in England 1200−1800'", *Economic History Review*, Vol.71, No.2, 2018.

[233] Broadberry, S., Guan, H, and Li, D., "China, Europe and the Great Divergence: A Study in Historical National Accounting, 980−1850", *Journal of Economic History*, Vol.78, No.4, 2018.

[234] Caldwell, W.J., "Toward a Restatement of Demographic Transition Theory", *Population and Development Review*, Vol.2, No.3/4, 1976.

[235] Chao Kang, *Man and Land in Chinese History: An Economic Analysis*, Stanford: Stanford University, 1986.

[236] Cheung, S., "A Theory of Price Control", *Journal of Law and Economics*, Vol.17, No.1, 1974.

[237] Clark, G., *A Farewell to Alms: A Brief Economic History of the World*, Princeton: Princeton University Press, 2007.

[238] Clark, G., "The Macroeconomic Aggregates for England, 1209−1869", *Research in Economic History*, Vol.27, 2010.

[239] Conzales-Bailon, S., and Murphy, T.E., "The Effect of Social Interactions on Fertility Decline in Nineteen-century France: An Agent-Based Simulation Experiment", *Population Studies*, Vol.67, No.2, 2013.

[240] De laCroix, D., and Perrin, F., "How Far Can Economic Incentives Explain the French Fertility and Education Transition", *European Economic Review*, Vol.108, 2018.

[241] de Silve, T., and Tenreyro, S., "The Fall in Global Fertility: A Quantitative Model", *American Economic Journal: Macroeconomics*, Vol.12, No.3, 2020.

[242] Dixit, A.K., and Stiglitz, J.E., "Monopolistic Competition and Optimum Product Diversity", *American Economic Review*, Vol.67, No.3, 1977.

[243] Elvin, M., *The Pattern of the Chinese Past*, Stanford: Stanford University Press, 1973.

[244] Eswaran, M., "One Explanation for the Demographic Transition in Developing Countries", *Oxford Economic Papers*, Vol.50, No.2, 1998.

[245] Galor, O. "From Stagnation to Growth: Unified Growth Theory", *Handbook of Economic Growth*, Dutch: North-Holland, 2005.

[246] Galor, O., "Multiple Growth Regimes-Insights from Unified Growth Theory", *Journal of Macroeconomics*, Vol.29, No.3, 2007.

[247] Galor, O., and Özak, Ö., "The Agricultural Origins of Tme Preference", *American Economic Review*, Vol.106, No.10, 2016.

[248] Galor, O., Weil, D.N., "Population, Technology, and Growth: from Malthusian

Stagnation to the Demographic Transition and beyond", *American Economic Review*, Vol.90, No.4, 2000.

[249] Geertz, C., *Agricultural Involution: The Process of Ecological Change in Indonesia*, Berkeley: University of California Press, 1963.

[250] Greenwood, J., and Seshadri, A., "The U.S. Demographic Transition", *American Economic Association: Papers and Proceedings*, Vol.92, No.2, 2002.

[251] Guinnane, T.W., "The Historical Fertility: A Guide for Economist", *Journal of Economic Literature*, Vol.49, No.3, 2011.

[252] Guzmán, R.A., and Weisdorf, J.L., "Product Variety and The Demographic Transition", *Economic Letters*, Vol.107, No.1, 2010.

[253] Hansen, G.D., and Prescott, E.C., "Malthus to Solow", *American Economic Review*, Vol.92, No.4, 2002.

[254] Hardin, G., "The Tragedy of the Commons", *Science*, Vol.162, 1968.

[255] Jones, C.I., "Was an Industrial Revolution Inevitable? Economic Growth over the Very Long Run", *Advances in Macroeconomics*, Vol.1, No.2, 2001.

[256] Jones, E.L., *Growth Recurring: Economic Change in World History*, Oxford: The Clarendon Press, 1988.

[257] Kremer, M., "Population Growth and Technological Change: One Million B.C. to 1990", *Quarterly Journal of Economics*, Vol.108, No.3, 1993.

[258] Kung, J., and Chen, S., "The Tragedy of theNomenklatura: Career Incentives and Political Radicalism during China's Great Leap Famine", *American Political Science Review*, Vol.105, No.1, 2001.

[259] Lewis, W.A., "Economic Development with Unlimited Supplies of Labor", *Manchester School of Economic and Social Studies*, Vol.22, No.2, 1954.

[260] Li, Bozhong and van Zanden, J.L., "Before the Great Divergence? Comparing the Yangzi Delta and the Netherlands at the Beginning of the Nineteenth Century", *Journal of Economic History*, Vol.72, No.4, 2012.

[261] Li, H., and Zhang, J., "Testing the External Effect of Household Behavior: The Case of the Demand for Children", *Journal of Human Resources*, Vol.44, No.4, 2009.

[262] Liao Pei-Ju, "Does Demographic Change Matter for Growth", *European Economic Review*, Vol.55, No.5, 2011.

[263] Lin, Justin Yifu, "The Needham Puzzle: Why the Industrial Revolution Did Not Originate in China", *Economic Development and Cultural Change*, Vol.43, No.2, 1995.

[264] Lippit, V.D., "The Development of Undervelopment of China", *Mordern China*, Vol.4, 1978.

[265] Lippit, V.D., *The Economic Development of China*, New York: Sharpe, 1987.

[266] Litina, A., "Natural Land Productivity, Cooperation and Comparative Development",

Journal of Economic Growth, Vol.21, No.4, 2016.

[267] Liu, Guanglin, "Wrestling for Power: The State and Economy in Later Imperial China, 1000-1770", Harvard University Doctoral Dissertation, 2005.

[268] Lucas, R.E., "The Industrial Revolution: Past and Future", *Lectures in Economic Growth*, Cambridge: Harvard University Press, 2002.

[269] Montgomery, M., and Casterline J., "The Diffusion of Fertility Control in Taiwan", *Population Studies*, Vol.47, No.3, 1993.

[270] Marco, A.C., Carley, M., Jackson, S., and Myers, A.F., "The USPTO Historical Patent Files: Two Centuries of Invention", USPTO Economic Working Paper, 2015.

[271] McNeil, I., *An Encyclopaedia of the History of Technology*, London and New York: Routledge, 1990.

[272] Murphy, T., "Old Habits Die Hard(Sometimes): Can Département Heterogeneity Tell Us Something about The French Fertility Decline", *Journal of Economic Growth*, Vol.20, No.2, 2015.

[273] Peretto, P.F., and Connolly, M., "The Manhattan Metaphor", *Journal of Economic Growth*, Vol.12, No.4, 2007.

[274] Reis, A.B., and Sequeira, T.N., "Human Capital and Overinvestment in R&D", *Scandinavian Journal of Economics*, Vol.109, No.3, 2007.

[275] Romer, P.M., "Endogenous Technological Change", *Journal of Political Economy*, Vol.98, No.5, 1990.

[276] Ruan, J., Xie, Z., and Zhang, X., "Does Rice Farming Shape Individual and Innovation", *Food Policy*, Vol.56, 2015.

[277] Shi, Y., and Zhang, J., "On High Fertility Rates in Developing Countries: Birth Limits, Birth Taxes, or Education Subsidies", *Journal of Population Economics*, Vol. 22, No.3, 2009.

[278] Shiue, C.H., "Human Capital and Fertility in Chinese Clans before Modern Growth", *Journal of Economic Growth*, Vol.22, No.4, 2017.

[279] Sivin, N., "Why the Scientific Revolution Did Not Take Place in China-Or Didn't It", *Chinese Science*, Vol.5, 1982.

[280] Skinner, W., "Presidential Address: The Structure of Chinese History", *Journal of Asian Studies*, Vol.44, No.2, 1985.

[281] Sokoloff, K.L., and Engerman, S., "History Lessons: Institutions, Factors Endowments, and Paths of Development in the New World", *Journal of Economic Perspectives*, Vol.14, No.3, 2000.

[282] Strulik, H., "Mortality, The Trade-off between Child Quality and Quantity, and Demo-economic Development", *Metroeconomica*, Vol.54, No.4, 2003.

[283] Talhelm, T., Zhang, X., Oishi, C., Duan, D., Lan, X., and Kitayama, S., "Large-

Scale Psychological Differences within China Explained by Rice Versus Wheat Agriculture",
Science, Vol.344, No.5, 2014.

[284] Viner, J., "Some Reflections on the Concept of Disguised Unemployment", *India Journal of Economics*, Vol.38, 1957.

[285] Voigtländer, N., and Voth, H.J., "Gifts of Mars: Warfare and Europe's Early Rise to Riches", *Journal of Economic Perspective*, Vol.27, No.4, 2013.

[286] Voth, H. J., "Living Standards during the Industrial Revolution: An Economist Guide", *American Economic Reviews*, Vol.93, No.2, 2003.

[287] Weir, D. R., "New Estimates of Nuptiality and Marital Fertility in France, 1740-1911", *Population Studies*, Vol.48, No.2, 1994.

[288] Wrigley, E. A., "The Fall of Marital Fertility in Nineteenth-Century France: Exemplar or Exception? (Part Ⅰ)", *European Journal of Population*, Vol.1, No.1, 1985.

[289] Wrigley, E. A., "The Fall of Marital Fertility in Nineteenth-Century France: Exemplar or Exception? (Part Ⅱ)", *European Journal of Population*, Vol.1, No.2/3, 1985.

[290] Xu, Y., Van Leeuwen, B., and VanZanden, J. L., "Urbanization in China: ca. 1100-1990", *Frontiers of Economics in China*, Vol.13, No.3, 2018.

[291] Yancheva, G., Nowaczyk, N.R., Mingram, J., et al., "Influence of the Intertropical Convergence Zone on the East-Asian Monsoon", *Nature*, Vol.445, 2007.

[292] Zhang, P., Cheng, H., Edwards, R.L., et al., "A Test of Climate, Sun and Culture Relationships from an 1810-year Chinese Cave Record", *Science*, Vol.322, 2008.

策划编辑:郑海燕
责任编辑:李甜甜
封面设计:毛　淳　徐　晖

图书在版编目(CIP)数据

中国历史上的人口增长与经济的长期演进研究/豆建春 著. —北京:
　人民出版社,2022.6
(国家社科基金后期资助项目)
ISBN 978－7－01－024665－9

Ⅰ.①中…　Ⅱ.①豆…　Ⅲ.①人口增长-关系-中国经济-经济发展-研究
　Ⅳ.①C924.24②F124

中国版本图书馆 CIP 数据核字(2022)第 051733 号

中国历史上的人口增长与经济的长期演进研究
ZHONGGUO LISHI SHANG DE RENKOU ZENGZHANG YU JINGJI DE CHANGQI YANJIN YANJIU

豆建春　著

人 民 出 版 社 出版发行
(100706　北京市东城区隆福寺街 99 号)

中煤(北京)印务有限公司印刷　新华书店经销

2022 年 6 月第 1 版　2022 年 6 月北京第 1 次印刷
开本:710 毫米×1000 毫米 1/16　印张:13.25
字数:226 千字

ISBN 978－7－01－024665－9　定价:68.00 元

邮购地址 100706　北京市东城区隆福寺街 99 号
人民东方图书销售中心　电话 (010)65250042　65289539